V&R unipress

Wittener Schriften zu Familienunternehmen

Band 26

Herausgegeben von
Tom A. Rüsen, Marcel Hülsbeck und Arist von Schlippe
im Wittener Institut für Familienunternehmen (WIFU)
an der Universität Witten/Herdecke

WIFU WITTENER INSTITUT FÜR FAMILIENUNTERNEHMEN
UNIVERSITÄT WITTEN/HERDECKE

Otto W. Obermaier

Familienunternehmer als externe Beiräte

Empirische Untersuchung einer häufig gewählten Besetzung: Wie gut ist sie wirklich?

Mit einem Geleitwort von Prof. Dr. Arist von Schlippe

Mit 36 Abbildungen

V&R unipress

Bibliografische Information der Deutschen Nationalbibliothek
Die Deutsche Nationalbibliothek verzeichnet diese Publikation in der Deutschen Nationalbibliografie; detaillierte bibliografische Daten sind im Internet über http://dnb.d-nb.de abrufbar.

Diese Veröffentlichung beruht auf einer Dissertation, welche im Jahr 2018 von der Fakultät für Wirtschaftswissenschaft der Universität Witten/Herdecke angenommen wurde.

Redaktionelle Bearbeitung: Monika Nadler
Druck und Bindung: CPI books GmbH, Birkstraße 10, D-25917 Leck
Printed in the EU.

Vandenhoeck & Ruprecht Verlage | www.vandenhoeck-ruprecht-verlage.com

ISSN 2198-526X
ISBN 978-3-8471-0994-5

Inhalt

Teil II Empirische Untersuchung

Teil III Zusammenfassung und Weiterführung

Anhang

Geleitwort

Familienunternehmer als familienfremde Beiräte

Während in öffentlichen Unternehmen Beirats- bzw. Aufsichtsratsstrukturen selbstverständlicher Bestandteil der Governance sind, gilt dies für Familienunternehmen, sofern sie nicht gelistet sind, nicht in gleichem Maße. Form, Zusammensetzung und jeweils zugewiesene Kompetenzen sind frei wählbar. Daraus ergibt sich eine große Vielfalt an Varianten. Die Entscheidung über Zusammensetzung und Zuweisung von Funktionen liegt ganz in der Hand des Eigentümers bzw. der Eigentümer. Es ist in diesem Zusammenhang eine bekannte Tatsache, dass viele Familienunternehmer als Mitglied in ihren Gremien gern einen anderen Familienunternehmer sehen möchten, ganz unabhängig davon, ob sie mit beratenden oder kontrollierenden Funktionen ausgestattet sind. Denn ein solcher, so die Überlegung, kennt die spezifischen Belange dieser Unternehmensform besser als ein Manager und wird mit entsprechender Kompetenz und Weitsicht beraten.

Es ist ausgesprochen erstaunlich, wie wenig die Wissenschaft trotz dieses wohlbekannten Faktums über die spezifische Beziehung zwischen dem beauftragenden und dem beauftragten Familienunternehmer weiß: Was ist das für eine besondere Kontraktsituation zwischen den Akteuren, wie wird sie im Vorfeld ausgehandelt und geklärt, mit welchen Verabredungen wird diese Beziehung immer wieder auf Passung hin überprüft, wie klar sind den Vertragspartnern jeweils die Erwartungen des anderen und wie sieht es mit der Zufriedenheit mit der Tätigkeit und dem Handeln des jeweils anderen aus? Offenbar versprechen sich die Familienunternehmer, die einen anderen Unternehmer als Beirat einladen, von diesem ganz spezifische Kompetenzen und ganz spezifische Unterstützungsformen. Wie die Erwartungen, Hoffnungen und Wünsche aber genau aussehen, wie weit sie expliziert sind und ob bzw. wie sie bei der Ansprache des künftigen Beiratsmitglieds kommuniziert werden, das ist wissenschaftlich genauso ungeklärt wie die Frage, ob sie sich erfüllen und inwieweit über Erfüllung bzw. Nichterfüllung ein Austausch erfolgt.

Genau diese Fragen hat sich der Autor dieses Buches als Ausgangspunkt für seine Studie vorgenommen. Die Verbindung zwischen gerade diesem Thema und gerade diesem Autor ist dabei eine ganz besondere und ausgesprochen glücklich. Denn in der Rückschau auf ein reiches Berufsleben mit breiter Felderfahrung als Personalberater hat Otto Obermaier Fragen ausgewählt, die ihm im Laufe seiner Praxis immer wieder sehr konkret begegnet sind. Immer wieder wurde deutlich, in welch hohem Maß die Akteure von der Selbstverständlichkeit der Konsensfiktion ausgingen, alles werde »sich schon fügen« bzw. der Vertragspartner verbinde genau die gleichen Ideen mit der Einladung in den Beirat wie man selbst. Gerade weil es sich dabei um angenommene Selbstverständlichkeiten handelt, ist die Enttäuschung der unausgesprochenen Erwartungen nicht selten besonders hoch, gehen solche professionellen Beziehungen unbefriedigend oder gar in Verärgerung auseinander.

Ein gründlicher Einblick in die nationale und internationale Literatur zeigte schnell, dass es bislang so gut wie keine wissenschaftlich gestützten Antworten auf die Fragen gibt, die sich hier stellen. Daher nahm Otto Obermaier sie zum Ausgangspunkt einer eigenen Studie. Diese liegt nun in Buchform veröffentlicht vor. Durch sein über Jahrzehnte gewachsenes Netzwerk ist dem Autor dabei ein Zugang zu empirischem Material gegeben, der in seiner Qualität einzigartig sein dürfte, nicht zuletzt, weil es ihm gelungen ist, aus den untersuchten Unternehmen jeweils mehrere Gesprächspartner zu gewinnen und so sehr konkret die inneren Vorstellungen mit der erlebten äußeren Realität der Beauftragungsverhältnisse zu vergleichen.

In der Studie selbst setzt sich der Autor gründlich mit unterschiedlichen theoretischen und methodischen Zugängen zu seinen Fragen auseinander. Offenbar geht es um Vorgänge, die bei den Akteuren grundlegende Fragen von Einstellungen und inneren Bildern berühren. So ist es entscheidend für die »Passung« von Unternehmer und Beirat, ob sie mit ähnlichen »Mentalen Modellen« unterwegs sind, also Vorstellungen davon, wie ein Familienunternehmen gut zu führen und ein Unternehmer gut zu beraten ist. Wenn die Mentalen Modelle nicht recht zusammenpassen, ist ein unausgesprochener, impliziter Konflikt schon beinahe programmiert. Damit eng verbunden ist die Frage, welche Erwartungen man aneinander hat und vor allem, welche Erwartungen man über die Erwartungen des jeweils anderen hat (die sog. »Erwartungs-Erwartungen«). Diese werden hinsichtlich Sach-, Beziehungs- und Systemgesetzebene ausdifferenziert – damit haben Unternehmer bereits eine erste »Checkliste« zur Hand, mit der sie sich mit einem Kandidaten zusammensetzen und Erwartungsabklärungen vornehmen können.

Denn eines wird in dieser umfangreichen Erhebung sehr deutlich: Der Dreh- und Angelpunkt des Gelingens einer Vereinbarung zwischen dem einladenden und dem eingeladenen Unternehmer liegt in einer sorgfältigen Abklärung der inneren Bilder und konkreten Erwartungen. Spätestens mit dieser Arbeit dürfte klar sein, dass eine solche Sorgfalt nicht bedeutet, dass man dem anderen mit Misstrauen begegnet, sondern dass gerade dies die Grundlage dafür ist, langfristig erfolgreich zusammenzuarbeiten. Und die Abklärung ist offenbar umso wichtiger, je mehr man vermutet, dass die fremden und die eigenen grundlegenden Vorstellungen einander ähnlich oder gar identisch sind.

Beim Lesen wird schnell klar, dass hier jemand schreibt, der weiß, worum es geht, der sich tief in die Details der mit seinen Forschungsfragen verbundenen Themen eingearbeitet hat und seine Erkenntnisse gut aufbereitet wiedergibt. In diesem Sinne hoffe ich, dass diese besondere Studie und das vorliegende Buch interessierten Leserinnen und Lesern helfen werden, möglichst viele Fallen zu vermeiden, in die man im Prozess der Bildung effektiver Beiratsstrukturen geraten kann.

Witten, im Februar 2019 Prof. Dr. Arist von Schlippe

Vorwort und Danksagung

Das vorliegende Buch basiert auf den Erkenntnissen einer Studie, die im Rahmen einer Dissertation am Wittener Institut für Familienunternehmen durchgeführt wurde. Es beschäftigt sich mit der speziellen Rolle von Familienunternehmern, die als externe Beiräte in die Gremien anderer Familienunternehmen eintreten. Die Idee zu dieser Arbeit entstand im Verlauf des intensiven Dialogs, den ich seit Jahren mit Professor Dr. Arist von Schlippe vom Wittener Institut für Familienunternehmen (WIFU) pflegte. Aufgrund meiner eigenen Familiengeschichte war die Beratung bedeutender Familienunternehmen – insbesondere bei der Besetzung von Beirats- und Aufsichtsratspositionen – zum Schwerpunkt meiner Berufstätigkeit geworden. Mein Kontakt zum WIFU und anderen Instituten ermöglichte mir einen Einblick in die national und international eindrucksvoll wachsende Forschungstätigkeit auf dem Gebiet des Family Business. Sie gibt den Eigentümern immer bessere Hilfsmittel an die Hand, um ihre Unternehmen zukunftsfest zu machen. Mit diesem Buch möchte ich einen Beitrag zu dieser Zielsetzung leisten. Mein Vorschlag, die Rolle externer Familienunternehmer in Beiräten zu untersuchen, fand spontan das Interesse meines Betreuers.

Im Gegensatz zu den meisten meiner Ko-Doktoranden, die ihre Dissertation an den Beginn ihrer beruflichen Laufbahn stellen, entschloss ich mich zu diesem Schritt in der letzten Phase meiner Karriere. Die Länge der Berufserfahrung war dabei Segen und Fluch gleichermaßen: Zum einen war sie ungeheuer hilfreich beim Zugang zu geeigneten Interviewpartnern in der relevanten Zielgruppe. Zum anderen musste ich mehrfach der Versuchung widerstehen, Wissenschaft durch Erfahrung bzw. Empirie zu ersetzen. Dass mir dies am Ende gelang, ist im Wesentlichen meinem Doktorvater Arist von Schlippe zuzuschreiben, dem ich daher an erster Stelle für seine großartige – weil ausgewogen aus Fördern und Fordern bestehende – Unterstützung danken möchte. Besonderer Dank gilt ebenfalls dem Zweitgutachter Professor Dr. Heiko Kleve.

Am Zustandekommen dieses Werks waren so viele Unterstützer beteiligt, dass es leider unmöglich ist, diese hier alle aufzuführen, obwohl sie alle Dank verdienen. Ich bitte um Verständnis, dass ich mich nachfolgend auf die wichtigsten Unterstützer beschränke. Zuerst möchte ich meinen langjährigen Arbeitgeber SpencerStuart nennen, der mir den Aufbau des Wissens und der Kontakte ermöglichte, ohne die meine Dissertation nicht hätte verfasst werden können. Aus der Vielzahl meiner geschätzten Kollegen möchte ich Dr. Willi Schoppen herausgreifen, der mich ermutigte, gegen viele Widerstände den Fokus Familienunternehmen in meinem Beratungsalltag zu entwickeln und dort fundiertes Know-how zu erwerben. Ein ganz besonderer Dank gilt auch den Interviewpartnern meiner Studie, allesamt Mitglieder von Aufsichtsgremien namhafter Unternehmen, die mir einen ungeschminkten Einblick in das jeweilige Beiratsgeschehen gewährten. Nur durch ihre Offenheit und ihr zeitliches Engagement konnte die Erkenntnisbasis für diese Studie entstehen.

Eine kaum zu überschätzende Rolle spielte die Unterstützung meiner gesamten Familie. Mein Sohn Roland war als Psychologe ein kreativ-kritischer Ratgeber gerade bei den mir weniger vertrauten Fachgebieten. Als Osteopathin sorgte meine Tochter Katrin für ganzheitliche Stabilität und physische Widerstandskraft bei den unvermeidlichen Hängepartien. Mein Neffe Hendrik Strubel erwies sich mit seinem sprachanalytischen Intellekt als unschätzbarer Sparringspartner bei der Ausarbeitung des Kategoriensystems. Die wichtigste Kraftquelle in jeglicher Hinsicht war ohne Zweifel meine liebe Frau Uschi, die mich durch alle Höhen und Tiefen des Promovenden im fortgeschrittenen Alter begleitete – nicht ohne die fortwährende Mahnung, »das jetzt doch mal zum Abschluss zu bringen«. Das letzte Wort gilt meinen Eltern, denen ich diese Arbeit widme. Sie können sie zwar nicht mehr lesen, aber ich bin mir sicher, dass sie auch bei diesem Projekt hinter mir standen und meine Motive besonders gut verstehen.

Seeheim-Jugenheim, im April 2019 Otto W. Obermaier

Mit Ihren Fragen, Anregungen und Kommentaren erreichen Sie den Autor unter:

oobermaier@online.de
+49 171 5477377

Abbildungsverzeichnis

Abkürzungsverzeichnis

A	Familienunternehmer (intern), in dessen Gesellschaft ein Beirat agiert
A1-A9	Erwartungen von A
AE	Mentales Modell: Logik der aktiven Eigentümerfamilie
AM	Arithmetischer Mittelwert
aW	Allgemeine Wichtigkeit einer Erwartung
B	Familienunternehmer (extern), der von außen in den Beirat kam
B1-B9	Erwartungen von B
C	Externes Mitglied des obigen Beirats (kein Familienunternehmer)
E	Erwartungsenttäuschung
E1-E13	Annahmen zu Erwartungen
EEB	Erwartungs-Erwartungen von B
FU	Familienunternehmen/Familienunternehmer
IF	Mentales Modell: Logik der Investoren-Familie
ILF	Interviewleitfaden
LMX	Leader-Member-Exchange-Forschung
M	Minderungseffekt
MA	A-induzierter Minderungseffekt
MAB	A-induzierter Minderungseffekt, wirksam bei B
MB	B-induzierter Minderungseffekt
MBA	B-induzierter Minderungseffekt, wirksam bei A
MM	Mentale Modelle: siehe PL, OF, AE
N1-N3	Erwartungsebenen
OF	Mentales Modell: Logik der operativen Familie
PK	Psychologischer Kontrakt
PL	Mentales Modell: Patriarchale Logik
rW	Relative Wichtigkeit einer Erwartung
TSE	Gesamtsumme der Textstellen zu Erwartungen
TSS	Gesamtsumme der Textstellen zu Störgefühlen
Z1-Z2	Annahmen zur Zufriedenheit

Teil I Einführung und Grundlagen

1. Einleitung

1.1 Relevanz des Themas

Im Mittelpunkt der letzten zehn Jahre meiner Beratungstätigkeit stand die Gestaltung und Besetzung von Beiräten bedeutender Familienunternehmen. Dabei fiel mir auf, dass die Gesellschafter dieser Firmen in vielen Fällen den Wunsch äußerten, einen anderen Familienunternehmer für die Mitwirkung als externes Mitglied in ihrem Beirat zu gewinnen. Diese Erfahrungen wurden durch einen Blick in die Literatur noch unterstrichen.

In Fachbüchern und Expertenbeiträgen zum Thema *Beiräte in Familienunternehmen* fanden sich zahlreiche Aussagen, die meine Wahrnehmung bestätigten. Ein paar Beispiele seien hier exemplarisch aufgeführt:

- Kormann (2008, S. 459ff.) formuliert es so: »*Es ist regelmäßig ein großer Vorteil, wenn es gelingt, einen noch aktiven Unternehmer für einen Beirat zu gewinnen.*«
- Ein Fachbeitrag von Ruter (2009, S. 213) gelangt zu der Aussage: »*Nur Unternehmer können Unternehmen überwachen.*«
- Ein empirischer Vergleich zwischen Beiräten in Familienunternehmen von Woywode et al. (2011, S. 636) findet heraus, dass 33,7 Prozent der Mitglieder Unternehmer sind.
- Das Institut für Mittelstandsforschung (IfM) in Bonn führt im Auftrag des BDI und der Deutschen Bank regelmäßig Befragungen zu Daten, Fakten und Potenzialen der größten Familienunternehmen in Deutschland durch. In der Ausgabe von 2012 (Kap. 6, S. 22) fand sich folgende Aussage zur Rolle von Unternehmern in Beiräten: »*Gern und häufig wird hierbei auf den Rat von anderen (befreundeten) Unternehmern zurückgegriffen. In zwei von drei Beiräten sind andere Unternehmer anzutreffen.*«
- Daum und Speed (2015, S. 282) konstatieren:
  »*Viele der directors (Anm. d. V.: unabhängige Aufsichtsratsmitglieder) der größten und erfolgreichsten Familienunternehmen waren zuvor entweder Führungskräfte in anderen Familienunternehmen [...] oder sind Eigentümer*

von Unternehmen, die ähnlich geführt werden. Das lässt sich besonders in Deutschland beobachten, einer Volkswirtschaft, die von familiengeführten Unternehmen getrieben wird.«
- Ein Beitrag von Rieder (2015, S. 108) konstatiert im Abschnitt über persönliche Anforderungen an Beiräte: »*Am meisten gefragt sind in der Praxis daher Unternehmer oder familienfremde Geschäftsführer in Familienunternehmen.«*
- Schlippe et al. (2017, S. 258) bestätigen: »*[...] gibt es oft den ausgeprägten Wunsch, einen anderen Familienunternehmer als Mitglied in dem Gremium zu installieren.«*

Offenbar versprechen sich die Betreffenden von einem Unternehmer spezifische Kompetenzen, die sie bei anderen nicht vermuten. Die Fragen danach allerdings, was sie genau erwarten, inwieweit die Hoffnungen und Wünsche im Vorfeld bei der Gewinnung des Beiratsmitglieds kommuniziert wurden und vor allem, ob und unter welchen Bedingungen die Erwartungen sich erfüllen (und was passiert, wenn dem nicht so ist), waren zumindest von wissenschaftlicher Seite her weitgehend unbeantwortet.

1.2 Forschungsfragen und Zielsetzung

Wie erwähnt, gibt es zahlreiche Veröffentlichungen, die die Rolle des Familienunternehmers als externes Beiratsmitglied berühren. Sie kommen vorwiegend von Forschern und Beratern. Folgende Inhalte werden dabei thematisiert:
- die grundsätzliche Empfehlung, familienexterne Familienunternehmer in die Beiräte von Familienunternehmen zu berufen
- die Vorlage von statistischen Untersuchungen über die Zusammensetzung von Beiräten, die bestätigen, dass viele Gesellschafter dieser Empfehlung folgen.

Der zunehmende Einsatz von Personalberatern bei Aufsichts- und Beiratsbesetzungen führte dazu, dass ich – gemäß dem obigen Muster – immer häufiger mandatiert wurde, Familienunternehmer für Beiräte zu gewinnen. Die nach ausführlichen Gesprächen mit den Klienten verfassten Anforderungsprofile enthielten zwar einige kandidatenspezifische Merkmale, blieben aber relativ vage bezüglich der konkreten Erwartungen. Bisweilen zeigte sich erst im Laufe der Zusammenarbeit, welche Erwartungen der berufende Familienunternehmer tatsächlich an den Externen richtete. Nicht in allen Fällen hatte die Zusammenarbeit dann später Bestand.

Eine Möglichkeit des Abgleichs von Erwartungen und Ergebnissen ist die

Evaluierung der Beiratstätigkeit, die auch für Familienunternehmen zunehmend empfohlen wird. Dabei steht die Beurteilung des Gremiums im Vordergrund, während bei der Einzelbeurteilung wegen des Risikos der Verunsicherung und Verstimmung zur Vorsicht geraten wird. So sagt Koeberle-Schmidt (2015, S. 204): »*... daher sollte man es sich sehr genau überlegen, ob man Beiratsmitglieder einzeln bewertet.*« Meine Beobachtung war allerdings, dass Gesellschafter für sich über die Zeit eine Bewertung des Nutzens bzw. der Leistung der einzelnen Beiratsmitglieder (einschließlich der externen Familienunternehmer) vornehmen und damit ihre persönliche Zufriedenheit feststellen. Kormann (2014, S. 28) bestätigt diese Beobachtung:

> *»Die Familienmitglieder im Beirat sind diejenigen, die maßgeblich an der Qualität der Unternehmensführung und somit auch an der Qualität der Interaktionen zwischen Beirat und Geschäftsführung interessiert sind. Sie beobachten diese Zusammenarbeit aufmerksam und bilden sich ein Urteil darüber, wer in welcher Weise zu der Qualität dieses Prozesses beiträgt.«*

Dies gilt erst recht, wenn die Suche mit einer Investition in beratende Unterstützung verbunden war. Mit mir als Berater fand dann sehr wohl ein Austausch darüber statt, wie gut die individuelle Besetzung jeweils gelungen war. Aus der Summe dieser Beobachtungen heraus entstand der Gedanke, dieses Thema einer näheren Betrachtung zu unterziehen. Konkret formulierte ich die folgenden vorläufigen Forschungsfragen:

Welche Erwartungen verknüpfen die Familienunternehmer und Eigentümer (A, intern) mit der Berufung familienfremder Familienunternehmer (B, extern) in ihren Beirat?

und

Wie zufrieden sind die Eigentümer (A) mit dieser Berufung?

Neben der Beantwortung der Forschungsfragen lag die Zielsetzung dieser Arbeit darin, den Besetzungserfolg des spezifischen Profils externer Familienunternehmer in Beiräten zu steigern. Der übergeordnete Nutzen dieser Erkenntnisse trägt zu einer weiteren Professionalisierung der Führungs- und Gremienarbeit in Familienunternehmen bei. Diese dient wiederum der langfristigen Existenzsicherung.

1.3 Eine erste Literaturrecherche

Zu dieser Literaturrecherche zog ich die folgenden deutschsprachigen Zeitschriften heran:
- Der Aufsichtsrat
- Familienunternehmen und Stiftungen
- WIR Das Magazin für Unternehmerfamilien
- INTES Unternehmerbrief
- Private Wealth
- Der Betriebsberater

sowie die folgenden englischsprachigen Titel:
- Family Business Review
- Small Business Economics
- Journal of Family Business Strategy
- International Journal of Management Reviews
- Entrepreneurship Theory and Practice
- Journal of Small Business Management
- Campden FB

Die untersuchten Beiträge kamen dabei von folgenden Gruppen:
- Forscher an Hochschulen und Hochschulinstituten mit relevanten Studien- und Promotionsprogrammen, die den wissenschaftlichen Diskurs national und international prägen,
- Dienstleister aus der Wirtschaft, die sich bevorzugt mit den Anliegen von Familienunternehmen bzw. ihrer Gesellschafter beschäftigen: Rechtsanwälte, Steuerberater, Unternehmens- und Personalberater, Vermögensberater, Berater in Familienstrategie etc.
- Führungskräfte aus Familienunternehmen (sogenannte Fremdmanager), die Erfahrung und praktisches Wissen aus ihrer Führungs- und Aufsichtstätigkeit sowie ihrer Zusammenarbeit mit den Eignern in die Diskussion einbringen,
- Familienunternehmer selbst, die aber als Autoren in öffentlich zugänglichen Medien vergleichsweise selten aktiv sind.

Die Spanne der im Bereich der Aufsicht behandelten Themen war sehr vielfältig. Da es zwischen den Board-Modellen in Deutschland und der angelsächsischen Welt erhebliche Unterschiede gibt, sind auch die Themenschwerpunkte anders gesetzt. Ein internationaler Vergleich englischsprachiger Veröffentlichungen ergab, dass sich dort zirka zwei Drittel der Studien über *family business boards* im weitesten Sinne mit Fragen der grundsätzlichen Zweckmäßigkeit von externen (also nicht familienzugehörigen) Mitgliedern, den sogenannten *outside directors*, beschäftigen. Der überwiegende Rest ist einer Reihe von Detailfragen gewidmet, wie etwa der Zusammensetzung des Boards je nach Firmengröße, der grundsätzlichen Rolle der Eigentümer im eigenen Unternehmen, dem Interessengegensatz von Familienaktionären und externen Aktionären etc. Im deutschen Sprachraum gelten als die zur Beiratsthematik prägnantesten Werke die Titel von Kormann (2008 und 2014), Koeberle-Schmidt (2008 und 2015), Kuck (2006) und Ruter/Thümmel (2009). Sie befassen sich detailliert mit Fragen wie etwa Zielen, Funktionen, Aufgaben, der rechtlichen Verankerung, der praktischen Arbeit und auch der Zusammensetzung von Beiräten. Gerade in Zusammenhang mit der Besetzung wird häufig auf den externen Unternehmer als Mitglied verwiesen.

Soweit aus der Materialsichtung heraus erkennbar war, wurden weder national noch international, weder in Büchern noch in Fachzeitschriften die Fragen nach den konkreten Erwartungen der Eigentümer an externe Familienunternehmer behandelt. Dies mochte auch damit zu tun haben, dass es generell nur sehr wenige Veröffentlichungen gibt, die aus der Sicht des Familienunternehmers selbst geschrieben sind. Damit sah ich die von mir vermutete Forschungslücke bezüglich der ersten Forschungsfrage (Erwartungen) bestätigt.

Die zweite Forschungsfrage nach der Zufriedenheit von A (intern) mit B (extern) ist am Blickwinkel des Eigentümers bzw. Arbeitgebers orientiert. Dieser ist es gewohnt, vor allem die Leistungsträger seines Unternehmens nach einer Phase der Einarbeitung einer Beurteilung zu unterziehen. Dass dies auch für die Mitglieder von Beiräten gilt, habe ich bereits erwähnt.

Zum Screening des wissenschaftlichen Feldes ging ich analog zur ersten Forschungsfrage vor. Im Ergebnis war festzustellen, dass sich nach Vorbildern im Ausland auch in Deutschland die Evaluierung gesetzlicher Aufsichtsräte etabliert hat. Maßgeblich dafür war die Empfehlung des Corporate-Governance-Kodex zur regelmäßigen Effizienzprüfung. In den letzten Jahren hat dort auch das vertrauliche, persönliche Feedback für jedes einzelne Aufsichtsratsmitglied an Bedeutung gewonnen. Von einer strukturierten individuellen Zufriedenheitsmessung kann allerdings nicht gesprochen werden. Auch gibt es wegen der Vertraulichkeit der Prüfungen keinen Zugang zu den Ergebnissen. Wie erwähnt, gibt es ähnliche Empfehlungen für Familienunternehmen. Wissenschaftlich nutzbare Erkenntnisse zur Evaluierung der einzelnen Mitglieder von Beiräten liegen nicht vor – weder dazu, ob und gegebenenfalls in welchem Umfang diese durchgeführt werden, noch – falls es sie überhaupt gibt – zu individuellen Ergebnissen. Damit sehe ich auch die Forschungslücke zur zweiten Forschungsfrage (Zufriedenheit) bestätigt.

2. Grundlagen

Wie dargelegt, wurden die speziell auf die Erwartungen der Familienunternehmer (A, intern) an ein spezifisches Mitglied des Beirats (Familienunternehmer B, extern) ausgerichteten Forschungsfragen von der Wissenschaft bisher nicht vertiefend bearbeitet. In den folgenden Kapiteln ging es zum einen darum, Definitionen der verwendeten Begriffe abzugeben. Zum anderen sollten in der vorhandenen Literatur Erkenntnisse gesucht werden, die erste Rückschlüsse sowohl auf Erwartungen als auch zur Zufriedenheit der betroffenen Familienunternehmer zulassen.

2.1 Familienunternehmen und Familienunternehmer

2.1.1 Definitionen

Es gibt in der internationalen Literatur eine unüberschaubare Zahl an Definitionen des Begriffs ***Familienunternehmen.*** Kaum eine längere Abhandlung, die das Thema Familienunternehmen berührt, verzichtet auf eine Definition dieser Unternehmenskategorie. Vergleich und Bewertung aller international gebräuchlichen Definitionen hätten den Rahmen dieser Arbeit gesprengt, ohne dabei wesentliche Beiträge zur Beantwortung der Forschungsfrage zu liefern. Für die Studie orientierte ich mich an der Definition des Familienunternehmens, wie sie vom Wittener Institut für Familienunternehmen (WIFU, 2017) verwendet wird:

> *»Wir sprechen immer dann von einem Familienunternehmen, wenn sich ein Unternehmen ganz oder teilweise im Eigentum einer Familie oder mehrerer Familien bzw. Familienverbände befindet und wenn diese aus einer unternehmerischen Verantwortung heraus die Entwicklung des Unternehmens maßgeblich bestimmen.*

Diese Verantwortung der Unternehmerfamilie(n) wird entweder aus einer Führungs- oder Aufsichtsfunktion bzw. aus beiden Funktionen heraus wahrgenommen. Dabei spielen die Rechtsform und Größe des Unternehmens keine Rolle.

Das transgenerationale Moment ist für Familienunternehmen essentiell. Bei einem Unternehmen kann also, strenggenommen, erst dann von einem Familienunternehmen gesprochen werden, wenn in der Familie geplant wird, das Unternehmen in die nächste Familiengeneration weiterzugeben. Start-ups oder eigentümergeführte Unternehmen sind in diesem Sinn allein noch keine Familienunternehmen.«

Zum Zwecke der Definition des ***Familienunternehmers*** beginne ich zunächst mit dem weiter gefassten Begriff des *Unternehmers*. So spricht der Brockhaus (1993, S. 675) von einer »*Person, die Eigentümer eines Unternehmens ist oder dieses leitet [...]. Mit wachsender Bedeutung von Kapitalgesellschaften ging jedoch die Leitungsfunktion des Unternehmers zunehmend an Top-Manager und damit an einen auf die Leitungsfunktion spezialisierten Personenkreis über*«. Im Verlauf der Zeit fand der Begriff des – ursprünglich vom Eigentümer-Unternehmer abgeleiteten – unternehmerischen Denkens und Handelns immer breitere, fast inflationäre Anwendung in der Wirtschaftswelt.

Nachdem der Unternehmerbegriff somit unscharf geworden ist, bedurfte er der Abgrenzung für diese Arbeit. Sie beschäftigt sich nämlich mit dem Unternehmer im ursprünglichen Sinne als Eigentümer eines Unternehmens. Um dies deutlich zu machen, spreche ich vom Familienunternehmer. Alle Betrachtungen dieser Untersuchung heben ausschließlich auf ihn ab.

Im weiteren Verlauf der Untersuchung verwende ich folgende Begriffe als Synonyme für den Familienunternehmer:
- (Mit-)Gesellschafter
- (Mit-)Inhaber
- (Mit-)Eigentümer
- (Mit-)Eigner
- (Mit-)Unternehmer

2.1.2 Rollen und Entwicklungsphasen

Zur Darstellung der Rollenkomplexität des Familienunternehmers eignet sich das in der Forschung etablierte Drei-Kreis-Modell von Tagiuri und Davis (1996), das zwischen Rollen im Unternehmen, in der Familie und als Eigentümer unterscheidet. Auch wenn dieses Modell in jüngerer Zeit kritisch betrachtet wurde (vgl. z. B. Schlippe, 2013), halte ich es für den Zweck dieser Studie weiterhin für hilfreich. Die folgende Abbildung 1 übernahm ich aus einer früheren Publikation (Obermaier, 2012, S. 5):

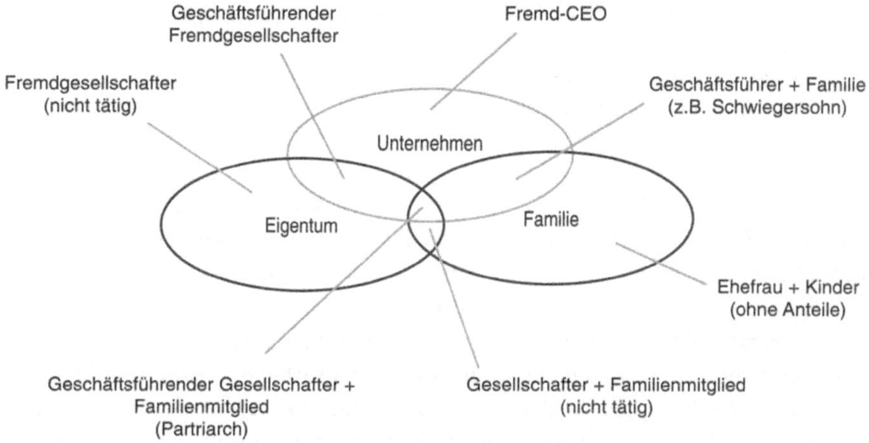

Abbildung 1: Drei-Kreis-Modell von Tagiuri/Davis (eigene Darstellung)

Da es im weiteren Verlauf um die unterschiedlichen Rollen zweier Familienunternehmer ging, machte ich noch einmal die Unterscheidung deutlich:

- A steht für den (internen) Familienunternehmer (bzw. die Person aus dem Gesellschafterkreis), in dessen Unternehmen der Beirat agiert.
- B steht für den externen Familienunternehmer (vgl. auch Kap. 2.2.2, Zusammensetzung des Beirats), der durch A mit der Gesellschaftermehrheit von außen in den Beirat des Unternehmens berufen wurde.

Die Rollenkomplexität von A (oder auch B in dessen Unternehmen) korreliert mit der Entwicklungsphase, in der sich das Unternehmen befindet. Der Begriff der Entwicklungsphase ist dabei nicht diskriminierend zu verstehen im Sinne des Aufstiegs in eine Phase höherer Wertigkeit oder des Abstiegs in eine Stufe niedrigerer Wertigkeit. Ich verstehe unter Entwicklungsphase eine definierte Periode im Lebenszyklus des Unternehmens. In diesem Zyklus ist auch die Rückkehr zu einer früheren Konstellation möglich.

Als Teilthema wurde der Zusammenhang zwischen der Entwicklungsphase und der Zweckmäßigkeit eines Beirats häufig kommentiert, siehe Klein (2000, S. 135), Ruter/Thümmel (2009, S. 5), Koeberle-Schmid (2015, S. 14ff.) und May/Bartels (2015, S. 108). Kormann (2008, S. 32) nennt hier folgende Entwicklung als typisch:

- *»Der Gründer braucht noch keinen Beirat.*
- *Erst durch das Auftauchen von Sonderproblemen wie Wachstumsschritten oder Nachfolgethematik entsteht der Bedarf nach einem Beirat.*
- *In der zweiten Generation ist der Beirat noch überwiegend von Familienmitgliedern besetzt.*

- *In der dritten Generation werden dann mehr und mehr Nicht-Familienmitglieder als Beiräte benannt, bis*
- *in der vierten und den darauf folgenden Generationen fast ausschließlich Nicht-Familienmitglieder den Beirat stellen.«*

Mehrere Theoriemodelle beschäftigen sich mit der Komplexitätsveränderung von Familienunternehmen im Laufe ihres Lebenszyklus. Als besonders zweckmäßig erwiesen sich aus meiner Sicht die Ansätze von Gimeno et al. (2010). Sie verwenden sogenannte Mentale Modelle (MM) zur Abbildung der Entwicklungsphasen des Familienunternehmens.

Basierend auf der Untersuchung von 1.237 Familienunternehmen betrachtete Gimeno zwei Dimensionen, nämlich die Komplexität des Familienunternehmens und die Komplexität der Unternehmerfamilie. Als strukturelles Risiko definierte er das Delta zwischen der Summe beider Komplexitätsfaktoren abzüglich der sogenannten Strukturentwicklung. Zu den Strukturelementen, die das Risiko vermindern, zählte er ausdrücklich auch den Beirat.

Gemeinsam mit Gimeno verdichteten Rüsen und von Schlippe (2012) das erste, aus sechs Stufen bestehende, Modell zu den folgenden vier Ausprägungen:
- *Mentales Modell I: die patriarchale Logik (PL)*
- *Mentales Modell II: die Logik der operativ tätigen Familie (OF)*
- *Mentales Modell III: die Logik der aktiven Eigentümerfamilie (AE)*
- *Mentales Modell IV: die Logik der Investorenfamilie (IF)*

In Anlehnung an diese Autoren charakterisiere ich nachfolgend die Mentalen Modelle PL, OF, AE und IF durch ihre wesentlichen Merkmale.

Modell I: die patriarchale Logik (PL)
- Typisch für die Gründungsphase
- Der Patriarch (A) hält dominante Rollen in den drei Kreisen (siehe Abbildung 1) Unternehmen, Familie und Eigentum.
- Die Nachfolge stellt eine besondere Herausforderung dar, weil eine Duplizierung dieser Machtfülle kaum umsetzbar und eine Teilung von Macht und Vermögen absehbar ist.
- Beiräte sind eher die Ausnahme oder werden erst gegründet.

Modell II: die Logik der operativ tätigen Familie (OF)
- Die Familie führt das (gewachsene) Unternehmen gemeinsam in Geschwister-Gesellschaften oder Cousin-Konsortien.
- Mindestens ein Mitglied (A) muss in der Geschäftsführung vertreten sein.
- Wachsende Gefahr von Machtkämpfen um Einflussmöglichkeiten aus den verschiedenen Rollen (Drei-Kreis-Modell) der Gesellschafter heraus

- Die Nachfolge bleibt ein komplexes Thema, solange die Familienführung Bestand hat.
- Beiräte nehmen an Bedeutung zu.

Modell III: die Logik der aktiven Eigentümerfamilie (AE)
- Größere Familienunternehmen mit hoher Familienkomplexität
- Fremdmanagement führt das Unternehmen, d. h. i. d. R. ist kein Familienmitglied operativ tätig.
- Aufsichtsgremien sind die Regel: Dort nimmt die Familie (A) ihren Einfluss auf die Geschäftspolitik wahr.
- Die familiale Nachfolgethematik fokussiert sich auf die professionelle Besetzung des Beirats.
- Zusammenhalt (auch des Vermögens) und Bindung der Großfamilie(n) an das Unternehmen sind wesentliche Herausforderungen.

Modell IV: die Logik der Investorenfamilie (IF)
- Große Unternehmen, bei denen die Vermögensverwaltung der Familie im Sinne einer Portfolio-Optimierung im Mittelpunkt steht
- Es gibt kaum noch eine traditionelle Verbindung zu einem (Herkunfts-)Unternehmen.
- Die Besetzung von Führungs- und Aufsichtsfunktionen hat für die Familie (A) weitaus weniger Wichtigkeit als in den früheren Phasen – entsprechend wenig wird auf die Bildung von Beiräten Einfluss genommen.
- Die Nachfolgethematik spielt keine große Rolle mehr.

Die folgenden Abbildungen 2 bis 5 (entnommen aus von Schlippe, 2014, S. 96) visualisieren die vier oben beschriebenen Modelle:

Patriarchale Logik (PL): von einer zentralen Führungsfigur zusammengehaltene Unternehmen und Gesellschafterfamilien.

Abbildung 2: Patriarchale Logik

Die Logik der operativ tätigen Familie (OF): Wenige Familienmitglieder leiten professionell ein komplexes Unternehmen.

Abbildung 3: Operativ tätige Familie

Die Logik der aktiven Eigentümer-Familie (AE): Weitverzweigte Familie steuert ein komplexes Unternehmen.

Abbildung 4: Aktive Eigentümerfamilie

Die Logik der Investoren-Familie (IF): Die Familie investiert zusammen; ganz unterschiedliche Familienkomplexität.

Abbildung 5: Investoren-Familie

Es blieb also festzuhalten, dass gemäß dieser Theorie der Mentalen Modelle die Lebensphase bzw. Komplexität des Unternehmens einen deutlichen Einfluss auf die Rollen der Eigner und die Aufgaben hat, die auf den Beirat zukommen.

2.2 Beirat

Beiräte gibt es in großer Variantenvielfalt in vielen Institutionen und Ausprägungen. Der Begriff Beirat steht im Übrigen auch für das Mitglied eines solchen Gremiums. Da diese Untersuchung auf Beiräte in Familienunternehmen ausgerichtet ist, beschränkte ich die nachfolgenden Überlegungen auf diese Unternehmenskategorie.

2.2.1 Definitionen

Selbst mit der Eingrenzung auf Familienunternehmen bleibt die Fülle an Literatur über Beiräte bzw. den im englischen Sprachraum mehrdeutig verwendeten Begriff der *boards* nahezu unüberschaubar. Auf der Suche nach einer allgemeinverständlichen Definition wurde rasch deutlich, welch starken Einfluss die Unterschiedlichkeit der international gebräuchlichen Board-Modelle auf Definitionen, Begrifflichkeiten und Themenauswahl der Forscher hat.

Die zwei wichtigsten Board-Modelle möchte ich daher kurz vergleichen. Vetter (2015, S. 264) beschreibt sie wie folgt:

> *»Die deutsche AG ist geprägt durch ein dualistisches Leitungssystem, das von Vorstand und Aufsichtsrat gebildet wird. Dieses sog. two-tier-System unterscheidet die deutsche AG von den Gesellschaften in vielen anderen Ländern, in denen das monistische System vorherrschend ist, allen voran die Gesellschaften im angloamerikanischen Rechtsraum. In diesem one-tier-System, meist auch Board-Verfassung genannt, gehören sowohl Mitglieder mit operativer Verantwortung (executive members) als auch solche mit reiner Überwachungsfunktion (non-executive members) einem gemeinsamen Gremium an.«*

Die *non-executive-members* der Boards werden vielfach auch *non-executive-directors* oder auch nur *directors* genannt (vgl. SpencerStuart Board Lexicon 2007, S. 158). Den börsennotierten Unternehmen beider Systeme sind gesetzliche Rahmenbedingungen auferlegt, die auch die Erwartungen der Aktionäre an die Mitglieder dieser Gremien prägen. Ein Beispiel: Die Rolle des *director* hat durch den vergleichsweise operativen Charakter des Boards einen deutlich höheren Zeitbedarf als eine normale Aufsichtsratsrolle in Deutschland. In beiden Systemen gibt es neben den gesetzlichen auch freiwillige Gremien. In der deutschsprachigen Unternehmenswelt und Literatur wird der Begriff des Beirats als Differenzierung vom *Aufsichtsrat* verwendet. Die Einrichtung eines Beirats ist freiwillig, weswegen er *fakultativer* Beirat (vgl. Ruter/Thümmel 2009, S. 60) genannt wird.

Das in Deutschland gesetzlich vorgegebene Two-Tier-System mit seiner klaren Trennung von Operative und Überwachung setzt den Maßstab auch für die Rolle der fakultativen Gremien und ihrer Mitglieder, was Kormann (2008, S. 492) bestätigt:

»[...] dass im Kulturkreis der deutschen Wirtschaft die Muster für einen Beirat im Prinzip analog zu den gesetzlich vorgesehenen Aufsichtsgremien abgeleitet sind [...]. Die Beiratsmitglieder, die in anderen Gremien dienen, haben nur diesen Erfahrungshintergrund. Die ganze Literatur zu diesem Thema in Deutschland kann ebenfalls nur von diesem Standardfall ausgehen.«

Aus einer Fülle möglicher Definitionen erschien mir die von Achenbach (2010, S. 21) besonders zweckmäßig:

»Handelt es sich weder um einen Pflichtaufsichtsrat noch um einen freiwilligen Aufsichtsrat nach § 52 GmbHG, dann ist es ein sogenanntes fakultatives Gremium, dessen Einrichtung auf einem Willensentschluss des/der Gesellschafter(s) des Unternehmens beruht. Und dieses wird dann meist als Beirat bezeichnet. Gelegentlich findet man aber auch andere Bezeichnungen wie z. B. Verwaltungsrat, Familienrat, Gesellschafterrat oder auch Aufsichtsrat (dann aber nicht im gesetzlichen Sinn). Gemeint ist aber in der Regel das gleiche: ein von den Gesellschaftern freiwillig eingerichtetes Gremium, dessen Aufgaben und Kompetenzen die Gesellschafter weitgehend frei definieren können.

Klar zu unterscheiden sind diese Beiräte von reinen Familienrepräsentanzen, wie sie zum Beispiel bei Koeberle-Schmid (2008, S. 15) beschrieben sind:

»[...] ist die Familienrepräsentanz als Organ zu betrachten, das [...] ein formales Team zur Organisation der Familie ist und dabei neben dem Aufsichtsgremium steht.«

Aufgrund der freien Gestaltungsmöglichkeiten sind die Beiräte so individuell geprägt wie die jeweiligen Gesellschafter bzw. Unternehmen.

2.2.2 Zusammensetzung des Beirats

Der Zusammensetzung von Beiräten in Familienunternehmen wird in der Wissenschaft breiter Raum gewidmet. Da sich diese Studie mit einem spezifischen Fall, nämlich der Mitgliedschaft eines externen Familienunternehmers (B) beschäftigte, lohnte sich ein kurzer Blick auf die generischen Besetzungsgepflogenheiten von Beiräten. Grundsätzlich wird bei der Besetzung von Beiräten zwischen externen (nicht zur Familie und nicht zum Unternehmen gehörigen) und internen (aus der Familie stammenden) Mitgliedern unterschieden. Die Fragen in Zusammenhang mit der Auswahl der familienzugehörigen Mitglieder stellen einen eigenen Forschungszweig dar, auf den ich hier nicht näher eingehen wollte. Dasselbe gilt für die jeweils richtige Größe (Gesamtzahl der Mitglieder) und die Gewichtung der internen und externen Mitglieder im Gremium. Alle diese Fragen werden letztlich durch die dem Beirat von den Gesellschaftern übertragenen Aufgaben und die Anforderungen des Unternehmens bestimmt. Die wesentlichen Anforderungen an die externen Mitglieder zeigen exemplarisch die Checkliste von Rieder (2015, S. 111) sowie meine eigene Auflistung (2011, S. 265), die zusätzliche Aspekte enthält.

Abbildung 6: Checkliste nach Rieder

Fachliche Anforderungen:	– Verständnis für die Wirkungsweise, die besonderen Chancen und Risiken eines Familienunternehmens – Kenntnis über funktionierende Governance-Strukturen im Familienunternehmen – Grundkenntnisse in Strategie, Personal, Finanzierung und Bilanzierung – Spezialkenntnisse in Fachgebieten und Branchen – je nach Anforderungsprofil
Persönliche Anforderungen:	– Unabhängigkeit und Freiheit von Interessenkonflikten – Integrität, Loyalität und Zuverlässigkeit – Engagement und Leidenschaft – Genügend Zeit für die Aufgabe
Der richtige Mix:	– Mindestens ein Unternehmer und/oder Fremdgeschäftsführer in einem Familienunternehmen – Mindestens ein Bracheninsider – Mindestens ein Financial Expert – Gute Ergänzung hinsichtlich Persönlichkeitstyp und Alter

Abbildung 7: Anforderungen nach Obermaier

Grundsätzliche Anforderungen:	– Persönliche und wirtschaftliche Unabhängigkeit von der Gesellschaft und einzelnen Gesellschaftern – Ausschluss jeglicher Interessenkonflikte, sei es z. B. durch Wettbewerbstätigkeit, Kunden- oder Lieferantenbeziehung, Beratungs- oder Dienstleistungstätigkeit für die Gesellschaft oder Gesellschafter – Verständnis für die besonderen Merkmale von Familienunternehmen – Ausreichende zeitliche Verfügbarkeit zur Wahrnehmung des Mandats, insbesondere gilt dies für den Beiratsvorsitz – Bereitschaft, sich in die Branche des Unternehmens einzuarbeiten, um ein respektierter Gesprächspartner für das Management zu sein

Auf der Suche nach dem »richtigen Mix« im Gremium, der durchgängige Expertenempfehlung ist, können die gewünschten Eigenschaften und Erfahrungen in sehr individuellen Faktorkombinationen durch die externen Gremienmitglieder abgedeckt werden.

Der Familienunternehmer B im Kreise der externen Mitglieder des Beirats unterscheidet sich von den anderen insofern, als dass er eine zusätzliche Eigenschaft mitbringt, nämlich (Mit-)Eigentümer eines Familienunternehmens zu sein. Alle anderen *externen* Mitglieder des Beirats bezeichnete ich ab jetzt (zur Unterscheidung von B) mit C.

2.2.3 Rahmenbedingungen der Beiratsarbeit

Nachfolgend betrachtete ich die Rahmenbedingungen, unter denen der Beirat seine Aufgabe wahrnimmt. Diese Bedingungen gelten ohne Unterschied für alle Mitglieder des Gremiums. Im Regelfall bildet der Gesellschaftsvertrag die rechtliche Grundlage für die Einrichtung des Beirats. Nachfolgend betrachtete ich die meines Erachtens besonders wichtigen Rahmenbedingungen der Beiratsarbeit: Satzung (rechtlicher Rahmen), Gruppendynamik und Systemgesetze.

Die Satzung

In der Regel werden die elementaren Aufgaben des Beirats in der Satzung festgelegt. Ein Beispiel gibt die Mustersatzung für einen organschaftlichen Beirat von Rüter/Thümmel (2009, S. 149ff.), die ich auszugsweise wiedergab:

> *§ 2 Aufgaben, Rechte und Pflichten des Beirates*
> *(1) Der Beirat hat die Aufgabe, die Gesellschafter und die Geschäftsführung in allen wesentlichen, das Unternehmen betreffenden Fragen zu beraten sowie die Geschäftsführung zu überwachen.*
>
> *§ 4 Sitzungen des Beirates*
> *(4) Der Beirat ist berechtigt, eine Geschäftsordnung zu erlassen.*

Diese exemplarische Aufgabenbeschreibung macht die Position des Beirats als Organ zwischen den Gesellschaftern einerseits und der Geschäftsführung andererseits sichtbar. Damit entsteht zwischen den gesetzlich vorgeschriebenen Ebenen der Gesellschafterversammlung und der Geschäftsführung mit dem Beirat eine dritte Ebene. Sofern die Gesellschafter den Beirat – wie im obigen Beispiel – ermächtigen, sich selbst eine Geschäftsordnung zu geben, so regelt diese den organisatorischen Prozess der Beiratsarbeit, aber keine inhaltlichen Fragen. Die oben erwähnte Mustersatzung detailliert die Aufgaben des Gremiums unter § 2 weiter, insofern sie unter (2) eine Reihe von sechs Zuständigkeiten definiert. Darunter ist die sogenannte Personalkompetenz:

> *(a) Bestellung, Abberufung und Entlastung der Geschäftsführer einschließlich des Abschlusses, der Änderung oder Kündigung entsprechender Anstellungsverträge [...]*

Die Personalkompetenz ist in diesem Fall eine dem Beirat im Rahmen der Überwachungsfunktion zugeordnete Aufgabe.

Gruppendynamik

Gruppen sind seit langem Gegenstand intensiver wissenschaftlicher Betrachtung. Ich beschränkte mich hier auf die Erkenntnisse, die mir für die Personengruppe Beirat und die Forschungsfrage relevant erschienen. So schreibt Preyer (2012, S. 124): »*Für die Gruppendynamik ist es grundlegend, dass die*

Teilnehmer ihre Mitgliedschaftsrolle kennen und […] wissen, was von ihnen erwartet wird und welche Folgen die Nichterfüllung der Erwartungen in der Gruppe für sie hat. Es liegt somit eine Erwartungserwartung unter ihnen vor.« Auch Kormann (2008, S. 48 u. 162) ist der Auffassung, dass der Rollen- und Erwartungsklärung wesentliche Bedeutung für die Funktionalität der Gruppe zukommt:

> *»Die erste Pflicht eines Beirats ist es also […], dass er sich bei seinem Souverän, den Gesellschaftern, und durch eigene Reflexion vergewissert, was seine Zwecksetzung ist. Die zumeist knappen, vielleicht sogar dürren oder gar irreführenden Worte im Gesellschaftsvertrag werden dies allein nicht ausreichend klarmachen können. Eine solche Mission kann nur im klärenden Gespräch erhellt werden.«*

Als einen der wesentlichen Gründe für Enttäuschungen in der Beiratsarbeit nennt er: *»Die Gesellschafter formulieren ihre Erwartungen an den Beirat nicht ausreichend deutlich.«* Dasselbe gilt für den oben von Preyer verwendeten Begriff der Erwartungs-Erwartungen, die sowohl für die Mitglieder untereinander als auch für die beiden Familienunternehmer A (intern) und B (extern) von Wichtigkeit sind.

Systemgesetze

Mit seiner Theorie von den Systemgesetzen bietet Bischop (2010, S. 16ff.) nach meinem Verständnis ein einleuchtendes Erklärungsmuster für Konfliktursachen in zwischenmenschlichen Beziehungen an. Demnach wirken diese Systemgesetze ähnlich wie Naturgesetze im Zusammenwirken von Paaren, Familien, Gruppen, Teams, Unternehmen, Vereinen etc. Sie sind den Akteuren nicht bewusst und werden daher in der Regel nicht ausgesprochen. Die Einhaltung der Systemgesetze führt zur optimalen Funktion der jeweiligen Organisation und zur Motivation ihrer Mitglieder. Die Verletzung der Systemgesetze zieht hingegen Verletzungen, Konflikte und Demotivation bei den Beteiligten nach sich. Bischop beschreibt (ebd. S. 20ff.) sein Modell wie folgt:

> *»Die beiden Kommunikationsebenen, Sach- und Beziehungsebene, die in jeder Interaktion vorliegen, sind hier um eine dritte ergänzt: die Systemgesetzebene […]. Zur Bearbeitung von Konflikten ist es sehr hilfreich, diese dritte Ebene zu nutzen, da die meisten Menschen sich aus Angst nicht die Beziehungsebene anschauen wollen. Oft ist dies auch gar nicht hilfreich, denn die Ursache liegt im Fundament […]. Verletzungen auf der Systemgesetzebene wirken sich negativ auf die Beziehungsebene aus und erschweren die Zusammenarbeit auf der Sachebene. Unlösbare Konflikte zeigen sich dann auf der Sachebene, und die Positionen sind verhärtet.«*

Nach dieser Theorie werden die Systemgesetze auch zwischen den Mitgliedern des Beirats wirksam und zählen damit zu den Rahmenbedingungen, unter denen er seine Funktion ausübt. Da mein Fokus auf der Interaktion der beiden Familienunternehmer lag, untersuchte ich primär mögliche Konfliktrisiken in diesem Zweierverhältnis. Dazu betrachtete ich die zehn Systemgesetze im Einzelnen (angeordnet nach der Stärke ihrer Wirkung) und füge in Abbildung 8 jeweils Kommentare zu denkbaren Manifestationen von Systemgesetzverletzungen in der Beiratsarbeit an:

Abbildung 8: Systemgesetze nach Bischop (2010) und resultierende Konfliktrisiken

Systemgesetze nach Bischop (2010)		Konfliktrisiken bei A und B
1.	Recht auf Zugehörigkeit (kein Ausschluss)	*B wird von wichtigen Beratungen ausgeschlossen*
2.	Recht auf Anerkennung, Wertschätzung, Respekt	*A oder B zeigen mangelnden Respekt gegenüber dem Partner*
3.	Recht auf Gleichgewicht von Geben und Nehmen	*A hält das Engagement von B (inhaltlich/ zeitlich) für unzureichend*
4.	Früher hat Vorrang vor später	
5.	Höherer Einsatz hat Vorrang	*A würdigt den Einsatz von B nicht*
6.	Mehr Kompetenz/mehr Wissen hat Vorrang	*A würdigt/nutzt Kompetenz oder Wissen von B nicht*
7.	Neues System hat Vorrang vor altem System	
8.	Gesamtsystem hat Vorrang vor Einzelperson	
9.	Aussprechen/anerkennen, was ist	*Kritische oder sensible Themen werden nicht angesprochen*
10.	Ausgleich schaffen	

Die Auswirkungen von Systemgesetzverletzungen auf der Zeitlinie beschreibt Bischop (2016, S. 37 ff.) wie folgt:

> *»Werden oder können sie nicht aufgelöst werden, so kommt es normalerweise zu einer Rückverletzung und einer zeitlichen Eskalation. […] Aus dem zuerst Verletzten wird dann der nächste Verursacher und der erste Verursacher wird nun der Verletzte.« Weiter unten fährt er fort: »Wird die Systemgesetzverletzung […] nicht aufgelöst, so führt dieses normalerweise dazu, dass das Denken dazu benutzt wird, diese Gefühle zu unterdrücken. […] Die einen legen einen ›Deckel‹ auf ihre Gefühle, […] die anderen legen einen ›Deckel‹ auf ihre eingefrorenen Aggressionen.«*

Die nachfolgende Studie zeigte, inwieweit diese Rahmenbedingungen und Erkenntnisse die Beziehung zwischen den involvierten Familienunternehmern prägten und ihre Erwartungen beeinflussten.

2.2.4 Aufgaben des Beirats

Da es für die fakultativen Beiräte per definitionem keine gesetzlichen Vorgaben gibt, entsteht eine große Spannweite von Aufgabenzuweisungen, die von zahlreichen Faktoren abhängen. Die bereits behandelte Entwicklungsphase gehört als besonders wichtiges Element dazu. Die klassischen Aufgaben des Beiratsorgans fasste ich nachfolgend zusammen, wobei ich mich vor allem auf die oben erwähnten Quellen und eigene Voruntersuchungen (Obermaier, 2011) stützte. Der Anspruch auf Vollständigkeit konnte allerdings nicht erhoben werden. Um es wieder mit Kormann (2008, S. 130) zu sagen: »*Eine umfassende Darstellung dieser Themen würde eine eigene Monographie rechtfertigen, die wohl dereinst geschrieben werden muss.*« Zur Strukturierung der Aufgaben orientierte ich mich an den beiden Schnittstellen, die sich aus der Brückenfunktion des Beirats in der Governance der Gesellschaft ergeben: die Gesellschafter einerseits und die Geschäftsführung andererseits.

Aufgaben an der Schnittstelle Gesellschafter
- *Loyale Vertretung der Gesellschafterinteressen und Beratung der Gesellschafter.* Als Teilaufgaben sind zu nennen
  - Sicherung der Unternehmenswerte und der Unternehmenskultur
  - Sicherung der Unabhängigkeit und des wirtschaftlichen Erfolgs
  - Ggf. Repräsentation des Unternehmens nach außen
- *Sicherung der Kontinuität der Unternehmensleitung.* Dazu zählen als besonders anspruchsvolle Sonderthemen
  - die Unterstützung der Nachfolge im Zuge des Generationswechsels
  - die Notfallhilfe bei Krisen
- *Sicherung des Zusammenhalts der Gesellschafterfamilie(n).* Darunter fällt eine Vielzahl von Aktivitäten wie etwa
  - die Bemühung um Ausrichtung der Gesellschafter auf das Unternehmensinteresse; Beschränkung von Partikularinteressen
  - Moderation, Mediation oder sogar Schiedsrichterfunktionen im Konfliktfall. Klassische Konfliktthemen sind dabei Ausschüttungen, Entnahmen oder auch der Eintritt von Familienmitgliedern ins Unternehmen (vgl. Kap. 2.2.3 Satzung)
  - Kontinuierliche Pflege und Förderung der Familienbeziehung

Aufgaben an der Schnittstelle Geschäftsführung
- *Überwachung der Geschäftsführung* mit Teilaufgaben wie
  - Führungskontinuität und Nachfolge
  - Konfliktlösung
- *Einbringen eines eigenen Wertschöpfungsbeitrags,* u. a. durch

- Einflussnahme auf die Unternehmensstrategie
- Beratung der Geschäftsführung
- Einbringen eigenen Wissens und eigener Erfahrung (Branche, Funktion)
- Einbringen des eigenen Netzwerks

Diese von der Fachliteratur aufgezählten Aufgaben des Beirats dürften in ihrer Allgemeingültigkeit die Zustimmung der meisten Familienunternehmer finden. Viele Elemente könnten auch in eine formale Positionsbeschreibung für Beiratsmitglieder einfließen. Diese Aufgaben werden üblicherweise um das korrelierende Anforderungsprofil ergänzt.

Für die Erwartungsfrage hatten diese definierten Aufgaben und Anforderungen, zu denen auch die schriftlichen Vorgaben der Satzung zählen, nach meinem Verständnis große Relevanz. Denn die Zuweisung einer Aufgabe ist – vergleichbar einem Auftrag – mit der Erwartung ihrer Erfüllung verbunden. Bei diesen Aufgaben handelt es sich vorwiegend um sachbezogene Erwartungen, die in der Regel mündlich, in vielen Fällen aber auch schriftlich, kommuniziert werden.

2.3 Beziehung von A (intern) zu B (extern)

Bei dieser Untersuchung stand entsprechend der Forschungsfrage die **Beziehung** zwischen zwei Personen im Vordergrund:
- der Gesellschafter und Familienunternehmer A (unabhängig von seiner Rolle im eigenen Unternehmen), der die Berufung des familienfremden Familienunternehmers B in den Beirat in der Regel (mit-)bestimmt hat

und
- ebendieser familienfremde Familienunternehmer B, der von außen zum Mitglied dieses Gremiums berufen wurde

Besondere Beachtung galt dabei der Frage, ob und gegebenenfalls worin sich die Beziehung zwischen den beiden Familienunternehmern von den Beziehungen unterscheidet, die die Gesellschafter zu den restlichen externen Beiratsmitgliedern (C) pflegen. Dieser Abgleich erfolgte unter Berücksichtigung der Tatsache, dass alle externen Beiratsmitglieder hinsichtlich ihrer Verantwortung in diesem Gremium denselben Anforderungen unterworfen sind (vgl. Kap. 2.2).

2.3.1 Erwartungen und Erwartungs-Erwartungen

Erwartungen stehen im Mittelpunkt der ersten Forschungsfrage. Die Wissenschaft nähert sich dem Begriff der Erwartung von unterschiedlichen Seiten: Psychologie, Soziologie, Philosophie, Wirtschaftswissenschaft usw. Besonders relevant für das Verständnis des Erwartungsbegriffs erschien mir das erstmalig von Parsons/Shils (1951) vorgestellte Konzept der doppelten Kontingenz, das später von Luhmann (1984) weiterentwickelt und von vielen Autoren behandelt wurde. Zur Erläuterung: Ereignisse, deren Eintrittswahrscheinlichkeit nicht berechenbar ist, werden als kontingent bezeichnet. Geht es um die Interaktion von zwei Personen, die beide volle Handlungsfreiheit haben, entsteht die Situation der doppelten Kontingenz, die Ganßmann (2007, S. 63ff.) folgendermaßen beschreibt:

> »*Jeder Akteur versucht nicht nur sich selbst und seine Umwelt, sondern auch sich selbst mit den Augen des anderen zu sehen, der in dieser Umwelt auftaucht. […] Doppelte Kontingenz impliziert Unsicherheit für die Akteure: da sie nicht wissen, was das Gegenüber tun wird, können sie auch nicht wissen, was sie selbst tun wollen. […] Parsons zufolge geht es in einer solchen offenen Situation für die Akteure darum, Erwartungen zu bilden, die eine Strukturierung der Situation erlauben. Die Erwartungsbildung ist jedoch kompliziert, weil es sogleich um Erwartungen von Erwartungen geht […] Parsons will zeigen, dass mit dem Problem der doppelten Kontingenz konfrontierte Akteure ihre Handlungen nur dann koordinieren können, wenn sie sich auf geteilte Werte und Normen stützen können.*«

Berghaus (2011, S. 110) würdigt Luhmann, der »*den Schritt vom Problem der doppelten Kontingenz [weil beide Seiten sich blockieren] zu Vorstellungen über die Lösung dieses Problems vollzieht*«. Konkret liegt der Lösungsansatz für die Unsicherheit der Akteure in der »*Anwendung kommunikativer Mechanismen, wie denen der Erwartung*« (Behrens, 2010, S. 5). Oder wieder Luhmann (1984, S. 148ff.): »*Erwartungen sind das, was soziale Systeme sozusagen zusammenhält.*«

Auf die Vielzahl kommunikativer Mechanismen mochte ich hier nicht weiter eingehen. Wichtiger fand ich eine Erläuterung des Begriffs der Erwartungs-Erwartungen, der oben bei Ganßmann fiel. Verwendet wurde er ebenfalls schon von Luhmann (1984) und – unter Bezugnahme auf ihn – Ameln (2004, S. 138ff.). Ego und Alter kann man sich dabei als die beiden Familienunternehmer A und B im Beirat vorstellen: »*Daher muss Ego, um gegenüber Alter handeln zu können, sich nicht nur an der Erwartung von Alters Handeln, sondern auch und vor allem an der Erwartung von Alters Erwartungen orientieren.*« Erwartungs-Erwartungen entstehen somit aus einem Iterationsprozess gegenseitiger Erwartungen. Für Preyer (2012, S. 77ff.)

»[...] besteht die Funktion von Erwartungen darin, dass die Projektion von Erwartungs-Erwartungen in der Zeit Komplexität reduziert und Kontingenz ausschaltet [...] Die Befolgung der Erwartungen bestärkt das Zugehörigkeitsgefühl zu einem sozialen System, in dem sie gelten. Das verweist auf den nicht-rationalen Bestandteil der Erwartungserfüllung und von Kommunikationen. Diese Funktion ist in den Fällen besonders interessant, sofern es sich um Erwartungen gruppenspezifischer Art handelt, die z. B. mit der gemeinsamen Herkunft, dem Freundeskreis und der kollegialen Verbundenheit einhergehen.«

Diese Erkenntnis passte gut zur Beziehung zwischen den Personen A und B der Forschungsfrage, die durch ihre Unternehmerherkunft und -eigenschaft verbunden sind.

Als Zusammenfassung dieses Kapitels hielt ich fest, dass der oder die Akteure einen Prozess durchlaufen, in dessen Verlauf sie – basierend auf ihrer kognitiv gebildeten Vorstellung von der Welt – konkrete Erwartungen und Erwartungs-Erwartungen für definierte Problemsituationen aufbauen. Dieser Prozess ist vermutlich nie ganz abgeschlossen und bekommt etwa bei Enttäuschungen oder auch Veränderungen der Umgebungsbedingungen jeweils neue Dynamik. Bei aller Subjektivität und Fragilität ist das jeweilige Erwartungsgerüst eine wesentliche Voraussetzung für die Handlungsfähigkeit des sozialen Systems, in dem sich die Akteure bewegen. Oder wie von Schlippe (2014, S. 45) sagt:

»[...] diese Strukturen, diese Erwartungs-Erwartungen bestimmen jeweils, wie eine Anschlusskommunikation vorgenommen wird. Ohne solche ausgebildeten Erwartungen würden kommunikative Anschlüsse völlig zufällig werden, könnte es keine sozialen Systeme geben.«

Das soziale System, das wir bei dieser Studie vorrangig analysierten, ist eben die Beziehung zwischen den beiden Familienunternehmern A (intern) und B (extern). Diese agieren in einem Beirat, der ebenfalls ein soziales System darstellt.

2.3.2 Kommunikation

Wir haben im letzten Kapitel gesehen, dass Erwartungen die Anschlusskommunikation bestimmen und welche Bedeutung ihnen damit zur Auflösung der doppelten Kontingenz zukommt. Ohne diese Kommunikation können weder das soziale System der beiden Familienunternehmer A und B noch der gesamte Beirat Stabilität erreichen.

Über den soziologischen Ansatz hinaus wird dem Thema Kommunikation auch in anderen Wissenschaften Aufmerksamkeit gewidmet. Da ich hier die Beziehung zwischen zwei Familienunternehmern behandelte, beschäftigte ich mich mit dem den psychologischen Aspekt der Kommunikation. Watzlawicks

»Grundgesetz« (1967, 2000, S. 53) – »*Man kann nicht nicht kommunizieren.*« – machte bereits deutlich, dass Kommunikation zwischen Individuen praktisch immer stattfindet und grenzenlos vielfältig ist. In seinem zweiten Axiom unterscheidet er zwischen dem *Inhalts- und dem Beziehungsaspekt* der Kommunikation oder synonym zwischen *digitaler* und *analoger* Kommunikation. Viele Autoren greifen diese Differenzierung auf und entwickeln sie weiter, wie etwa Tannen (1998) hinsichtlich der unterschiedlichen Kommunikation von Männern und Frauen. Vielfach (z. B. Ludwig, 2001) wird statt Sachaspekt/Beziehungsaspekt die Begrifflichkeit der Sachebene/Inhaltsebene gebraucht, auf der sich Kommunikation vollzieht.

Im Rahmen dieser Studie fanden darüber hinaus eine Reihe von Untersuchungen mein Interesse, die sich gezielt mit der *familiale*n Kommunikation beschäftigen:

Hahn (1983, S. 210ff.) untersuchte durch die Befragung von 300 jungen Ehepaaren, inwieweit bei diesen Konsens zu zentralen Fragen der gemeinsamen Lebensführung (Kindererziehung, Zukunftspläne, Sexualität etc.) gegeben ist. Folgende Thesen stellte er auf:

- *»Ehepaare gehen also von Konsens aus, der faktisch nicht besteht […]. Die Konsensunterstellung ersetzt den realen Konsens.*
- *Alle Kleingruppen haben einen hohen Konsensbedarf. Sichtbarer Dissens bedroht die Existenz dieser Gruppen umso mehr, als es keine jenseits der persönlichen Beziehungen liegenden Gründe gibt, Mitglied zu bleiben.*
- *Bei Knappheit realer Übereinstimmung treten Konsensfiktionen als funktionale Äquivalente ein.«*

Als Fazit ließ sich ableiten, dass in Personengruppen, die sich auf gemeinsame Werte beziehen, Konsensfiktionen Normalität sind. Die Abklärung wird oft vermieden, da sie riskant und unangenehm sein kann. Hahn (ebd. S. 210ff.) formulierte es so:

> *»In vielen Fällen ist es ja so, dass die Wahrheit die Beziehung selbst aufs Spiel setzen würde, ein Preis, den man u. U. nicht bereit oder in der Lage ist zu bezahlen. Der Verzicht auf ›Entlarvung‹ wird dann als schwer, aber als alternativenlos empfunden. Der sonst entstehende Streit, das Zerwürfnis oder auch bloß der Ärger und die Missgelauntheit erscheinen als das größere Übel.«*

Das Verhältnis von A und B ist wohl dyadischer Natur – ähnlich wie bei Hahns Ehepaaren und anders als die Beziehung von A zu den restlichen externen Mitgliedern des Beirats. Dann wäre Hahns Konsensfiktion auch für A und B ein mögliches Verhaltensmuster.

Die Gedanken von Hahn werden durch Wimmer aufgenommen (2005,

S. 228ff.). Er sprach von ausgeprägter Kommunikationsverknappung innerhalb von Unternehmerfamilien, mit folgenden Zitaten:

> *»Was Sache ist, das versteht sich doch von selbst. Da brauchen wir nicht drüber reden [...]. Das offene Umgehen mit widersprüchlichen oder ›nicht erwünschten‹ Gefühlen ist eine äußerst anspruchsvolle, aber meist nicht gut entwickelte Fähigkeit, deren Ausprägung gerade in Unternehmerfamilien nicht sonderlich gefördert wird [...]. Vielfach scheint es jedoch aus der Sicht der Beteiligten die sichere Variante zu sein, für alle Fälle den Deckel drauf zu lassen und nicht unnötigerweise schlafende Hunde zu wecken.«*

Die hier dargestellte Kommunikationsverknappung dürfte auf die Beziehung der beiden Familienunternehmer A und B übertragbar sein. Zum einen kennen sie dieses Verhalten aus der jeweils eigenen Familie. Zum anderen könnte man das dyadische Verhältnis, basierend auf vergleichbarer Herkunft und – unterstellt – gemeinsamen Werten als familienähnlich betrachten. Die regelmäßigen Begegnungen in den Beiratssitzungen dienen der Vertiefung dieser Beziehung. Die weitere Untersuchung zeigte, welche der oben aufgeführten Formen der Kommunikation im Dialog zwischen A und B vorkamen. Besonders wichtig war diese im Zusammenhang mit der Abklärung der Erwartungen an den Beitrag von B im Beiratsgremium (vgl. Kap. 2.2.3).

Hinsichtlich der Kommunikation über Zufriedenheit (Feedback) konnte ich auf Erkenntnisse aus meiner früheren Studie (Obermaier, 2011, S. 268) zurückgreifen: *»Erweisen sich externe Beiratsmitglieder als nicht zufriedenstellend, fällt es den Unternehmerfamilien (insbesondere bei Unternehmer-Beiräten) oft schwer, eine Trennung herbeizuführen.«* Auch hier zeigte sich – ähnlich der Hahn'schen Dissensvermeidung – eine ausgeprägte Konfliktscheu seitens A.

2.3.3 Psychologische Kontrakte

Da es sich bei A und B um eine dyadische Beziehung handelt, erschien mir für die Beziehungsthematik auch das Konzept der psychologischen Kontrakte interessant zu sein. Der Begriff der *psychological contracts* wurde vor allem durch Rousseau (1989, 1994) in die wissenschaftliche Diskussion eingeführt. Im Mittelpunkt der Betrachtung stand seinerzeit die Beziehung zwischen Arbeitgeber und Arbeitnehmer. Das Konzept des psychologischen Kontrakts bzw. Vertrags hat auch in die Familienunternehmensforschung Eingang gefunden. Von der bisherigen Fokussierung auf Beschäftigungsverhältnisse wird er ausgedehnt auf Zweierbeziehungen innerhalb des Familienverbunds. So definierte Schlippe (2014, S. 59):

> *»Psychologische Kontrakte beschreiben die selbstverständlichen Erwartungen an eine Austauschvereinbarung zwischen zwei Parteien, die sich jeweils auf eine Art von aus-*

gesprochenem oder (häufiger) unausgesprochenem Versprechen beziehen, das verbal, vielfach aber nonverbal, durch Handlungen, Signale und Symbole gegeben und durch lange andauernde tägliche Praxis bestätigt wird.«

Er bestätigte, dass die psychologischen Kontrakte auf der Beziehungsebene dieser zwei Parteien angesiedelt sind und ihre persönlichen Werte betreffen.

Beim Vergleich der beiden Zweiergruppen, an denen psychologische Kontrakte bisher untersucht wurden, mit der hier im Fokus stehenden Beziehung von A (intern) und B (extern) waren Unterschiede und Gemeinsamkeiten festzustellen. Diese finden sich in der folgenden Abbildung 9:

Abbildung 9: Vergleich der Beziehung von A und B mit anderen Paarungen

Andere Beziehung	Gemeinsamkeiten	Unterschiede
Arbeitgeber und Arbeitnehmer	Rechtlich definiertes Vertragsverhältnis mit Aufgabenbeschreibung und Leistungserwartung, Auflösung möglich	B (extern) ist per definitionem unabhängig und keiner Weisungsbefugnis durch den »Arbeitgeber« ausgesetzt
Zwei Mitglieder ein- und derselben Familie	Mentale Nähe der Partner durch Sozialisierung in einer Unternehmerfamilie. Ähnliche Prägung der psychologischen Kontrakte ist zu vermuten	B ist unabhängig und nicht den internen Problemen bei A ausgesetzt, ebenso wenig der Machtausübung die zwischen Familienmitgliedern auftreten kann

Die dyadische Beziehung der Familienunternehmer A und B stellt demnach eine Mischform der bisher in Zusammenhang mit psychologischen Kontrakten vorwiegend untersuchten Zweierbeziehungen dar. Sie ist auch eine Art Arbeitsverhältnis, das allerdings geprägt ist durch mentale Nähe der Partner sowie gleichzeitig durch Unabhängigkeit und Gleichberechtigung. Aufgrund der Unabhängigkeit und des fehlenden Machtgefälles unterscheiden sich Versprechen und Verpflichtungen weniger voneinander als bei den anderen Konstellationen. Gegenstand der weiteren Betrachtungen war daher, inwieweit es psychologische Kontrakte zwischen A und B gab und in welcher Form dazu Kommunikation erfolgte.

2.4 Zufriedenheit

Die zweite Forschungsfrage entsprang dem Wunsch vieler Gesellschafter, den Erfolg der Beiratsberufung von B zu bewerten. Bei genauerem Hinsehen entzog sich der Begriff der Zufriedenheit, so alltagsvertraut er auch klingen mag, einer allgemeingültigen Definition, geschweige denn Messbarkeit. Fehr & Russell (1984, S. 464) schreiben bereits:

> *»Everyone knows what satisfaction is, until asked to give a definition. Then it seems, nobody knows.«*

Ich näherte mich dieser komplexen Thematik von drei Seiten: zum einen über die Funktion der *Erwartungsenttäuschung* für die Zufriedenheit. In Kapitel 2.4.2 beschäftigte ich mich dann mit den wichtigsten Ansätzen der *Zufriedenheitsforschung*. In Kapitel 2.4.3 folgen die unterschiedlichen *Messmethoden von Zufriedenheit*, die die Wissenschaft bereithält.

2.4.1 Erwartungsenttäuschung

Für den Umgang mit der Enttäuschung stehen nach Luhmann (1984, S. 436ff.)

> *»zwei Formen zur Verfügung, die wir als* ***normative*** *bzw. als* ***kognitive*** *Modalisierung von Erwartungen bezeichnen wollen […]. In die Erwartungen wird eine Vorwegdisposition für den Enttäuschungsfall eingebaut […]. Dem normativen Erwartungsstil entspricht die Differenz von konformem und abweichendem Verhalten. Dem kognitiven Erwartungsstil entspricht die Differenz von Wissen und Nichtwissen.«*

Beide Formen treten nach Luhmann (2008, S. 42ff.) in sozialen Systemen, zu denen auch Unternehmen zählen, zwischen den jeweiligen Akteuren auf:

> *»Als kognitiv werden Erwartungen erlebt und behandelt, die im Falle der Enttäuschung an die Wirklichkeit angepasst werden. Für normative Erwartungen gilt das Gegenteil: dass man sie nicht fallenlässt, wenn jemand ihnen zuwiderhandelt. Bei diesen Verhaltenserwartungen drängt es sich auf, vorgreifend festzulegen, wie man auf Enttäuschungen reagieren wird: durch Lernen oder durch Nichtlernen […]. Bei normativen Erwartungen bedeutet dies, dass in Enttäuschungssituationen das Festhalten der Erwartung demonstriert und plausibel gemacht werden kann.«*

Übertragen auf die Beziehung zwischen A (intern) und B (extern) in der Beiratssituation dieser Studie konnte man daraus schließen, dass es bei der Verletzung normativer Erwartungen zu Sanktionen und im äußersten Fall zu einem Bruch der Beziehung kommen kann, die es A oder B ermöglichen, an ihren normativen Erwartungen festzuhalten. Luhmann schließt jedoch nicht aus, dass von den Beteiligten zur Risikominderung im Enttäuschungsfall Mischformen der beiden Haltungen gewählt werden (ebd., S. 50): *»Für kognitives Erwarten gibt es Möglichkeiten, trotzdem nicht zu lernen. Für normatives Erwarten gibt es Möglichkeiten, trotzdem zu lernen.«*

Als weitere Möglichkeit, beide Stile miteinander zu kombinieren, sieht er die ebenfalls in Kapitel 2.3.1 behandelten Erwartungs-Erwartungen. Sie ermöglichen es (ebd. S. 51),

> *»gegensätzliche Erwartungsstile miteinander zu verbinden und Erwartungsketten zu bilden, in denen sowohl Lernmöglichkeiten als auch Nichtlernmöglichkeiten untergebracht werden […]. Es gibt bei zweistufiger Reflexivität mithin vier Kombinationsmöglichkeiten: kognitiv-kognitiv, kognitiv-normativ, normativ-kognitiv und normativ-normativ.«*

Demnach würden nur im letzten Fall die Erwartungen von A und B unverrückbar mit den oben beschriebenen Konsequenzen für die Beziehung aufeinandertreffen. Bei den anderen drei Kombinationen würde mindestens eine Seite die Erwartung oder Erwartungs-Erwartung (durch Lernen) anpassen, womit der Konflikt bzw. die Enttäuschung vermieden werden könnte.

2.4.2 Zufriedenheitsforschung

Die Zufriedenheitsforschung fokussiert sich hauptsächlich auf zwei Beziehungen, die ich nachfolgend behandelte:

Zufriedenheit von Kunden mit Produktanbietern und Dienstleistern
Dieser Bereich wird in der Marketingtheorie breit behandelt. Bahr (2003, S. 103) erläutert: *»Die Zufriedenheit zielt auf Transaktionen, also Kauf und Wiederkauf.«* In Hinblick auf die Entstehung von Zufriedenheit vertritt Müller (2003, S. 48) neben anderen den sogenannten Zwei-Komponenten-Ansatz. Er begreift Zufriedenheit als

> *»einen psychischen Bewertungsprozess eines Individuums, der auf den Vergleich zwischen einer erwarteten Leistung und der erhaltenen Leistung in einer aktuellen Transaktionsbeziehung gerichtet ist (kognitive Begriffsdimension), und zu einem kurzfristig erlebten, positiven oder negativen Empfindungseindruck des betreffenden Individuums führt (affektive Begriffsdimension).«*

Müller weiter (ebd. S. 52):

> *»Als zentrale Einflussgröße für die Zufriedenheit gilt nach herrschender Meinung die Nicht-Bestätigung. Sofern diese eine individuelle Bewusstseinsschwelle überschreitet, wird eine emotionale Reaktion (z. B. Freude, Ärger) ausgelöst, die eine Folge des Überraschungsmomentes, d. h. der unerwarteten Diskrepanz zwischen Ist- und Soll-Leistung darstellt.«*

Zwischen den Partnern der Transaktion im Kaufprozess einerseits und der Beziehung zwischen A und B andererseits gibt es Abweichungen und Übereinstimmungen. Zweifellos ist die Berufung eines Beirats keine Transaktion wie etwa der Einkauf einer definierten Beratungsleistung. Gleichwohl ist, wie bereits mehrfach erwähnt, die Beiratsberufung auflösbar, wenn die Umstände dies erfordern. Auch die für den Kaufprozess beschriebene Verknüpfung von kognitiv und affektiv beeinflusster Zufriedenheit erschien mir auf die Beziehung von A und B übertragbar zu sein.

Zufriedenheit in der Beziehung zwischen Arbeitgeber und Arbeitnehmer
Die Thematik wird insbesondere unter den Begriffen »Arbeits- oder Mitarbeiterzufriedenheit« in breiter Form behandelt. Dabei sah ich bei der arbeitnehmerseitigen Forschung nur geringe Relevanz: Die Betrachtung der Mitarbeiterzufriedenheit erfolgt per definitionem aus der Perspektive des Geführten. Selbst wenn man direkt nach der Zufriedenheit von B (extern) gefragt hätte, was in dieser Studie nicht der Fall war, wären die beschriebenen Theorien nur bedingt nutzbar gewesen, da B eben kein Mitarbeiter ist. Außerdem hat A gegenüber B keine Führungsverantwortung im Sinne von Personalführung, denn B ist kein angestelltes Personal, sondern ein zur Unabhängigkeit verpflichtetes Beiratsmitglied.

Die zufriedenheitsrelevanten Erkenntnisse aus Sicht des Vorgesetzten, die unter dem Begriff der Leistungsbeurteilung zusammengefasst werden können, waren hingegen nicht uninteressant für die Forschungsfrage. Dies galt auch angesichts der Tatsache, dass A (selbst als Beiratsvorsitzender) formal nicht Vorgesetzter von B ist. Der Gedanke der Leistungsbeurteilung wurde nach der Krise 2000/2001, die spektakuläre Firmenzusammenbrüche nach sich zog, in den bedeutenden Wirtschaftsnationen auf die Aufsichtsgremien ausgedehnt. In Deutschland wurde 2002 durch den Corporate-Governance-Kodex, der seitdem permanent weiterentwickelt wurde, die Grundlage zur Verbesserung der Aufsichtstätigkeit in börsennotierten Konzernen gelegt. Während anfangs nur die Betrachtung der Effizienz des gesamten Gremiums Gegenstand der Prüfung war, rückte in den vergangenen Jahren auch die Bewertung der einzelnen Mitglieder des Vorstands und des Aufsichtsrats ins Blickfeld.

Eine Beschreibung der Methodik findet sich zum Beispiel bei Mahlert (2015, S. 126ff.). Diese sogenannte Peer-Evaluierung hat sich zwischenzeitlich als das bevorzugte Instrument zur Bewertung der individuellen Leistung von Aufsichtsräten etabliert. Die Gremienvorsitzenden leiten aus diesen vertraulichen Befragungen u. a. auch Zufriedenheitswerte ab, die sie fallweise an die Mitglieder kommunizieren. Es gibt allerdings keine gesicherten Erkenntnisse, wie und in welchem Umfang deutsche Aktiengesellschaften Einzelevaluierungen vornehmen. Nur der Vollständigkeit halber sei erwähnt, dass Finanzinstituten im Gegensatz zu den anderen Aktiengesellschaften durch das Kreditwesengesetz (Bundesministerium der Justiz, 2017, § 25d) die Durchführung jährlicher Effizienzprüfungen einschließlich Einzelevaluierung verpflichtend auferlegt ist. Dazu, wie diese Evaluierungen ablaufen, waren keine Erkenntnisse verfügbar – geschweige denn zu den Inhalten. Mit Blick auf die Forschungsfrage blieb festzuhalten, dass die Kriterien der Peer-Evaluierung auch für die Bewertung der Zufriedenheit von A mit B Relevanz haben könnten. Sie dürften jedoch für alle Gremienmitglieder gleichermaßen gelten, da keine Unterscheidung nach Einzelprofilen vorgenommen wird.

Der Deutsche Corporate-Governance-Kodex strahlte auch auf die Familienunternehmen aus und führte zur Formulierung des Kodex für Familienunternehmen (Intes-Akademie, 2016), der ebenfalls eine Effizienzprüfung empfiehlt. Wegen weitgehend fehlender Forschung lässt sich kaum beurteilen, inwieweit Familienunternehmen bis heute dieser Empfehlung nachgekommen sind. In einer Studie von Becker et al. (2010, S. 61 ff.) äußerten 93 Prozent der Unternehmen, dass sie keine Effizienzbeurteilungen ihrer Beiräte vornehmen. Auf die Frage, ob diese Bewertungen zukünftig geplant seien, antworteten 90 Prozent mit Nein. Dabei wurden zwei Begründungen genannt:

> *»[...] da diese (Bewertung) bereits implizit durch die Gesellschafter durchgeführt werde. Zum anderen gibt es Nennungen, die zwar eine Bewertung für sinnvoll halten, aber auf die geringe Größe des Unternehmens oder mangelhaftes Wissen im Unternehmen im Hinblick auf mögliche Bewertungsformen verweisen.«*

Diese Antwort bestätigte, dass viele Gesellschafter sich sehr wohl ein Bild von der Qualität ihres Gremiums und vermutlich auch der einzelnen Mitglieder machen. Dabei nehmen sie vermutlich eine Leistungsbeurteilung vor, die der Bewertung eines Mitarbeiters ähneln könnte. Obwohl B kein Mitarbeiter ist, ergibt sich diese Parallele schlicht aus der Tatsache, dass auch mit B als Beirat durch die formale Berufung eine Art Arbeitsvertrag abgeschlossen wurde, der auslaufen oder auch aufgelöst werden kann. Allerdings stellte sich die Frage, inwieweit die Kriterien und Ziele der Beiratstätigkeit im Vorfeld klar genug formuliert wurden, um rückblickend eine Leistungsbeurteilung vornehmen zu können. Die formalisierte Beurteilung einzelner Beiratsmitglieder dürfte noch weniger verbreitet sein als die Effizienzprüfung des Gremiums als Ganzes. Zudem rät die Fachliteratur eher davon ab (vgl. Koeberle-Schmidt, 2015, S. 204). In Summe konnten aus den bisher veröffentlichten Forschungen zu Familienunternehmen keine Hinweise auf die Zufriedenheit von A mit B abgeleitet werden.

2.4.3 Messung von Zufriedenheit

Die im vorhergehenden Kapitel beschriebene Zufriedenheitsforschung bedient sich diverser Methoden der Messung von Zufriedenheit. Dabei war zunächst die Unterscheidung zwischen *globaler Zufriedenheit* und *Teilzufriedenheiten* zu beachten. Hentschel (2003, S. 295 ff.) nennt diese Unterscheidung fundamental und spricht synonym von undifferenzierter (globaler) und differenzierter (multi-attributiver) Qualitätsmessung. Für sie gibt es wiederum subjektive und objektive Methoden. Die erste Methode *»unterliegt erstens der subjektiven Wahrnehmung des Qualitätsbeurteilenden und bemisst sich zweitens an seinen subjektiven Bedürfnissen«*. Beispiel für eine subjektive Methode ist die Befragung des Kunden bzw. Beurteilers, wie sie etwa bei Beschwerdeanalysen erfolgt. Objektive Messungen sind nur möglich, wenn *»intersubjektiv nachprüfbare Qualitätsbewertungen durchgeführt bzw. objektive Qualitätsindikatoren herangezogen werden«*. Als Beispiel nennt er die Anzahl beschädigter Paketsendungen bei der Beförderung. Resümierend vertritt Hentschel (ebd., S. 297) den Standpunkt, dass *»globale Qualitätsbeurteilungen das Ergebnis der individuellen Einschätzung verschiedener Qualitätsmerkmale sind. [...] Das globale Qualitätsurteil setzt sich demnach aus einer Vielzahl (multi) bewerteter Qualitätsmerkmale (Attribute) zusammen«*.

In der nachfolgenden Abbildung von Bahr (2003, S. 17, Abb. 6) finden sich dieselben Begrifflichkeiten in übersichtlicher Form wieder:

Abbildung 10: Ausgewählte Methoden der Zufriedenheitsmessung nach Bahr (2003)

Objektive Verfahren	**Subjektive Verfahren**	
	Implizite Messung	**Explizite Messung**

– Qualitätskontrollen
– Größen der Marktbearbeitung
  – Wiederkaufrate
  – Marktanteil
	– Beschwerdeverhalten
	– Problem-Panels
		– Messung des Erfüllungsgrades von Erwartungen
		– Messung mit Zufriedenheitsskalen

	Undifferenzierte Messung	– Globale Zufriedenheit
	Differenzierte Messung	– Multi-attributive Messung von Zufriedenheit

Ein bedeutender Zusatzaspekt im Umgang mit Teilqualitäten (Attributen) wurde u. a. von Borth (2013, S. 68) angesprochen:

> *»Ein weiteres Gestaltungsmerkmal von multi-attributiven Ansätzen zur Zufriedenheitsmessung betrifft die Ermittlung von* ***Bedeutungsgewichten.*** *Grundsätzlich geht jede Teilzufriedenheit mit einem bestimmten, individuellen Gewicht in die Gesamtbewertung ein. In der Regel dürften die verschiedenen Bedeutungsgewichte unterschiedlich hoch sein.«*

Fazit zum Abschnitt Zufriedenheit

Die Einschätzung des Konfliktrisikos im Falle enttäuschter Erwartungen war ein Schlüssel zur Bewertung der Zufriedenheit von A (intern) mit B (extern). Die Zufriedenheitsforschung beschäftigt sich mit diversen zielgruppenspezifischen

Zufriedenheiten, seien es Mitarbeiterzufriedenheit, Leistungsbeurteilung aus Sicht des Vorgesetzten oder Kundenzufriedenheit mit Dienstleistungen und Produkten. In diesen Partnerkonstellationen fanden sich zwar gewisse Parallelen zur Beziehung von A und B, aber fundierte Aussagen über die zu vermutende Zufriedenheit von A mit B konnten auf dieser Basis nicht getätigt werden. Aufgrund des regulatorischen Drucks sind Effizienzprüfungen von gesetzlichen Aufsichtsräten zwar heute etabliert, aber die Einzelbewertung der Gremienmitglieder steht ganz am Anfang. In noch viel stärkerem Maße gilt dies für Familienunternehmen, bei denen noch grundsätzliche Zweifel zur Zweckmäßigkeit von Effizienzprüfungen für Beiräte verbreitet sind. Vor diesem Hintergrund wurde die Forschungslücke bezüglich der Zufriedenheit von A mit B klar erkennbar. In meiner Studie fußte die Zufriedenheitsmessung auf der Befragung von Experten (subjektives Verfahren). Da die einzelnen Erwartungen von A an B erst Gegenstand dieser Studie waren, richtete sich mein Blick anfänglich nur auf die globale Zufriedenheit. Sie bildete die Ausgangsbasis für eine differenzierte Betrachtung der Zufriedenheit. Anstatt einer präzisen Messung von Teilzufriedenheiten, die kaum möglich erschien, behandelte ich dann den Einfluss der einzelnen Erwartungen auf die globale Zufriedenheit. Dabei widmete ich der Wichtigkeit jeder Erwartung besondere Aufmerksamkeit. Die zweite Forschungsfrage formulierte ich konkreter als zu Beginn (vgl. Kap. 1.2):

Wie groß ist die globale Zufriedenheit der Eigentümer A (intern) mit der Berufung von B (extern) und welche Auswirkungen haben die Enttäuschungen einzelner Erwartungen auf diese Zufriedenheit?

2.5 Zwischenfazit

Basierend auf den vorhergehenden Kapiteln konnte ich ein Zwischenfazit ziehen und erste Annahmen zu den Forschungsfragen formulieren. Vor dem Hintergrund der geschilderten Theorien, Rahmenbedingungen und Kommunikationsformen ordnete ich die Erwartungen dieser Studie den folgenden drei Kategorien zu:

- Erwartungen auf der **Sachebene:** Die Erwartung berührt vor allem die ausgesprochenen Aufgaben und Inhalte der Beiratstätigkeit.
- Erwartungen auf der **Beziehungsebene:** Die Erwartung berührt die Beziehung zwischen A (intern) und B (extern).
- Erwartungen auf der **Systemgesetzebene:** Die Erwartung berührt unmittelbar ein Systemgesetz (z. B. Wertschätzung, Respekt, Zugehörigkeit, Gleichgewicht von Leistung und Gegenleistung etc.).

Nach der Theorie von Bischop (2010) sind die Erwartungen auf der Systemgesetzebene beiden anderen Erwartungsebenen übergeordnet und strahlen auf diese aus. Die Beziehungsebene ist der Sachebene übergeordnet und kann dort Erwartungen in ihrer Qualität so verändern, dass sie Merkmale der Beziehungsebene annehmen.

Ein Beispiel: Die in Kap. 2.2.3 erwähnte, zum Beispiel in der Satzung festgelegte, Personalkompetenz des Beirats ist zunächst eine Sachthematik. Betrifft sie auch die Berufung von Familienmitgliedern in die Unternehmensführung, kann sie die Beziehung von A und B tangieren. Die Wesensmerkmale der drei Erwartungskategorien spielten beim Umgang von A mit Erwartungsenttäuschungen und bei den Konsequenzen für die Zufriedenheit eine Rolle.

Merkmale und Kommunikationsmuster der drei Erwartungskategorien zeigt die folgende Abbildung 11:

Abbildung 11: Merkmale und Kommunikationsmuster der drei Erwartungskategorien

Erwartungskategorie	Beispiele/Merkmale	Kommunikation
Erwartungen auf Sachebene	Aufgabenbeschreibungen Satzungen, Zielsetzungen etc.; oft eng mit dem operativen Unternehmensgeschehen verbunden	oft schriftlich gefasst oder explizit mündlich ausgedrückt; Kompensation durch Erfüllung anderer Erwartungen möglich
Erwartungen auf Beziehungsebene	Ausgeprägte Erwartungs-Erwartungen; psychologische Kontrakte und Mentale Modelle; eher unabhängig vom operativen Unternehmens-geschehen	nicht schriftlich; wenn mündlich dann implizit; teilweise nonverbal oder auch keine Kommunikation; Kompensation kaum möglich
Erwartungen auf Systemgesetzebene	Allgemeingültige Regeln des Zusammenlebens; Unternehmensumfeld und Gruppenzugehörigkeit irrelevant	Keine explizite Kommunikation; werden meist unbewusst empfunden; Kompensation unmöglich

Annahmen zu Erwartungen auf der Sachebene

Grundsätzlich können nahezu alle Elemente der Aufgabenbeschreibung in Kapitel 2.2.4 als Erwartungen verstanden werden, die an den Beirat als Ganzes gerichtet sind. Als Annahmen zu den Erwartungen an B möchte ich diejenigen Aufgaben nennen, die auf die spezifischen Themen des Familienunternehmens ausgerichtet sind und entsprechend häufig genannt und kommentiert werden.

A erwartet von B:
E1: Unterstützung der Nachfolge im Zuge des Generationswechsels
E2: Notfallhilfe im Krisenfall
E3: Moderation bei Meinungsverschiedenheiten zwischen Gesellschaftern
E4: Einbringen des persönlichen Netzwerks als Familienunternehmer
E5: Branchenkenntnisse als Ergänzung zur Unternehmereigenschaft
E6: die Bereitschaft, sich mit den Spezifika des Unternehmens von A vertraut zu machen

Annahmen zu Erwartungen auf der Beziehungsebene
Erwartungen auf der Beziehungsebene sind vielfach wertebasiert und durch gegenseitige Erwartungs-Erwartungen sowie psychologische Kontrakte der Beteiligten geprägt. In der Literatur fanden sich nur vereinzelte Hinweise auf diese Erwartungen. Sie waren meistens pauschal an alle externen Mitglieder des Beirats gerichtet. Ich führe sie nachfolgend exemplarisch auf und leite daraus am Ende die Annahmen ab.

Koeberle-Schmid (2015, S. 81) kommt zu der Erkenntnis: »*… der Beirat hat beste Möglichkeiten, die Beziehung zwischen Unternehmen und Gesellschaftern, aber auch innerhalb der Eigentümerfamilie zu fördern.*« Schon rein sprachlich bietet es sich an, diese Erwartung der Beziehungsebene zuzuordnen. Zum Beiratsmitglied B dürfte sie besonders gut passen.

Lambrecht und Lievens (2008, S. 301) stellen fest: »*although family firms may want to receive advice, they do not necessarily want to be directed. Owning families […] generally prefer to assemble boards that are unlikely to mitigate their discretion over decision-making effectively.*« Zu einer ähnlichen Beobachtung kommt Van den Berg (2005, S. 2):

> »*[…] um später unliebsame Zusammenstöße zu vermeiden, habe ich viele Fragen vor Aufnahme des Mandats geklärt. Vor allem muss man die Erwartungshaltung des Unternehmers vorher abfragen. Die Praxis zeigt, dass der Anteilseigner zwar öfter gewillt ist, einen kritischen Beirat zu installieren, bei Hinterfragen dennoch empfindlich reagiert.*«

Deutlicher formuliert Hamker als Unternehmerin (2012, S. 17):

> »*Familienunternehmer haben eine klassische Beraterresistenz. Daher sollten Aufsichts- und Beiräte von Familienunternehmen auch mit Familienunternehmern besetzt sein. Diese werden als Peers eher gehört, weil man dann unter seinesgleichen und eher bereit ist, einen Rat zu hören und auch zu akzeptieren.*«

A erwartet von B:
E7: Pflege der Familienbeziehung
E8: Akzeptanz der Führungsrolle und Entscheidungsfreiheit bei A
E9: Einbringen seiner Kompetenz als Familienunternehmer
E10: Stärkung der Position von A bei strittigen Themen
E11: Auflösen des Dilemmas zwischen Unabhängigkeit und Nähe

Annahmen zu Erwartungen auf der Systemgesetzebene
Grundsätzlich sind alle Systemgesetze als Erwartungen zu betrachten, die allerdings den Beteiligten des jeweiligen sozialen Systems kaum bewusst sind und gegenseitig nicht explizit kommuniziert werden. Ihre Verletzung wird schon eher thematisiert und stört die betroffene Beziehung erheblich - unabhängig von der Erfüllung oder Nichterfüllung anderer Erwartungskategorien. Bei fehlender Bereinigung besteht das Risiko weiterer Eskalation. Die Systemgesetze sind in unserer Zweierkonstellation von A und B für beide gleichermaßen von Bedeutung. Da bei dieser Studie die Erwartungen von A im Fokus stehen, wähle ich hier die für diesen Gesellschafter besonders kritischen Erwartungen aus.

A erwartet von B:
E12: mit Respekt und Wertschätzung behandelt zu werden
E13: Engagement und Zeiteinsatz für die übernommene Aufgabe

Annahmen zur Zufriedenheit
Wie zuvor beschrieben, bildet sich die globale Zufriedenheit aus den attributiven Einflüssen einzelner Teilzufriedenheiten. Letztere entstehen aus dem Maß der Erfüllung bzw. Nichterfüllung der Einzelerwartungen auf den drei Ebenen. Die Verarbeitung der Erwartungsenttäuschung ist maßgeblich für die Zufriedenheit. Bei diesem Aspekt zeigen sich erhebliche Unterschiede zwischen den drei Erwartungsebenen, wie in Abbildung 12 dargestellt:

Abbildung 12: Folgen der Enttäuschung für jede Erwartungskategorie

Erwartungs-kategorie **(angelehnt an Bischop)**	Luhmann **kognitiv-normativ (vgl. Kap. 2.4.1)**	Dahrendorf **Muss-Soll-Kann (vgl. Kap. 2.4.1)**	Konsequenz der Enttäuschung
Sachebene	vorwiegend kognitiv mit normativen Elementen	Kann und Soll	Konflikt vermeidbar

((Fortsetzung))

Erwartungs-kategorie **(angelehnt an Bischop)**	Luhmann **kognitiv-normativ (vgl. Kap. 2.4.1)**	Dahrendorf **Muss-Soll-Kann (vgl. Kap. 2.4.1)**	Konsequenz der Enttäuschung
Beziehungsebene	Vorwiegend normativ mit kognitiven Elementen	Soll und Muss	Konfliktrisiko erhöht
Systemgesetzebene	Normativ	Muss-Erwartung	Konflikt kaum vermeidbar, negative Auswirkung auf Sach- und Beziehungsebene

Unerfüllte Erwartungen auf der Sachebene können demnach am ehesten durch kognitive Anpassung neutralisiert werden und verursachen die wenigsten Probleme. Bei den Erwartungen auf der Beziehungsebene ist das Risiko deutlich erhöht – Enttäuschungen belasten die Zusammenarbeit auf den jeweiligen Teilgebieten. Erwartungsenttäuschungen auf der Systemgesetzebene belasten das gesamte Verhältnis und führen zu Vertrauensverlust zwischen den Partnern.

Fehlen Enttäuschungen auf der Sachebene, so kann dies zwei Gründe haben:
- Sie sind tatsächlich nicht vorgekommen oder
- sie wurden kognitiv abgearbeitet und wirken nicht länger als Enttäuschung.

Treten bei den Erwartungen auf der Beziehungs- und mehr noch auf der Systemgesetzebene keine Enttäuschungen auf, so kann angenommen werden, dass sie tatsächlich nicht vorkamen, denn in diesem Fall wären Konflikte zurückgeblieben.

Für die Zufriedenheit leitete ich – aus allen Rahmenbedingungen – folgende Annahmen ab:

Z1: Mittlere Bewertungen der globalen Zufriedenheit werden häufiger vergeben als die Bestnote (volle Zufriedenheit). Die Gründe sind: Konsensfiktion und Kommunikationsverknappung hemmen die Thematisierung und Bereinigung von Meinungsverschiedenheiten – insbesondere auf der Beziehungsebene. Die Erfüllung besonders wichtiger Teilerwartungen sichert zwar die Zusammenarbeit, aber eine latente Unzufriedenheit verbleibt und wird unausgesprochen hingenommen.

Z2: Trennungen der Partner sind die Ausnahme, da der Wunsch nach Dissensvermeidung stark ist. Kommen sie dennoch vor, sind sie die Konsequenz von starken Verletzungen der Systemgesetze oder massiver Störungen auf der Beziehungsebene.

Teil II Empirische Untersuchung

3. Methodischer Ansatz und Forschungsdesign

Da die angestrebten Erkenntnisse auf Praxiserfahrungen eines zahlenmäßig begrenzten Personenkreises basieren sollten (Details siehe Kap. 3.1 bis 3.3), lag die Verwendung von Instrumenten der qualitativen Sozialforschung - im Gegensatz zu quantitativen Verfahren - nahe. Basis der Untersuchung bildeten somit Experteninterviews mit Personen in klar differenzierten Rollen im Beirat des betrachteten Unternehmens. Auch für die Zufriedenheit stellt die Befragung ein in der Forschung gebräuchliches Messverfahren dar. Sie erfasste somit beide Forschungsfragen. Die Identifikation der Erwartungen war der erste Schritt. Da ein differenziertes Bild einzelner Erwartungen erst mit der Auswertung der Ergebnisse entstand, waren die Interviews bezüglich der zweiten Forschungsfrage auf die globale Zufriedenheit beschränkt.

Die Durchführung der Gespräche erfolgte dabei mithilfe einheitlicher Interviewleitfäden (ILF, siehe Anhang, S. 221) nach Flick (2004). Die Interviews wurden in Audio-Dateien erfasst und anschließend transkribiert. Dabei kam ein Volumen von mehr als 1.000 Textseiten zusammen. Die Auswertung dieser Daten erfolgte nach den Methoden der qualitativen Inhaltsanalyse, wie z. B. bei Gläser/Laudel (2010) beschrieben. Wesentlicher Schritt war in diesem Prozess die Entwicklung eines Kategoriensystems. Diese Entwicklung fand gestützt auf die Analyse-Software MaxQDA 11 (Release 11.1.0) statt.

3.1 Definition der Expertengruppen

Im Mittelpunkt der Befragung stand eine Gruppe von drei Experten, die mit dem jeweils betrachteten Unternehmen bzw. seinem Beirat verbunden sind. Für jedes Unternehmen wurden also im Regelfall drei Personen befragt. Unabhängig vom jeweils verwendeten Begriff sind immer Männer und Frauen gleichermaßen gemeint. In der Logik der bisherigen Ausführungen werden diese Expertengruppen noch einmal beschrieben:

Expertengruppe A (intern)
Sie wird gebildet aus Mitgliedern der Eigentümerfamilien des Unternehmens, in dem der Beirat eingerichtet ist. Konkret handelt es sich um die in Verbindung mit dem Drei-Kreis-Modell (vgl. Abb. 1, S. 31 vorgestellten Gruppen *Geschäftsführende Gesellschafter* und *nicht operativ tätige Gesellschafter.* Zur Vereinfachung wird grundsätzlich unterstellt, dass diese Gesellschafter auch Mitglieder der zugehörigen Eignerfamilie(n) sind.

Expertengruppe B (extern)
Sie wurde ebenfalls aus Familienunternehmern gebildet, die dem Beirat bei A angehören. Hier betrachteten wir jetzt explizit den jeweils von außen in das Gremium berufenen Familienunternehmer. Im Beirat des Eigners A nahm B entweder die Rolle eines normalen Mitglieds oder die Rolle des Beiratsvorsitzenden ein. Wichtig ist darüber hinaus die Feststellung, dass die Personen der Gruppe B außer ihrer Eigenschaft des Familienunternehmers allen Voraussetzungen entsprachen, die auch die anderen externen Mitglieder des Beirats erfüllten. Insbesondere ist hier der Aspekt der Unabhängigkeit zu erwähnen. B durfte also keine Beteiligung am Unternehmen von A halten, keinem externen Kapitalgeber nahestehen oder gemeinsame Wirtschaftsinteressen mit der Eigentümerfamilie von A haben.

Expertengruppe C (extern)
Bei der Forschungsfrage stand die Interaktion zwischen A und B im Mittelpunkt. Um nicht ausschließlich von den Aussagen dieser beiden Personengruppen abhängig zu sein, nahm ich Gruppe C als dritte Perspektive hinzu. Die Mitglieder der Gruppe C waren Angehörige der jeweils in die Untersuchung einbezogenen Beiräte, aber per definitionem keine Familienunternehmer. Dieser Personenkreis repräsentierte das gesamte Spektrum externer Beiratsmitglieder, wie man sie typischerweise in diesen Gremien findet. Eine Beschreibung findet sich in meiner bereits zitierten Studie (Obermaier, 2011, S. 266):

- Fremdmanager, die die direkte Zusammenarbeit mit Eigentümern kennen und unterschiedliche Schwerpunkte aufweisen (CEO, CFO, Technikkompetenz, Vertriebs- und Marktkompetenz etc.)
- Führungskräfte und hochkarätige Spezialisten aus kulturell anders geprägten Organisationen (Publikumskonzerne, Staatsunternehmen, Hochschule, Nonprofit-Unternehmen etc.)
- Professionelle Dienstleister unterschiedlicher Herkunft (Wirtschaftsprüfer/Steuerberater, Rechtsanwälte, Bankmanager, Unternehmensberater)

3.2 Forschungsfeld und Differenzierungsmerkmale

Die in 3.1 beschriebenen Expertengruppen
- fanden sich in einer sehr großen Anzahl an Familienunternehmen
- agierten in Aufsichtsgremien großer Vielfalt und
- wiesen innerhalb der jeweiligen Gruppe eine Vielzahl von Differenzierungsmerkmalen auf.

In der Kombination dieser Faktoren entstand ein Forschungsfeld hoher Komplexität. Rein theoretisch betrachtet könnten alle individuellen Ausprägungen Einfluss auf die in der Forschungsfrage angesprochenen Erwartungen der Familienunternehmer A haben. Um die Komplexität deutlich zu machen, führe ich die wichtigsten Differenzierungsmerkmale nachfolgend auf.

Unternehmen

Standort
Familienunternehmen gibt es weltweit in unterschiedlichen Rechtssystemen und Kulturkreisen.

Größe des Unternehmens (Umsatz, Beschäftigtenzahl, Internationalität etc.)
Hier reicht das Spektrum von kleinen Firmen mit einstelligen Millionen-Euro-Umsätzen bis zu global agierenden Großunternehmen mit dreistelligen Milliardenumsätzen bei ähnlichen Unterschieden in den Beschäftigtenzahlen.

Entwicklungsphase des Unternehmens in der Generationenfolge
Als maßgebliche Theorie zur Differenzierung wählte ich hier die Mentalen Modelle von Gimeno et al. (2010).

Zustand des Unternehmens
Hier könnte man grundsätzlich zwischen Unternehmen unterscheiden, die wirtschaftlich gesund sind, und anderen, die sich in einer Krise befinden.

Branche/Sektor
Familienunternehmen finden sich in allen Branchen (Industrie, Konsumgüter, Pharma, Medien, IT etc.) oder – um eine andere Unterscheidung zu verwenden – in Produktions- und Dienstleistungsunternehmen.

Aufsichtsgremium

Board-Modell
Es gibt – international betrachtet – erhebliche Unterschiede in der Art und Weise, wie Aufsichts- oder Beiräte für Rat und Aufsicht genutzt werden. Wie bereits ausgeführt, sind diese Unterschiede durch den im Land jeweils vorgegebenen Rechtsrahmen geprägt, der in der Mehrzahl der Fälle eines der beiden gängigsten Board-Modelle (monistisch oder dualistisch) vorschreibt.

Gesetzliche Gremien
Die gesetzlichen Vorgaben sind von Land zu Land unterschiedlich. In Deutschland muss man zusätzlich zwischen Aufsichtsräten ohne Mitbestimmung, mit Drittel- oder voller Parität differenzieren.

Fakultative Gremien
Hier ist eine Unterscheidung in schuldrechtliche und organschaftliche Beiräte gegeben. Hinzu kommt eine Vielzahl von Typenbildungen.

Alter der Gremien
Da die Einrichtung fakultativer Beiräte von der freien Entscheidung der Gesellschafter abhängt, gibt es in Bezug auf das Alter eine große Streuung. Manche existieren seit Jahrzehnten, während andere erst vor kurzem etabliert wurden. Ähnlich verhält es sich mit der Zugehörigkeitsdauer der Beiratsmitglieder.

Expertengruppen

Rolle des interviewten Gesellschafters A im betrachteten Unternehmen
Hier gibt es eine Vielzahl von Alternativen (siehe Kap. 2.1.2).

Kapitalbeteiligung des interviewten Gesellschafters A
Hier sind Unterscheidungen zwischen Mehrheit/Minderheit oder maßgeblich/nicht maßgeblich etc. denkbar.

Rolle des externen Familienunternehmers B im untersuchten Beirat
Die Alternativen sind hier entweder normales Mitglied oder Vorsitzender des Gremiums.

Rolle von B in seinem eigenen Familienunternehmen
Für diese wie auch seine Kapitalbeteiligung sind dieselben Kriterien wie bei A relevant.

Herkunft des externen Beiratsmitglieds C
Das Spektrum umfasst hier die zuvor beschriebenen Möglichkeiten.

3.3 Auswahl der Firmen und Interviewpartner

Es lag auf der Hand, dass die soeben beschriebene Komplexität reduziert werden musste, um zu einer wirtschaftlich und zeitlich machbaren Studie zu kommen. Meine Auswahlentscheidungen werden nachfolgend begründet. Ein limitierender Faktor war dabei die Verfügbarkeit der Experten – insbesondere A und B. Insofern hatte ich Abwägungen zwischen der idealen Zusammensetzung der Expertengruppe und der Machbarkeit der Studie innerhalb eines vernünftigen Zeitrahmens zu treffen.

Eingrenzung der Variable Unternehmen

Begrenzung auf Deutschland
Zum einen bietet unser Land ein großes Potenzial an geeigneten Firmen, Gremien und Personen. Zum anderen lag der Fokus meiner Beratungstätigkeit bei Familienunternehmen im Inland. Damit eröffneten sich dort die besten Chancen, über meine geschäftlichen Kontakte Zugang zu den gewünschten Experten zu finden. Theoretisch wäre es denkbar gewesen, über meine internationalen Kollegen auch Familienunternehmer in anderen Ländern anzusprechen. Der zusätzliche Zeitaufwand wäre aber erheblich und die Erfolgsaussicht auf Gesprächstermine deutlich geringer gewesen. Außerdem wäre aufgrund der von Deutschland abweichenden Board-Systeme die Vergleichbarkeit der Ergebnisse fraglich gewesen.

Unternehmensgröße
Ich bezog nur Unternehmen mit mindestens dreistelligen Millionenumsätzen in die Interviewrunde ein. Mein Gedanke dahinter war die Einschätzung, dass mit der Größe des Geschäfts die Anforderungen an das Management und die Gesellschafter steigen. Dieser Umstand fördert die Einrichtung und die professionelle Nutzung von Beiräten. Dies schließt natürlich nicht aus, dass auch in kleineren Unternehmen professionelle Beiräte agieren. Ein weiterer Aspekt war, dass die Mehrzahl meiner persönlichen Kontakte zu potenziellen Interviewpartnern im genannten Größenbereich angesiedelt war.

Entwicklungsphase
Wie zuvor erläutert, wollte ich Unternehmen in unterschiedlichen Lebensphasen betrachten. Bei der Auswahl der Interviewpartner legte ich Wert darauf, dass Unternehmen aus den relevanten Entwicklungsphasen repräsentiert sind.

In der Untersuchung findet sich daher ein breites Firmenspektrum: Es reicht von fremdgeführten Mehrgenerationen-Unternehmen des 19. Jahrhunderts über familiengeführte Gründungen des frühen 20. Jahrhunderts bis zu gründergeführten Firmen der Nachkriegsphase. Einen Überblick der teilnehmenden Firmen gibt die Liste im Anhang. Unternehmen des Mentalen Modells IV (Investorenfamilie, siehe Kap. 2.1.2) wurden nicht in die Untersuchung einbezogen. Maßgeblich dafür war meine Beobachtung, dass die Gesellschafter als Investoren häufig keine Bindung mehr an das Herkunftsunternehmen haben. Das Portfolio in Familienbesitz hat sich ausgeweitet, und die Besetzung von Aufsichts- oder Beiratspositionen hat eine deutlich geringere Priorität als bei den anderen Modellen. Aus diesen Gründen waren geeignete Interviewpartner in der gewünschten Dreierkombination zum einen kaum zu finden, und zum anderen waren von ihnen nur bedingt verwertbare Aussagen zu den Forschungsfragen zu erwarten. Unternehmen der anderen Modelle waren hingegen mehrfach in der Untersuchung vertreten:
- Mentales Modell I: die patriarchale Logik (vier Unternehmen/ Beiräte)
- Mentales Modell II: die Logik der operativ tätigen Familie (acht Unternehmen/ Beiräte)
- Mentales Modell III: die Logik der aktiven Eigentümerfamilie (sieben Unternehmen/ Beiräte)

Zustand des Unternehmens
Hier entschied ich mich dafür, nur Unternehmen zu betrachten, die sich nicht in einer krisenhaften Phase ihrer Entwicklung befanden. Mir erschien der Sonderfall einer Krise als nicht vorrangig für die Behandlung meiner Forschungsfrage. Dabei bestreite ich nicht, dass sich die Erwartungen der Gesellschafter an den Beirat als Ganzes verändern, wenn das Unternehmen in eine Krise gerät. Wertvolle Erkenntnisse dazu hat Freysoldt (2013) in seiner Arbeit geliefert.

Branche/Sektor
Die Branchenzugehörigkeit spielte bei meiner Auswahl ebenso wenig eine Rolle wie die Frage, ob das Unternehmen dem Dienstleistungs- oder Produktionssektor angehört. Dennoch reflektierte die Firmenauswahl die Tatsache, dass ich meine Beratungstätigkeit vorwiegend im Bereich des industriellen Sektors wahrnahm, der übrigens auch den größten Teil der Familienunternehmen in Deutschland stellt.

Eingrenzung der Variable Aufsichtsgremium

Board-Modell
Das duale Modell in Deutschland, das mit seiner klaren Trennung von Führung und Aufsicht durch das Aktiengesetz definiert ist, prägt auch die Funktionsweise der fakultativen Beiräte und das Rollenverständnis ihrer Mitglieder. Wegen der eingeschränkten Vergleichbarkeit der zu erwartenden Ergebnisse beschränkte ich daher meine Firmenauswahl auf Gremien mit dualer Prägung.

Gesetzliche Gremien
Sie sind in Deutschland durch das Aktiengesetz definiert. Dieses regelt auch den Grad der Mitbestimmung in Abhängigkeit von der Beschäftigtenzahl. In die Untersuchung einbezogen sind gesetzliche Gremien ohne Mitbestimmung und Aufsichtsräte mit Drittelparität. Gremien, die der paritätischen Mitbestimmung unterliegen, kamen in der Befragung aus folgenden Gründen nicht vor:

- Die weitaus meisten Beiräte auch großer Familienunternehmen in Deutschland sind aufgrund der Rechtsform fakultative Gremien, sodass es mir angemessen erschien, den Blick vorrangig auf sie zu richten.
- In den wenigen mir zugänglichen Familienunternehmen, in denen nur paritätisch besetzte Aufsichtsräte agierten, waren die oben genannten Voraussetzungen (z. B. verfügbare Dreiergruppe A, B und C) nicht gegeben oder die Gesellschafter waren zur Mitwirkung nicht bereit.

Fakultative Gremien
Schuldrechtlich vereinbarte Beiräte nahm ich als einzige Gruppe aus. Die organschaftliche Variante erschien mir wegen der rechtlich stärkeren Verankerung der Gremien in der Governance des Unternehmens und der höheren Bindung ihrer Mitglieder wichtig. Bei fakultativen Gremien haben die Gesellschafter große Freiheiten bei der Festlegung der Beiratsrechte. Entsprechend groß ist die Vielfalt der Erscheinungsformen. Von einer zusätzlichen Differenzierung nach unterschiedlichen Beiratstypen innerhalb der fakultativen Gremien (z. B. »starke« und »schwache« Gremien) sah ich ab. Sie hätte die Suche von Interviewpartnern erschwert und das ganze Vorhaben infrage gestellt.

Alter der Gremien
Bei der Auswahl achtete ich darauf, dass der betrachtete Beirat mindestens seit drei Jahren fungierte und die befragten Personen A, B und C über diesen Zeitraum Mitglieder des Gremiums waren.

Eingrenzung der Variable Expertengruppen

Rolle des Gesellschafters A
Wie in 3.1 ausgeführt, beschränkt sich diese durch die Forschungsfrage auf geschäftsführende Gesellschafter und nicht operativ tätige Gesellschafter, die i. d. R. eine Funktion im Beirat einnehmen.

Höhe der Kapitalbeteiligung des Gesellschafters A
Auch dieser Faktor mag nicht unerheblich sein für die Erwartungen von A an B. Aus den oben genannten Gründen nahm ich auch hier keine Auswahl vor.

Rolle des familienexternen Familienunternehmers B im eigenen Unternehmen
Eine Auswahl war hier gar nicht möglich, da die Person B durch die zuvor getroffene Wahl von A bereits festgelegt war.

Rolle von B im Beirat: Vorsitz oder normales Mitglied
Von einer zusätzlichen Differenzierung nach diesen beiden Kriterien sah ich bei der Auswahl der Firmen ebenfalls ab, da sich die Zahl der verfügbaren Gremien dadurch eher reduziert hätte (vgl. auch Annahmen in Kap. 2.5).

Herkunft des externen Beiratsmitglieds C
Auch die C-Personen waren durch die vorherige Auswahl des Unternehmens und seines Beirats festgelegt. Allerdings gibt es in den meisten Fällen – im Gegensatz zur einzigen B-Person – mehrere C–Mitglieder des Beirats. Das Auswahlrecht hatte dann Gesellschafter A. Ich versuchte allerdings, durch Vorschlag des mir am geeignetsten erscheinenden Kandidaten Einfluss auf die Auswahl zu nehmen.

Zusammenfassung der Auswahlkriterien
Die im nächsten Kapitel beschriebene Auswahl der potenziellen Interviewpartner vollzog sich zusammenfassend unter folgenden Prämissen:
- Familienunternehmen im deutschsprachigen Raum
- Unternehmen mit mindestens dreistelligen Millionenumsätzen
- Unternehmen mit Gesellschaftern, die noch nicht in die reine Investorenphase eingetreten sind (vgl. Kap. 2.1.2: MM I bis III)
- Gesunde Unternehmen
- Unternehmen aller Branchen
- Unternehmen des zweistufigen (deutschen) Board-Modells
- Gesetzliche Gremien ohne paritätische Mitbestimmung
- Fakultative Gremien auf organschaftlicher Basis
- Gremien älter als drei Jahre

- Expertengruppe A aus Unternehmen mit passenden Beiräten
- Expertengruppe B ist durch Auswahl von A gesetzt
- Expertengruppe C ist ebenfalls durch Auswahl von A gesetzt; Auswahlempfehlung an A nach definierten Kriterien

3.4 Zeitraum und Umfang der Erhebung

Auf Basis der zuvor definierten Kriterien begann ich mit der Ansprache potenzieller Interviewpartner. Dabei stützte ich mich auf mein persönliches Kontaktnetz zu dem für die Untersuchung relevanten Personenkreis. Dieses habe ich im Rahmen meiner langjährigen Beratungstätigkeit – insbesondere für Familienunternehmer – entwickelt. Zusätzlich nutzte ich mit Unterstützung des WIFU den Kreis der Träger des Instituts.

Unverzichtbare Voraussetzung für die Bereitschaft aller Teilnehmer und Teilnehmerinnen, an der Untersuchung mitzuwirken, war die Zusage strikter Vertraulichkeit hinsichtlich des eigenen Namens. Unter keinen Umständen sollte ein Rückschluss von einzelnen Aussagen auf die jeweilige Quelle möglich sein. Auch die Interviewpartner verpflichteten sich zum vertraulichen Umgang mit dem Inhalt des mit mir geführten Gesprächs. Die Gespräche fanden getrennt statt, aber alle Teilnehmer waren darüber informiert, mit welchen zwei weiteren Mitgliedern des Beirats ebenfalls ein Interview geführt wurde. Auch innerhalb dieser Gruppe blieben die Gesprächsinhalte vertraulich. Allerdings autorisierten mich – mit einer Ausnahme – die interviewten Gesellschafter A, den Namen ihres jeweiligen Unternehmens als Teilnehmer dieser Untersuchung zu nennen. Die zugehörige Liste findet sich am Ende der Studie auf Seite 219. Die Experteninterviews wurden in den Jahren 2013 bis 2015 in Deutschland, der Schweiz und Liechtenstein durchgeführt. Die Untersuchung erfasste 19 Beiratsgremien in 19 voneinander unabhängigen Familienunternehmen. Pro Beirat wurden im Regelfall drei Personen interviewt.

3.5 Auswertung

Durch die Befragung der Expertengruppen A, B und C auf Basis der Interviewleitfäden wurde eine breite Datenbasis für die Erfassung der Erwartungen von A geschaffen. Um Aussagen über die Beziehungsqualität zwischen A (intern) und B (extern) zu ermöglichen, wurden auch die Erwartungen von B (extern) abgefragt.

Nach der computergestützten Auswertung (MaxQDA) und Zuordnung aller für die Forschungsfragen relevanten Textstellen bildete sich ein Kategoriensystem mit

- vier Hauptkategorien
- 19 Kategorien der 2. Ebene
- 63 Kategorien der 3. Ebene
- 14 Kategorien der 4. Ebene

Es findet sich im Anhang auf Seite 229.

Die mit dem endgültigen Kategoriensystem gewonnenen Daten wurden in der nachfolgend beschriebenen Weise zur Beantwortung der Forschungsfragen herangezogen. Die Datenbasis von 19 Gremien, 59 Interviews und zirka 1.200 codierten Textstellen ließ es mir zulässig erscheinen, in die qualitative Inhaltsanalyse quantitative Elemente einfließen zu lassen. Die auf diese Weise gewonnenen Zahlenwerte sind nicht strikt mathematisch zu betrachten, aber geeignet, Tendenzen sichtbar zu machen.

3.5.1 Forschungsfrage Erwartungen

Aus dem Kategoriensystem wurden durch weitere Verdichtung die wesentlichen Erwartungen der beteiligten Familienunternehmer A (intern) und B (extern) abgeleitet. Sie wurden in drei Erwartungsgruppen eingeteilt – absteigend sortiert nach der Anzahl der zugehörigen Textstellen. Bei den meisten der erwartungsbezogenen Fragen beschrieben die Familienunternehmer in den Interviews negative Empfindungen, die als Folge nicht oder nur teilweise erfüllter Erwartungen auftraten. Diese *Störgefühle* wurden der zugehörigen Erwartung gegenübergestellt.

Die Interview-Aussagen reflektierten dabei eher den rational-analytischen Blick der Familienunternehmer A und B auf ihre Erwartungen, nachdem sie von mir als Interviewer dazu aufgefordert worden waren, über diese nachzudenken. Diese Betrachtung ist deutlich zu unterscheiden von der Kommunikation zwischen den Beteiligten selbst, die in Kapitel 4.3.2 behandelt wird.

Im Folgekapitel behandle ich nun den methodischen Ansatz zur Beantwortung der zweiten Forschungsfrage.

3.5.2 Forschungsfrage Zufriedenheit von A

Der erste Teil dieser Forschungsfrage nach der *globalen Zufriedenheit* wurde durch direkte Abfrage im Interview erfasst. Jeder A konnte für B Noten zwischen -2,0 und 2,0 (Bestnote) vergeben. Um der verbreiteten Scheu nach der Vergabe der Bestnote entgegenzuwirken, machte ich die Interviewpartner darauf aufmerksam, dass auch diese Beurteilung vertraulich bleibt und dem wissenschaftlichen Zweck der Untersuchung nur mit einem realistischen Wert gedient sei. Die vergebene Note beantwortete diesen Teil der Forschungsfrage.

Die Beantwortung des zweiten Teils der Forschungsfrage nach den *Auswirkungen von Enttäuschungen auf die Zufriedenheit* stützte sich auf das **quantitative** Datenspektrum, das zu Erwartungen und Störgefühlen beider Partner erfasst wurde. Die geäußerten Störgefühle stellten eine Momentaufnahme bisher nicht verarbeiteter Enttäuschungen dar. Die von den Teilnehmern beschriebene Erfüllung oder Teilerfüllung der Erwartungen reflektierte in Summe den aktuell erreichten Status der Beziehung zwischen A und B. Zutreffende oder weniger zutreffende Erwartungs-Erwartungen (EEB) waren darin ebenso enthalten wie die Folgen des erwartungsbezogenen Kommunikationsverhaltens und eventuelle Verletzungen des psychologischen Kontrakts.

Das Delta zwischen der Bestnote 2,0 aus der direkten Abfrage und der tatsächlich vergebenen Note definierte ich als Summe aller **Minderungseffekte** (M), die sich als Folge von Enttäuschungen ergaben. Ohne Enttäuschung entsteht kein Minderungseffekt – bei dieser Erwartung ist volle Zufriedenheit gegeben.

Zunächst betrachtete ich die bei A entstandenen Auswirkungen. Diese A-induzierten Minderungseffekte (MA) wirkten direkt auf die Zufriedenheit von A und konnten somit unmittelbar aus dem Material abgeleitet und Teilerwartungen zugeordnet werden.

Trotz der arbeitgeberähnlichen Rolle von A waren die Partner wirtschaftlich unabhängig voneinander und mehr oder weniger gleichberechtigt. Auch B könnte sich jederzeit ohne nennenswerten Schaden aus dieser Verbindung zurückziehen. Außerdem war mit indirekten Auswirkungen möglicher Unzufriedenheit bei B auf die Zufriedenheit von A zu rechnen. Daher erschien es mir wichtig, auch die Befindlichkeiten von B in die Untersuchung einzubeziehen. Eine globale Zufriedenheit wurde für B zwar nicht abgefragt, aber die vorhandenen Daten ließen analog zu A eine Einschätzung der B-induzierten Minderungseffekte (MB) zu, die B gegenüber der eigenen (gefühlten) Bestnote empfand, die er A im Idealfall geben würde. Diese Enttäuschungen wirkten direkt bei B und waren einzelnen Erwartungen von B klar zuzuordnen. Insbesondere die Verletzungen auf der Systemgesetzebene dürften indirekte Auswirkungen auf die Zufriedenheit von A gehabt haben, etwa indem sich B weniger kooperativ verhielt und damit eine Gegenverletzung bei A erzeugte im Sinne von: »Wenn du meine Erwartung nicht erfüllst, erfülle ich deine auch nicht.« Die B-induzierten Minderungseffekte bestanden somit aus den direkt bei B wirksamen MB und den indirekt bei A wirksamen MAB. Letztere konnten nicht einzelnen Erwartungen von A zugeordnet werden, da die Gegenverletzung vermutlich unspezifisch erfolgte.

Meinen methodischen Ansatz zur Abschätzung der auf einzelne Erwartungen bezogenen Minderungseffekte MA, MB und MAB möchte ich nachfolgend erläutern. Die wichtigsten Einflussfaktoren waren:

Allgemeine Wichtigkeit der Erwartungen

Der Ansatz von Borth (2013) zu den Bedeutungsgewichten und Olivers Theorie (2010) zur affektverstärkten Empfindung (positiv und negativ) des Beurteilers bei besonders wichtigen Teilerwartungen zeigten, dass das Enttäuschungsrisiko mit der Zunahme des Bedeutungsgewichts steigt. Daher erschien es mir sinnvoll, die Wichtigkeit jeder Erwartung in die Überlegungen einfließen zu lassen. Zunächst betrachtete ich die allgemeine Wichtigkeit, die die Einstellung der Gesamtgruppe der Befragten reflektiert. Die Gesamtsumme der Textstellen sowohl zu den Erwartungen (TSE) als auch zu den Störgefühlen (TSS) diente mir dazu als Maßstab. Für die allgemeine Wichtigkeit bildete ich die Kategorien *hoch, mittel* und *niedrig*. Zweckmäßige Grenzwerte zwischen diesen Kategorien wurden später aus den Detailergebnissen der Studie abgeleitet.

Relative Wichtigkeit der Erwartungen

Aufgrund des angenommenen Einflusses der Mentalen Modelle ermittelte ich im Anschluss für jede Erwartung die relative Wichtigkeit für jedes Modell. Dazu ordnete ich jeden Interviewpartner einem der Modelle zu:

- **PL** für patriarchale Logik
- **OF** für operative Familie
- **AE** für aktive Eigentümer

Die Analyse der Textstellen machte deutlich, dass die Teilnehmer sich nicht immer proportional zu ihrer zahlenmäßigen Beteiligung an der Gesamtgruppe der Interviewten mit Kommentaren einbrachten. Zum Teil gab es erhebliche Abweichungen – nach oben wie nach unten. Dadurch bestätigte sich im Übrigen erneut der Einfluss der Mentalen Modelle. Um diese Abweichungen zu erfassen, setzte ich für jedes MM den Anteil der Textstellen in eine Relation zum Anteil an der Gesamtzahl der Interviewpartner. Zur Festlegung der relativen Wichtigkeit korrigierte ich bei einer deutlich überproportionalen Beteiligung die für die allgemeine Wichtigkeit festgelegte Kategorie nach oben und bei deutlich niedrigerer Beteiligung nach unten.

Erwartungsenttäuschung (E)

Für die Messung der Erwartungsenttäuschung verwendete ich ebenfalls die Größen TSE und TSS, setzte sie allerdings ins Verhältnis zueinander:

$$\frac{\text{Anzahl Textstellen Störgefühl (TSS)}}{\text{Anzahl Textstellen Erwartung (TSE)}}$$

Als Kategorien bestimmte ich *große, mittlere* und *geringe* bzw. *keine Enttäuschung*. Auch dazu wurden später Grenzwerte (Prozentsätze) zwischen den Kategorien von den Ergebnissen der Studie abgeleitet. Das Fehlen von Enttäuschungen (E = 0) bedeutete, dass es diese entweder nicht gab hat oder dass sie durch (kognitive) Verarbeitung bereinigt wurden.

Erwartungsebene (N)

Die drei Erwartungsebenen wurden in Kapitel 2.5 definiert. Auf dieser Basis wurde jede Erwartung (beider Partner) einer Ebene zugeordnet. Diese Einstufung ließ Rückschlüsse auf das bisher schon wirksame Konfliktrisiko zu, das zur aktuellen Situation führte, und das Eskalationsrisiko, wenn es seitens A zu weiteren Enttäuschungen bzw. Verletzungen dieser Erwartung kommt. Diese Überlegung galt analog auch für B. Auf der Sachebene N1 besteht kein oder nur ein geringes Konflikt- und Eskalationsrisiko, da Enttäuschungen kognitiv (weitgehend) bereinigt werden können. Erkennbar auf die Beziehung zwischen A und B ausgerichtete Erwartungen wurden direkt der Beziehungsebene N2 mit ihrem erhöhten Risikopotenzial zugeordnet. Erwartungen, die eines der Systemgesetze berühren, wurden ad hoc der Systemgesetzebene N3 mit ihrem besonders hohen Konfliktrisiko zugeordnet. Das durch mögliche Veränderung der Umstände bedingte »Aufsteigen« einer Erwartung (Beispiel: Personalentscheidungen über Familienmitglieder) auf die sensibleren Ebenen N2 und N3 ist analog mit einem Anwachsen der Risiken verbunden.

Der erwartungsbezogene Minderungseffekt bildete sich nun aus einem – nicht streng mathematisch zu definierenden – Wirkzusammenhang der oben beschriebenen Einflussfaktoren. Er ist zusammenfassend dargestellt in Abbildung 13. Wenn keine Enttäuschung vorliegt (E = 0), gibt es auch keinen Minderungseffekt. Die Erwartung gilt als erfüllt.

Hohe Wichtigkeit einer Erwartung führt zu einer besonders positiven Wahrnehmung (affektive Komponente). Im Fall großer Enttäuschung ist der Effekt gegenteilig.

Die Erwartungsebene (N) setzte dabei die Rahmenbedingungen: Auf der Sachebene N1 wurden Enttäuschungen weitgehend kognitiv verarbeitet, sodass kein oder nur ein geringer Minderungseffekt entstand. Auf der Beziehungsebene N2 gelang die Enttäuschungsverarbeitung nur noch bedingt, auf der Systemgesetzebene N3 fast gar nicht. N2 und N3 wirkten somit als Treiber für M. Bei fehlender Enttäuschung gab es auch auf diesen sensiblen Ebenen kein Problem, aber das Risiko ist immer latent vorhanden und kann bei der ersten Enttäuschung zu einem Minderungseffekt führen. Auch bei Erwartungen geringer Wichtigkeit drohen bei Enttäuschung auf den Ebenen N2 und N3 Minderungseffekte.

Als Endergebnis ermittelte ich für jede Teilerwartung den A-induzierten Minderungseffekt MA und den B-induzierten Minderungseffekt MB. Die Stärke der Minderungseffekte wird ausgedrückt durch die Einteilung in vier Kategorien: *null/gering, mittel, hoch und sehr hoch.* Für den indirekt bei A durch Rückwirkung entstehenden Minderungseffekt MAB kann es nur näherungsweise Interpretationen geben.

Mit Berücksichtigung der *Mentalen Modelle* verändern sich die allgemeinen zu den relativen Wichtigkeiten. Da die Wichtigkeit eine der bestimmenden Kenngrößen in diesem Modell ist, verändern sich die Minderungseffekte im gleichen Maß.

Die nachfolgende Abbildung 13 zeigt die Verknüpfung der einzelnen Kenngrößen, aus denen der Minderungseffekt M gebildet wird:

Der Minderungseffekt bildet sich für jede Teilerwartung durch Verknüpfung der folgenden Indikatoren:

- Allgemeine Wichtigkeit **aW**, abgeleitet aus der Summe aller Textstellen (TSE für Erwartungen, TSS für zugehörige Störgefühle):

  TSE + TSS

  Die relative Wichtigkeit **rW** stellt eine aus dem Einfluss der Mentalen Modelle (PL, OF, AE) abgeleitete Variation der allgemeinen Wichtigkeit aW dar.
- Erwartungsenttäuschung **E**, abgeleitet aus dem Quotienten aller Textstellen

  TSS / TSE
- Erwartungsebene **N**, differenziert nach ihrem jeweiligen Einfluss auf die Enttäuschung:

  Die Sachebene **N1** wirkt neutral, erhöht **M** also nicht bzw. nur geringfügig, während die Beziehungsebene **N2** und noch stärker die Systemgesetzebene **N3** den Minderungseffekt **M** erhöhen.

MINDERUNGSEFFEKT M = E x (W + N)
(W kann aW oder rW sein, N kann N1, N2 oder N3 sein)

Abbildung 13: Ermittlung des erwartungsbezogenen **Minderungseffekts M**

4. Ergebnisse

Die Struktur dieses Abschnitts ist ausgerichtet an den beiden Forschungsfragen. Im ersten Abschnitt 4.1 präsentiere ich die wichtigsten Erwartungen von A mit den dazugehörigen Störgefühlen, jeweils belegt durch ausgewählte Zitate der Interviewpartner. Das Gesamtergebnis zur Frage der Erwartungen von A zeigt in Kapitel 4.1.4 die Abbildung 14, S. 103. Diese Tabelle bildet den inhaltlichen Leitfaden der weiteren Darstellung, auf den wiederkehrend Bezug genommen wird. Diese Erwartungen glich ich dann mit den in Kapitel 2.5 aufgestellten Annahmen E1 bis E13 ab. Es folgt unter 4.1.5 eine Darstellung, wie sich unter dem Einfluss der Mentalen Modelle die allgemeine Wichtigkeit der Erwartungen zur relativen Wichtigkeit wandelte.

In Kapitel 4.2 wurden analog zu A die Erwartungen und Störgefühle von B erarbeitet. Auch zu diesen gibt es eine Übersicht in Abbildung 21 auf S. 129. Es folgt auch für B ein Vergleich von allgemeiner und relativer Wichtigkeit der Erwartungen.

Da im Teilnehmerkreis der Befragung mehrere Teilnehmer waren, die sowohl die Rolle von A (intern) als auch von B (extern) aus persönlicher Erfahrung kennen, widmete ich in Kapitel 4.2.6 der Thematik des »Rollenwechsels« einen eigenen Abschnitt.

In der Folge rückte (Kap. 4.3) die Beziehung von A und B in den Fokus der Betrachtung. Behandelt wird zunächst der psychologische Kontrakt zwischen den Partnern, der insbesondere durch die wertegebundenen Erwartungen von A und B gebildet wird. Verletzungen dieses Vertrages zeigten sich in den zuvor geäußerten Störgefühlen. Angesichts der Bedeutung der Kommunikation zwischen den Partnern für den Erfolg der Zusammenarbeit betrachtete ich danach vor allem das Maß der gegenseitigen Abklärung der Erwartungen. Was nicht abgeklärt wurde, blieb im Ungewissen. Damit rückten mögliche Erwartungs-Erwartungen von B ins Blickfeld, denen ich deswegen einen eigenen Absatz widmete. Da die Interviewpartner C im Forschungsdesign eine wichtige Rolle spielten, bewertete ich ihren Beitrag in einem eigenen Absatz.

Im darauffolgenden Abschnitt 4.5 wandte ich mich der zweiten Forschungsfrage zu, die sich mit der komplexen Thematik der Zufriedenheit beschäftigt. Am Anfang stehen in Kapitel 4.5.1 die Ergebnisse zur globalen Zufriedenheit. Es folgen in Kapitel 4.5.2 die diversen Minderungseffekte, die für die Einschränkung der Zufriedenheit ursächlich waren. Sie werden in mehreren Tabellen für A und B dargestellt.

4.1 Erwartungen und Störgefühle von A

Die einzelnen Erwartungen werden in den folgenden Kapiteln 4.1.1 bis 4.1.3 näher untersucht und mit Zitaten belegt. Das jeweils dazugehörige Störgefühl wird direkt im Anschluss an die Erwartung behandelt – unabhängig von der Zahl der Textstellen. Zusätzlich erfasste ich in Hinblick auf die quantitative Auswertung, wie die Mentalen Modelle PL, OF und AE verteilt waren.

4.1.1 Respekt für A

Die erste Erwartungsgruppe kann unter dem Oberbegriff Respekt zusammengefasst werden. Es waren wertebasierte Erwartungen bezüglich des Verhaltens von B gegenüber Person, Familie und Unternehmen von A. Respekt hatte übrigens sowohl für A als auch für B Relevanz, wenn auch mit unterschiedlichen Ausprägungen.

4.1.1.1 Erwartung A1: *Führungsrolle bei A, moderate Kritik, kein offener Dissens*

Diese Erwartung zeigte sich in folgenden Ausprägungen:

1. Kritik seitens B wird in moderater Form vorgebracht und der offene Dissens wird vermieden.
2. Beide Partner agieren auf Augenhöhe mit Respekt.
3. B gesteht A das ultimative Entscheidungsrecht zu.

Die Vertreter des MM OF waren überproportional vertreten, PL und AE entsprechend weniger. Diese Erwartung fand sich in insgesamt 55 Textstellen und stellte somit die am stärksten thematisierte Erwartung von A dar. Folgende Zitate – sortiert von A bis C – belegen exemplarisch die drei Ausprägungen:

1. Kritik seitens B wird in moderater Form vorgebracht, und der offene Dissens wird vermieden

A (MM OF):

> *»Dabei habe ich überhaupt keine Probleme damit, wenn jemand sagt, du, das macht ihr falsch. Ihr müsst das anders angehen. Das kann ich gut nachvollziehen. Und das will ich auch so haben. Aber es muss eben immer eine gewisse Harmonie auch da sein.«*

An anderer Stelle:

> *»Einmal sagen die schon ihre Meinung. Und fragen nicht mich erst, was hast du denn für eine Meinung? Aber das ist ja auch gewollt … Aber die Frage ist, wie bringt man das vor? Wenn Sie dann so einen Streithammel haben, der sagt, da sind wir unterschiedlicher Meinung, und dann richtig draufhaut unter anderem. Das hat mir mal jemand gesagt: Man muss jemanden die Wahrheit mitteilen, wie einen warmen Mantel, den man ihm umlegt. Und nicht die Wahrheit wie einen nassen Waschlappen um die Ohren hauen. Und so sehe ich auch die Zusammenarbeit.«*

A (MM AE):

> *»Also, mir ist wichtig, dass wir heute dann die richtige Mischung aus konstruktiver Kritik haben. Das heißt, zwar Punkte ansprechen, aber so, dass sie vielleicht nicht so verletzend rüberkommen, dass eine andere Seite (Anmerkung: Personen aus dem Gesellschafterkreis) damit nicht umgehen kann. Jetzt bin ich da relativ belastbar, also ich würde sagen, ich bin nicht der Maßstab – also, wenn mir einer richtig auf den Fuß tritt, dann muss er schon ziemlich viel anstellen, und das passiert eigentlich sehr selten. Ich muss also mehr so auf die Gesamttruppe gucken, wo die Befindlichkeiten ein bisschen anders sind.«*

A (MM OF):

> *»Ich würde erstens mal versuchen, das zu vermeiden, entweder im Vorfeld klären oder sagen, da sprechen wir mal separat. … Wenn der Dissens essenziell ist, dann würde ich Wert darauf legen, dass der im Protokoll mit einem Satz festgehalten wird, und würde in der Beiratssitzung das vertagen auf die nächste Sitzung und würde in der Zwischenzeit mit B ein Gespräch führen, und zwar ein persönliches Gespräch, und das wär mir auch wurscht, da fahre ich selbstverständlich zu dem anderen hin und investiere da einen Tag, weil das darf nicht sein.«*

A (MM AE) über seine Erwartung:

> *»Also, ich brauche Leute, die kritisch denken können. Unter vier Augen kann man mir alles sagen, und bevor wir eine Granate in einem größeren Meeting loslassen, reden wir da drüber. Da kann ich mit umgehen, wenn B mir sagt: Da sollten wir mal drüber sprechen. Das hat B bis heute auch relativ schnell so gemacht.«*

B (MM OF) bestätigt Sichtweise von A:

»Aber sonst in dem Prozess der Entscheidungsfindung … ich glaube, da ist ganz entscheidend, dass man mit Stil argumentiert. Zwar schon konsequent, aber ohne zu verletzen oder auf Konfrontation zu gehen. Und das ist gerade bei Familiengesellschaften noch viel essenzieller, weil es da um vieles emotionaler zugeht als in einem normalen Aufsichtsrat.«

B (Vorsitzender des Beirats) umging geschickt die Problematik der offenen Kritik an A (Familien-CEO, MM PL) indem er C die unangenehmen Fragen stellen lässt:

»Also, ich habe ja auch aus diesem Grund Herrn C zu meinem Stellvertreter gemacht … mit der ausdrücklichen Aufgabe … ich sage mal, letztlich eine Art Vorsitzender des Prüfungsausschusses zu sein. Dieses Amt hat er übernommen, damit ich dann auch mal eine etwas größere Distanz in diesen Dingen zu Herrn A habe … und ihm, ich sage mal, wir sind ja auch befreundet inzwischen, nicht unbedingt auf die Füße treten muss.«

C über das Verhalten von B:

»Insofern auf der einen Seite sehr respektvoll, aber auf der anderen Seite auch sehr zurückhaltend, wie er sich, ich sage mal, in seine Rolle hineintastet. Weil er eben dem anderen Familienunternehmer an der Stelle jetzt nicht die Welt erklären will, sondern genau weiß, das ist eine Zusammenarbeit auf Augenhöhe, wo er formal natürlich sagen könnte, also, ich als Aufsichtsrat sage Nein, wo er aber eher, sage ich mal, sehr zurückhaltend seine Meinung artikuliert, wo man dann eher, sage mal, im Diskurs dann irgendwie versucht, eine Lösung im Konsens zu finden.«

2. Beide Partner agieren auf Augenhöhe mit Respekt

A (MM OF):

»Da steht man eher so ein bisschen auf Augenhöhe, und jeder weiß, dass er den anderen besser nicht am Bart zieht oder gleich ins Ohr beißt, sondern dass man sich da gegenseitig in seiner Position respektieren muss.«

A (MM OF) ganz direkt:

»Ich glaube, das Wichtigste ist, dass es ein Verhältnis ist auf Augenhöhe, das heißt, dass es von gegenseitigem Respekt geprägt ist. Schwierig wird es, glaube ich, wenn der Respekt fehlt.«

A (MM OF):

»Auf jeden Fall jegliche Konfrontationen … das würde ich natürlich unter allen Umständen vermeiden, wenn es da wirklich was gäbe, kann man das nur unter vier Augen machen. Auch das würde ich mir fünfmal überlegen. Das … Vertrauen zerstören Sie nur einmal. Das geht nicht. Man … muss schon wissen, dass das Menschen sind, die … charakterlich und in ihrer Denkungsweise passen. Also, ich sage mal, eine gewisse Sinnesverwandtschaft ist bei Unternehmern relativ leicht herstellbar.«

B (MM OF) machte den Unterschied zwischen der Personengruppe B (Familienunternehmer) und C (Nicht-Familienunternehmer) deutlich:

> *»Also, ich glaube, dass der A es leichter akzeptiert, wenn er, sagen wir mal, im Grunde sich auf Augenhöhe sieht mit jemand, der eben in einem ähnlichen Unternehmen auch Eigentümer ist, und so weiter, dass er von so jemanden den Rat deswegen leichter annimmt, als wenn es ein bezahlter Angestellter ist.«*

3. B gesteht A das ultimative Entscheidungsrecht zu

A (MM OF):

> *»Ich möchte keine ›Nebenregierung‹ haben, und aus diesem Anspruch heraus halte ich auch nichts davon, dass man als Unternehmer (B) sich in unternehmerische Ideen eines anderen Unternehmens (A) mit einmischt.«*

A (MM PL) forderte größere Mitsprache ein:

> *»Da ist natürlich eines klar, dass ich mich als Unternehmer nicht so einengen lassen werde, ja? Das ist ja … letztlich geht es ja um mein Vermögen. Also muss ich dann auch ein größeres Mitspracherecht haben.«*

B (MM AE):

> *»Und Respekt auch vor den Entscheidungen der Eigentümerfamilie, auch wenn man ab und zu nicht voll zustimmt. Das würde ich nur dann tun, wo ich dazu verpflichtet bin, in einem gesetzlichen Aufsichtsrat, wenn ich tatsächlich echte Gefahren für das Unternehmen sehe. Wo das nicht der Fall ist, beuge ich mich auch diesem Vorrecht, der Entscheidung des Eigentümers. Und das sollte nicht so weit gehen, dass man kritiklos alles hinnimmt – um Gottes Willen –, darum geht es ja auch nicht. Aber manche Dinge sind eben so, und ich sage mal, die Grenze auszutesten, wie weit kann ich gehen, in meiner Hilfestellung und in meinem Ratschlag, und ab wann muss ich sagen, okay, ihr habt euch das gut überlegt, ich würde es anders machen.«*

B (MM OF):

> *»Also, ich sage mal, ein Vorteil ist es sicher, dass es einem nicht schwerfällt, den Eigentümer als Eigentümer zu respektieren. Das ist ja oft das große Auseinanderfallen, sagen wir mal, sowohl in Vorständen oder Geschäftsführungen eines Familienunternehmens, die vielleicht sehr klug und schlau sind, und durchaus auch klüger und schlauer als eine ganze Reihe der Gesellschafter, … aber, sagen wir mal, nicht respektieren, dass denen der Laden gehört.«*

C (MM OF) bestätigte den Respekt von B für die Rolle von A:

> *»Bei uns im Beirat ist ja zum Beispiel der B ein gestandener Unternehmer …, der eben am Ende natürlich das Wort von A einfach gelten lässt und sagt: Okay, ich hab' halt mal darauf aufmerksam gemacht. Am Ende muss der Unternehmer, vor allem als persönlich haftender Gesellschafter, selbst entscheiden … es ist sein Geld.«*

4.1.1.2 Störgefühl zu A1: *Dominanz, Druck und offener Dissens seitens B*

Das zugehörige Störgefühl wurde durch einen Mangel an Respekt seitens B ausgelöst. In den Äußerungen zeigten sich teils diffuse Bilder, die oft nur verklausuliert oder theoretisch geäußert wurden. Dieses Störgefühl lässt sich auf folgende Ausprägungen verdichten:

1. dominante Grundhaltung bei B (unabhängig von Einzelthematik)
2. B erzeugt Veränderungsdruck in einer ganz bestimmten Sachfrage, zu der A eine abweichende Haltung einnimmt.
3. offener Dissens

Die drei MM waren bei diesem Störgefühl etwa gleichmäßig vertreten. Folgende Zitate belegen exemplarisch die drei Fallgruppen:

1. Dominante Grundhaltung bei B (unabhängig von Einzelthematik)

A (MM PL) berichtete von einem Fall in seinem unternehmerischen Umfeld:

> *»Nachteile könnte es geben, wenn das menschlich nicht passt, wenn die Chemie nicht stimmt, und jetzt der Familienunternehmer, der mit hier an Bord ist, sagen wir mal, das absolute Sagen haben möchte und alles dominieren möchte … Ich habe so einen Fall im Bekanntenkreis, das finde ich also eine Katastrophe, das würde ich nie akzeptieren, wo der fremde Unternehmer, der den Beirat leitet, sehr dominant ist und kein Gespür hat und erst mal alle anderen Aufsichtsratsmitglieder dominieren möchte, denen sagen möchte, wo es langgeht, er ist der Chef, bestimmt alles, und dann auch noch den Unternehmer und Eigentümer versucht, von Dingen zu überzeugen, die aus dessen Sicht vielleicht keinen Sinn machen.«*

A (MM PL) äußerte vorsichtige Kritik an seinem B. Frage des Interviewers:

> *»Kann das auch ein bisschen damit zu tun haben, dass Ihnen da dieses, was Sie da vorhin mit Dominanz beschrieben haben, und der ansatzweise Wille, die eigene Messlatte im eigenen Unternehmen zugrunde zu legen, dass das so ein bisschen mitschwingt?«*

Antwort von A:

> *»Das ist vielleicht so ein bisschen … ja ja, Sie haben Recht, das schwingt ab und zu mit. Dass man ihn dann bremsen muss, und das ist nicht immer einfach, weil er ein sehr erfolgreicher Unternehmer ist, ja.«*

B (MM AE) zur Frage, wie er wohl von A gesehen wird:

> *»Sie würden sagen, es ist positiv, würden sie sagen. Er ist ein starker Familienunternehmer, der nun selbst auch sehr erfolgreich gewesen ist, deshalb ist er kompetent und authentisch. Vielleicht sagen sie manchmal, er versucht doch ein bisschen zu stark zu dominieren. Oder wenn ihm irgendwas, wenn er irgendwas nicht für gut findet, dann drückt er doch sehr deutlich sein Missfallen aus, obwohl er sich manchmal dann auch korrigieren muss, hinterher.«*

Ein C beschrieb die Verärgerung des A über das Verhalten von B:

»Für mich okay, wenn ich in einem börsennotierten Unternehmen sitze, wenn ich die Gewinnerwartung meiner Shareholder sozusagen erfüllen soll. Nicht okay, wenn ich selber Shareholder bin und ein Außenstehender mir sagt, wie ich meinen Job zu tun habe.«

An anderer Stelle:

»B bestand eigentlich immer auf der eigenen Meinung, auf einer eigenen Beurteilung, die er dann auch schon versucht hat, massiv durchzusetzen und nicht immer unbedingt dann auf die anderen Argumente eingegangen ist, sondern eben seine Sicht der Dinge eher forciert hat, als dann auch mal zu sagen: Na ja, man kann es ja auch so sehen.«

2. B erzeugt Veränderungsdruck in einer ganz bestimmten Sachfrage, zu der A eine abweichende Haltung einnimmt

A (MM OF) schilderte Enttäuschung aufgrund des Auftretens von B:

»Ich war enttäuscht darüber, weil ich das Gefühl hatte, B möchte, dass wir als Familie anders sind, damit wir sozusagen das verstehen, was er uns sagen möchte. Und das hat mich deswegen enttäuscht, weil ich eigentlich gemerkt habe, das kann nicht funktionieren. Weil, wenn er uns verändern möchte, dann werden wir das immer spüren, und dann wird es immer eine Blockade geben, und letztendlich wird er nie die Führung dieses Gremiums übernehmen können. Sondern man wird ihn zwar dulden, vielleicht, aber man wird ihn nie respektieren, wenn er uns ändern möchte. Wenn er uns verändern möchte, weil er das vielleicht bei sich in der Familie so gewohnt ist, dass er die Stellung hat, es tun zu können, dann kommt es bei uns zum Problem.«

C (MM PL) schilderte folgenden Fall:

»B wollte diese Veränderung durchsetzen. Das Thema hat er auch noch nicht ganz aufgegeben, aber das hat sich jetzt zumindest soweit runterpriorisiert, dass ich es seit drei oder vier Sitzungen nicht mehr gehört habe. Das Thema will A nicht, das will der für seine Finanzen zuständige Prokurist nicht, das halte ich für schlecht. Und jetzt hat B offenbar gemerkt, dass so viele Leute dagegen sind, dass er das Thema zwar nicht ganz eingesammelt hat, aber es im Moment auch nicht mehr auf die Tagesordnung bringt. Das war so ein Ding, wo A dann einfach sagt, ich will es nicht, und sich dann vielleicht auch geärgert hat, dass B da keinen Frieden gibt.«

3. Missbehagen von A wegen offener Kritik oder eines Dissenses

A (MM PL):

»Wir sollten also unterschiedliche Auffassungen nicht in Gremien diskutieren. In der Regel ist es dann auch so, dass dann einer sich zurücknimmt. Weil, das soll doch ein Bild der Geschlossenheit abgeben; das andere führt zu schlechteren Entscheidungswegen, weil, da werden Keile dazwischen getrieben. Das heißt, man muss sich über die wesentlichen Dinge im Vorfeld einigen.«

A (MM OF) beschrieb seine Empfindungen bei Kritik durch B:

> *»Das wäre auch nicht richtig gewesen, denn ich habe mich da reingearbeitet, ich hatte das schon eine Zeit schon gemacht, die Firma hat sich erfolgreich entwickelt. […] Aber bisweilen hat man schon das Gefühl, die Leute erklären einem, ja, dass man, bevor man zur Toilette geht, die Hose runterlassen muss. Das sind Selbstverständlichkeiten. Das hört man sich dann als CEO nicht mehr ganz so gerne an.«*

B (MM AE) bestätigte einen Dissens mit A über die Berufung eines jungen Gesellschafters ins Management:

> *»Als es um die Frage ging, dass As Sohn in den Vorstand kommen sollte; denn da habe ich ernsthaft mit ihm gesprochen, über die Voraussetzungen, und war enttäuscht, dass er da nicht offen war.«*

4.1.1.3 Erwartung A2: *Interesse, Engagement und Zeiteinsatz für den Beirat*

Die Gesellschafter A erwarteten von B Interesse, Engagement und Zeiteinsatz für die übernommene Rolle im Beirat. Die inhaltlich verwandten Themen Zeiteinsatz und Engagement differenziere ich wie folgt:

1. Zeiteinsatz

Dieser betrifft die Bereitschaft von B, ein ausreichendes Quantum seiner Zeit für die Wahrnehmung seiner Beiratsfunktion bereitzustellen. Darin sind Vorbereitung der Sitzungen, Teilnahme, Nachbereitung und Aufwand zwischen den Sitzungen eingeschlossen.

2. Engagement

Damit ist der qualitative Aspekt der Beiratstätigkeit angesprochen, die Intensität der Mitwirkung in der Sitzung, profilierte Stellungnahmen etc.

Insgesamt wurden zwölf Textstellen dieser Kategorie zugeordnet. Bei den MM fällt das Fehlen von PL auf. Es folgen relevante Textstellen zu den beiden Schwerpunkten.

1. Zeiteinsatz

B (MM OF) äußerte sich zu den vermuteten Faktoren, die zu einer besseren Beurteilung durch A führen dürften. Darin kam indirekt eine Erwartung von A zum Ausdruck:

> *»Weil ich glaube, dass eine Zwei plus (Anmerkung: die Bestnote) ein größeres Engagement, ein größeres zeitliches Dabeisein erfordern würde. Ich glaube, ehrlich gesagt, man kann dann natürlich noch ein bisschen mehr machen.«*

C schilderte Ursachen der Unzufriedenheit seines Gesellschafters A mit Beiratsmitglied B:

»Sie gründete sich auf wenig Zeit und mangelnde Mitarbeit, und dies und jenes …«

2. Engagement

A (MM OF) beschrieb seine Erwartung und die Grenzen seiner Toleranz:

»Wo ich mir Probleme am ehesten vorstellen kann, ist eben die Tatsache, dass er die ihm gestellte Aufgabe nicht ernst genug nimmt. Denn die erfordert Vorbereitung … Also, wenn wir mittlerweile ein umfangreiches Zahlenkonvolut zur Verfügung stellen, an Plandaten, an Ist-Daten, an Strategieauswertungen, Eckdaten, was auch immer … dann muss man auch reingucken. Und dann sollten die Fragen nicht die sein, die man beim letzten Mal schon beantwortet hat, und beim vorletzten Mal auch schon … Wenn er mich das Gleiche nochmal fragt, sag ich, okay, hat der jetzt nicht zugehört oder in seinen Notizen nicht nachgeguckt?«

A (MM OF) äußerte sich bewertend und vergleichend zu den zwei B-Personen, die er in seinem Beirat hatte (B1 und B2):

»Ja, B1 bringt mehr ein.«

Zu B2:

»Das bleibt ja wirklich unter uns. Also, das würde ich niemals sagen, wenn B2 hier wäre. Der bringt sich auch ein. Aber er ist eben vom Typ her so ein bisschen der Zurückhaltendere. Und manchmal wünscht man sich, dass er vielleicht ein bisschen lebhafter die Dinge auch aufzeigt. Ein bisschen emotionaler.«

A (MM AE) benannte die Vorzüge des B im Gremium:

»Ja, der B hat eine sehr klare Meinung, die sich nicht unbedingt mit dem Rest des Gremiums deckt, und das ist dem auch egal, dann besteht er darauf, und da stimmt er auch mal alleine dagegen. Aber ich finde das ja sehr erfrischend. Also, auch wie er das macht, ist es okay.«

B (MM OF) wusste um die an ihn seitens A gerichteten Erwartungen, die er aber nicht erfüllen konnte bzw. wollte:

»Die, ja, ich glaube, okay, vielleicht hätten sie gerne, dass ich mich noch weiter und stärker einbringe. Das bringt mich aber dann wieder in die Nähe des Vorsitzenden, die ich nicht anstrebe, sondern ich will hier nur das ganz einfache, stinknormale Beiratsmitglied sein.«

C kommentierte das – aus Sicht von A – mangelnde Engagement von B:

»Ja, manchmal noch ein bisschen mehr Extrovertiertheit. Ich glaube, ein bisschen mehr … sagen wir mal … objektive Diskussionsteilnahme, objektiv geführte Diskussionsteilnahme.

Wie gesagt, der Herr B ist mehr Mediator und Moderator als Kommunikator. Ich glaube, dass wenn da noch etwas fehlt, dann ist es das.«

4.1.1.4 Störgefühl zu A2: *Defizite bei Engagement und Zeiteinsatz, Vorrang Eigeninteresse*

Die Gesellschafter A sind empfindlich, wenn sie bei B fehlendes Interesse oder gar Vorrang für Eigeninteressen wahrnehmen. Bei den MM waren AE weit überrepräsentiert, PL unterdurchschnittlich. Die nachfolgenden Zitate geben das Spektrum der Einzelthemen wieder.

A (MM OF) klagte über die Zeitnöte seines B:

»Er hat zu wenig Zeit! Obwohl er gerade jetzt nochmal, von sich aus, ohne jeden Anstoß, gesagt hat, okay, da gibt es ein Problem, um das kümmere ich mich, ich komme im Januar. Aber am Montag ist er schon wieder im Ausland, und das macht es nicht leicht.«

A (MM AE) hat zwei Bs im Gremium:

»Es ist jetzt nicht so, dass die Bs aus Unternehmen kommen, die das gewünschte Know-how nicht haben, aber sie bringen ihre Impulse nicht so rein. Aber das ist jetzt mein persönliches Empfinden. Diese Impulse kommen nicht von ihnen und, denke ich, würden auch nicht kommen in den nächsten fünf Jahren, nö.«

A (MM PL) vermutete bei B primär ein Lerninteresse:

»Ich hatte bei Herrn B eigentlich mehr den Eindruck, dass er durch seine Beiratstätigkeit bei uns Erfahrungen sammelte, wie er in seinem eigenen Familienunternehmen im Zuge des Generationswechsels einen Beirat installieren könnte und welche Aufgaben dieser Beirat dann zu übernehmen hat.«

4.1.1.5 Erwartung A3: *Respekt für den Wertekodex der Familie*

Die Gesellschafter A erwarten von B Respekt für den Wertekodex der Familie. A erwartet Respekt für die Werte, die die Unternehmerfamilie A für sich als maßgeblich definiert hat, wie zum Beispiel Sparsamkeit oder Sozialbindung. Das MM PL war etwas überproportional vertreten. Folgende Textstellen geben einen Eindruck der Aussagen.

A (MM PL) äußerte zu den Vorteilen seines B:

»Die Vorteile liegen darin, dass er, wie gesagt, ähnliche Interessen verfolgt, […] er musste sein Unternehmen in die nächste Generation führen, er hat die gleichen Nachfolgethemen, die wir haben, er hat die gleichen Themen, wie man die Gesellschafter zusammenhält, damit sie alle an einem Strang ziehen und nicht illoyal werden. Und der hat natürlich auch die gleichen Interessen, möglichst das Unternehmen weiter nach

vorne zu bringen, und damit praktisch das Vermögen auch im Unternehmen zu belassen und nicht jetzt da große Ausschüttungen zu machen, Dividenden zu machen. Und wie man das alles unter einen Hut bekommt, damit alle zufrieden sind, und wenn das Unternehmen auch wächst und gedeiht, da hat natürlich so ein Familienunternehmer wesentlich mehr Erfahrung, die er dann auch weitergeben kann, als jetzt ein angestellter Manager.«

An anderer Stelle:

»Und der B passt so von seiner ganzen Art, und auch, wie er erzogen wurde, also wesentlich besser zu mir als viele andere. Also, er ist sehr bescheiden, kann man sagen, manchmal vielleicht ein bisschen zu bescheiden, und das habe ich aber auch so aus meinem Elternhaus erfahren, und deshalb verstehen wir uns eigentlich auch sehr gut, in vielen Dingen. Also, der fliegt nie Erste Klasse, ja, höchstens, wenn er mal die Frau mitnimmt oder etwas Besonderes los ist, aber wenn wir zusammen reisen, dann fliegt er nie Erste Klasse, legt auch gar keinen Wert darauf, und dieses ganze Äußerliche ist für ihn völlig unwichtig. Legt er keinen Wert darauf, möchte er auch nicht.«

A (MM OF) äußert sich wie folgt:

»Und ich glaube, das Allerwichtigste ist, dass er das Unternehmen gut findet, also dass er die Kultur, die Interaktion zwischen den Familiengesellschaftern, dass er sich damit identifiziert. Also, dass sozusagen die Chemie passt.«

C (MM AE) bestätigt:

»Also, ganz klar erwartet A von B ein unbedingtes Commitment zu den grundsätzlichen Zielen, die das Familienunternehmen für sich in einem Kodex manifestiert hat – mit einer starken sozialen Komponente und allem, was dazugehört.«

4.1.1.6 Störgefühl zu A3: *Divergierende Wertvorstellungen und Kultur*

Die Äußerungen bezogen sich vor allem auf
1. diffuse Persönlichkeitsmerkmale, die umgangssprachlich gerne unter dem Begriff »Chemie« zusammengefasst werden,
2. Elemente des Verhaltens und des persönlichen Stils, die teilweise konkret benannt und als störend empfunden werden.

Bei den Mentalen Modellen war PL unter- und AE überrepräsentiert. Nachfolgend werden beispielhaft die Textstellen zu den beiden Ausprägungen zitiert.

1. Diffuse Persönlichkeitsmerkmale

A (MM OF) über B in der Funktion des Beiratsvorsitzenden:

»Das waren eigentlich eher – sagen wir mal – Konstellationen, wo man gemerkt hat, da fühlt sich jemand in die Enge gedrängt, und es gab dann recht emotionale Ausbrüche

auch. Sowohl auf unserer Seite als aber auch auf der Seite von B. Das heißt, das Ganze war ein nicht stabiles System, würde ich mal sagen. Irgendwas hat da nicht gepasst.«

B (MM AE) über eine Erfahrung in seinem eigenen Beirat:

»Das kann auch nach hinten losgehen. Wir hatten einen, ich sage keine Namen dazu. Wir hatten hier einen ausgesprochen großen Familienunternehmer in unserem Beirat, der hatte null Verständnis für unsere Situation. Für unsere Art. Ganz komisch.«

C (MM AE) über seine Beobachtungen der Interaktion von A und B:

»Und ich denke auch, die Chemie von B und der Gesellschaftergruppe A war unterschiedlich. B ist stark faktenorientiert, sachausgerichtet, wirkt manchmal auch eher hart als einer, der jetzt versucht, die Dinge in Linie zu bringen – so habe ich es jetzt manchmal empfunden … also harte Leadership, aber eigentlich nicht im Sinne von einer – meine ich – Beiratstätigkeit, wo man eben die Dinge nicht selbst steuert, sondern eben nur – wie soll ich sagen – lenken kann, vorgeben kann. Und ich glaube, da hat halt auch die Chemie nicht so ganz gestimmt.«

2. *Elemente des Verhaltens und des persönlichen Stils, die teilweise konkret benannt und als störend empfunden werden*

A (MM AE) über seinen B:

»Und B ist im Übrigen einer, der jeden duzt, und ich merkte so oft: Das wollte ich nicht.«

An anderer Stelle:

»Also, der B hat die Sitzung zum Teil so gestört, da hat er Reiseerzählungen gemacht und kam immer wieder auf irgendeine Sehenswürdigkeit zu sprechen, und da habe ich – da ist mir einfach der Kragen geplatzt, weil immer gestört hat: ›Herr B, Ihre Reiseerzählungen gehören jetzt hier wirklich nicht hin.‹ Und dann haben die anderen alle geguckt, aber das hat dem überhaupt nichts ausgemacht.«

A (MM OF) über B in der Funktion des Beiratsvorsitzenden:

»Ja, Herr B war der Vorsitzende dieses Gremiums, und als Vorsitzender war es seine Aufgabe, die Sitzung zu leiten. Wobei ihm das schwerfiel … weil er, glaube ich, wenn ich es jetzt vielleicht ein wenig plump ausdrücke, mit dem Temperament unserer Diskussion manchmal nicht richtig umgehen konnte. Herr B ist ein Mensch, der unheimlich analytisch ist, der unheimlich gut argumentiert, aber der – allein schon, weil er sehr leise spricht – teilweise unterging. Sodass ich im Nachhinein eigentlich sagen würde, so richtig hat er die Sitzungen eigentlich gar nicht geleitet.«

A (MM AE) über eine besondere Haltung des B zur Rolle von Frauen und zum Respekt generell:

»Unser B ist eine ältere Generation, da ist es für ihn undenkbar, dass Frauen in eine verantwortliche Position rücken. Das möchte er nicht. Und da werde ich ihn auch nicht ändern, und das will ich auch nicht.«

An anderer Stelle:

»Wir werden dadurch, dass wir ja nicht aus dem Geschäft kommen, eventuell auch nicht so ernst genommen, manchmal. Bei B ist das definitiv so, was sich daran zeigt, dass er sehr darauf dringt, dass die Entscheidungen im Gremium getroffen werden und wir als Familie bloß nicht irgendwie anfangen, zu viele Gespräche zwischendurch zu führen.«

4.1.2 Kompetenz mitbringen

In der Erwartungsgruppe Kompetenz sind Erwartungen zusammengefasst, die mit dem inhaltlichen Beitrag von B im Rahmen seiner Beiratstätigkeit zu tun haben. Für A war also wichtig, wie kompetent B zu konkreten Sachfragen Stellung bezog und dabei seine Persönlichkeit, seine Erfahrung und sein Wissen einsetzte. Kompetenz hat sowohl für A als auch für B Bedeutung, wenn auch mit differenziertem Anspruch und unterschiedlichen Ausprägungen. Die Gesellschafter A erwarteten von B, dass er bestimmte Kompetenzen mitbringt, wenn er in den Beirat eintritt und in ihm tätig wird.

4.1.2.1 Erwartung A4: *Denkt bei strategischen Entscheidungen als Familienunternehmer*

Damit ist durchgängig gemeint, dass B bei Entscheidungen, die die Interessen des Familienunternehmens besonders tangieren, das typische Denken eines Familienunternehmers verkörpert und in die Diskussion einbringt. Bei den MM war PL weit unterrepräsentiert. Die Hälfte aller Aussagen – über alle Personengruppen hinweg – war grundsätzlicher Natur und beschrieb die oben erwähnte Erwartung ohne thematische Differenzierung. Dafür stehen folgende Zitate:

A (MM AE) sehr prägnant:

»Ja, wir haben ihn hier geholt, genau, weil er diesen Blickwinkel versteht, dass eine Familie in Balance mit dem Unternehmen gebracht werden muss, und dass die manchmal etwas andere Blickwinkel haben als die Fremdmanager. Dieses Spannungsfeld kennt er. Deswegen wollten wir ihn haben, und deswegen kann er auch mit mir insbesondere darüber reden, wenn er das Gefühl hat, also, wenn ich auf deinem Stuhl sitzen würde, ich würde mal über Folgendes nachdenken.«

A (MM OF) mit einem besonderen Verweis auf die unternehmerische Flexibilität und Verantwortung:

»Und er ist in seinem Denken eben so, dass er sich in den Unternehmer auf der anderen Seite besser hineindenken kann. Welche Probleme hat der denn eigentlich? Wenn man

sich unterhält und man sagt, ja, da kenne ich wohl diese Probleme. Herr B hatte eben einen bestimmten Satz: Man muss immer seine Strategien so ausrichten, dass man im Notfall noch mal einen Haken schlagen kann. Irgendwie da rauskommen kann wieder. Das war so seines. Also, ich wollte nur sagen, dieses unternehmerische Denken. Das war sicherlich einer der wichtigsten Gründe für mich, ihn zu holen.«

Die externen Beiräte B bestätigten mehrfach, dass sie diese Erwartung kennen und verstehen. Ein Beispielzitat:

B (MM OF):

»Der große Vorteil liegt eben auch darin, mit einem solchen Familienunternehmer jemanden im Gremium zu haben, der die besonderen Konstellationen, die besonderen Herausforderungen, die sich aus der Eigenschaft eines Familienunternehmens in der Führung eines solchen Unternehmens ergeben, diese auch in die Arbeit des Gremiums mit einbringt und das auch mit berücksichtigt.«

Auch die Beiratsmitglieder C äußerten sich in vergleichbarer Weise, siehe folgendes Zitat.

C (MM AE):

»Also, ich habe das auch in anderen Gremien immer gesagt, wir müssen einen suchen, der auch Unternehmer ist, Familienunternehmer. Weil der Familienunternehmer doch in ganz bestimmten Sachen anders tickt als die vielen Manager, die da herumlaufen, was ich erlebt habe. Die Gefahr bei den Managern ist immer die Verbrüderung mit dem eigenen Management, die denken so, wie die Manager da, und haben kein Verständnis dafür, dass die Familienunternehmer anders ticken.«

Eine Vielzahl von Interviewpartnern ergänzte diese grundsätzlichen Aussagen um konkrete Hinweise, bei welchen Themen das unternehmerische Denken von besonderer Wichtigkeit ist. Diese Themen sind:

1. Wahrung der Unabhängigkeit des Unternehmens z. B. bei Diversifikationen, Firmenkäufen bzw. anderen Themen mit großer finanzieller Tragweite. Zu diesem Themenkreis gehört auch die Bewältigung von Fehlentscheidungen auf den genannten Gebieten.
2. Die Nachfolge bzw. der Generationswechsel, unabhängig von der Entwicklungsphase, in der sich das Unternehmen befindet.
3. Umgang mit kulturrelevanten Fragen, insbesondere in Zusammenhang mit sozialer Verantwortung für Führungskräfte und Mitarbeiter.

Folgende Zitate dienen als Belege, zunächst zu

1. Unabhängigkeit

A (MM OF) sprach über Unabhängigkeit und Krisenbewältigung mithilfe von B:

> *»Ja, es gab da eine Tochtergesellschaft, die wahnsinnig viel Geld gekostet hat und wo wir auch kurzfristig mal in einer Situation waren, wo die Gesellschafter tatsächlich zusammenstehen mussten und auch Gesellschafterdarlehen der Bank als Sicherheit geben mussten. Und von daher ist sicher die Erwartung an ihn gewesen, und auch seine Bereitschaft da gewesen, einfach drauf zu schauen, dass so eine Situation nicht wieder eintritt, und eben auch den Rat zu geben, wie man sich als Gesellschafter unabhängig macht. Also, das war sicher eine Motivation, ihn zu holen.«*

B (MM AE) beschrieb einen Fall, wo er A vor einem Fehler bewahrte, da man genau dies von ihm erwartete:

> *»Die zwei herausragenden Sachen waren erstens, dass sie noch vor der Finanzkrise eine neue Hauptverwaltung bauen wollten für zig Millionen. Und da habe ich gesagt: Lasst das sein. Also, die Manager fanden das auch alle ganz gut, die C-Leute. Ich habe gesagt: Lasst das sein. Das habe ich mehr oder weniger verhindert. Und heute sind sie mir auf Knien dankbar, dass sie das nicht haben.«*

C (MM OF) berichtete von einer durch B verhinderten Diversifikationsentscheidung:

> *»Das Management ist eigentlich mit der festen Grundüberzeugung in die Beiratssitzung gegangen: Mensch, die Diversifikation vom Kerngeschäft ist strategisch wichtig. Und da entstand die Frage eben, kauft man ein Unternehmen und wird damit gegebenenfalls der eigenen Tradition untreu, aus eigener Kraft zu wachsen und setzt diese Diversifikation also höher an. Das war aus meiner Sicht ein wirklich ganz wichtiger Rat, der eben bei den Herren (A) auch ein Umdenken ausgelöst hat, in dem Sinne nicht weiter zu diversifizieren.«*

Es folgen Zitate zu

2. Nachfolge

A (MM OF) thematisierte seine Nachfolge:

> *»Wenn es jetzt zum Beispiel darum geht, irgendwann in nächster Zeit zu entscheiden, ob jetzt einer meiner Söhne Vorstandsfunktion übernimmt, dann würde natürlich der B das anders beurteilen als der C. Insofern bin ich eigentlich ganz froh, dass wir da so unterschiedliche Betrachtungsebenen haben. Und in B eben einen, der das auch aus dieser Vaterrolle sieht.«*

A (MM AE) sagte zum Nutzen von B:

> *»Mensch, das wäre jemand, der für mich ganz persönlich den Mehrwert bringt, dass er diesen Generationswechsel schon hinter sich hat.«*

B (MM OF) äußerte sich zur Elternrolle:

> *»Wir können uns von Unternehmer zu Unternehmer […] natürlich eher reinfühlen, in die Eltern, in die Väter oder Mütter, als wenn man vielleicht dieses Gefühl nicht hätte, wenn man selbst nicht Familienunternehmer war.«*

Es folgen Zitate zu

3. Kulturrelevante Fragen des Familienunternehmens

A (MM AE) zur Behandlung der Mitarbeiter:

> *»Zum Beispiel: Wie geht man mit Mitarbeitern um. Dieses langjährige, bei Jubilarfeiern und dann 25 oder bis 50 Jahre, oder man hat welche, die sind schon seit Generationen bei uns, und dass das ein hohes Gut ist. Es sind, glaube ich, Sachen, die Familien wichtig sind.«*

B (MM PL) über rasche, tiefgreifende Veränderungen:

> *»Ja, fehlende Härte würde ich nicht sagen, aber ich denke, dass es mit Unternehmenskultur etwas zu tun hat. Da haben Menschen etwas aufgebaut, und ich finde es immer wichtig, so eine Unternehmenskultur zu erhalten und dabei eben für diese Veränderung auch Zeit genug zu haben, diese Veränderung auch durchzustehen. Das ist, glaube ich, der Unterschied im Handeln.«*

C (MM AE) beobachtete eine Erwartung bei A:

> *»Wenn mein Sozialgewissen mir im Grunde verbietet, bestimmte harte Maßnahmen durchzuführen, dazu ist der Manager eher bereit und hat kein Verständnis, warum dann der Unternehmer zuckt, und sagt ›Mein guter Name …‹ Also, da erwartet sicherlich der A vom B mehr Verständnis.«*

4.1.2.2 Störgefühl zu A4: *Experte anstatt Familienunternehmer*

Dieses Störgefühl schien nur in der Theorie existent zu sein. Der Fall, dass die Eigner bei einem B die Bereitschaft oder die Fähigkeit vermissten, sich zu familienspezifischen Themen einzubringen, wurde von den Unternehmern praktisch nicht geäußert. Es gab eine einzige Textstelle, die auf dieses Störgefühl hindeutete. Der Kommentar kam allerdings von einem Mitglied der Personengruppe C.

C (MM AE) glaubte ein Defizit zu erkennen:

> *»Also, jetzt aus meiner distanzierten Brille fehlt vielleicht manchmal noch mehr das generalistische Einbringen des Familienunternehmers, das heißt, manchmal reduziert B sich selbst aus Sicht der Gesellschafter zu sehr auf seine Expertise und ist vielleicht zu sehr der Ingenieur und nicht der Repräsentant und Inhaber eines Familienunternehmens.«*

4.1.2.3 Erwartung A5: *Fachlicher Beitrag und Netzwerk*

Die Gesellschafter A erwarten von B, dass er ganz bestimmte fachliche Kompetenzen mitbringt, die auch bei seiner Auswahl für den Beirat bereits eine Rolle spielen. Im Wesentlichen stachen vier Kompetenzfelder heraus:

1. Nähe zur Branche des Unternehmers A
2. Funktionale Expertisen wie Vertrieb, Technik und Finanzen
3. Expertise mit Sonderthemen wie z. B. Diversifizierung und Akquisitionen
4. Zuführung zusätzlicher Kompetenz aus dem Netzwerk von B

Die MM waren bei dieser Erwartung relativ gleich vertreten. Folgende Zitate belegen diese Beobachtungen, zunächst zu

1. Branchenkenntnisse

A (MM OF) ganz klar:

> *»Also, ich denke dem B ist das klar, dass wir seine Automobilkompetenz hier an Bord haben wollten.«*

B (MM OF) aus seiner Wahrnehmung:

> *»Und daneben habe ich natürlich die Aufgabe der Autoindustrie.«*

C (MM AE):

> *»B wurde angesprochen, weil es eine Branchenverbindung gibt.«*

Es folgen Zitate zu:

2. Funktionale Expertisen

A (MM AE) z. B. zur Technikexpertise:

> *»Eine Erwartung, die wir stark von ihm auch haben, das ist auch dieser technische Bereich. Er ist ein Technikfreak und er geht und sieht Dinge im Unternehmen, und wir, das weiß er auch, wir erwarten, und ich glaube, das haben wir ihm auch erklärt, dass er mal durchaus aus seiner Produktionserfahrung heraus mal bei uns kritisch hinter die Mauer gucken soll, das ist auch sein Hobby.«*

A (MM OF) zur Vertriebsexpertise:

> *»Das andere Thema ist, davon waren wir auch begeistert, seine China-Erfahrung, er ist häufig in China, er macht da sehr viel, gab uns da auch wertvolle Denkanstöße.«*

A (MM OF) erwähnte die Finanzkompetenz:

> *»Dass, wie gesagt, von der Erwartung her, auch von dem, was er anfangs sozusagen beizutragen können glaubte, dass das Finanzthema schon im Vordergrund stand, und man wollte sich jemanden holen, der Finanzkompetenz hat.«*

Es folgen Zitate zu

3. Expertise mit Sonderthemen

A (MM AE) zu Akquisitionen:

> *»Ich kann mir vorstellen, dass er also so ein bisschen seinen Beitrag für uns darin sehen kann, zu sagen, wie schafft man es, durch intelligente Zukäufe zum Beispiel, einen Markt zu arrondieren und weiter für sich zu entwickeln. Das könnte ich mir vorstellen, dass B da eben auch Erwartungen bei mir sieht.«*

C (MM PL) sprach hier quasi für seinen A zum Thema Diversifikation:

> *»Aber gerade jetzt in der allerletzten Zeit war es wirklich das vehemente Eintreten von B für eine bessere Diversifizierung der Kundenbasis und der Produkte. Ich glaube, das ist auch für A extrem wichtig.«*

Folgende Zitate betreffen

4. Netzwerk von B

A (MM AE):

> *»Wir haben von ihm erwartet, dass er den Bereich Familienunternehmen und unseren Fachbereich abdeckt, uns da gute Impulse gibt, bei den Diskussionen aktiv mitarbeitet und natürlich wie überall so eine gewisse Netzwerkfunktion wahrnimmt.«*

B (MM PL):

> *»Sondern wo ich dann ganz konkrete Kontakte zu führenden Personen hergestellt habe, die man so gar nicht hat. Wo ich gesagt habe: Geh dahin und dann dahin, ich rufe da an, ich rufe da an, bringe euch in Verbindung und so weiter.«*

4.1.2.4 Störgefühl zu A5: *B ist branchenfern*

Das Störgefühl der Branchenferne bzw. fehlender fachlicher Kompetenz wurde ohne klare Ausprägungen geäußert. Die Mentalen Modelle sind ausgewogen vertreten. Die folgenden Zitate geben einen Eindruck.

A (MM PL) recht deutlich:

»Es ist schwer für ihn, sich in die Automobilindustrie hineinzuversetzen, weil da einfach sehr viel mehr reglementiert und vorgegeben ist als in seiner Branche.«

B (MM AE) fühlt sich selbst unwohl wegen seiner Branchenferne:

»Also, ich meine, dass in seinen Augen meine Kompetenz deutlich geringer geworden ist. Der Beirat ist operativer geworden. Wir reden sehr im Detail manchmal. Da kann ich nicht mit, will ich auch nicht. Bei Grundsatzfragen melde ich mich noch, ja. Das ist so. Und sage auch was. Aber das ist im Vergleich zu dem anderen B und den Cs deutlich weniger inzwischen.«

C (MM OF) über einen früheren B ohne Branchenkenntnisse (im Gegensatz zum heutigen):

»Der von mir sehr geschätzte frühere B hat dann eben sehr oft eine Position aus einer branchenfremden Perspektive eingenommen, was oftmals gut, manchmal eben aber auch zu bemerken und zu berücksichtigen gewesen ist.«

4.1.2.5 Erwartung A6: *Lernbereitschaft und bedarfsgerechte Beratung*

Die Gesellschafter A erwarten von den Beiratsmitgliedern B, dass sie lernen, das Unternehmen von A zu verstehen, und dass sie ihre Beratung im Rahmen der Beiratsfunktion in jeder Hinsicht an den Anforderungen des Unternehmens von A ausrichten. Diese Erwartung wurde überwiegend vom MM AE thematisiert. Folgende Zitate geben die Gespräche wieder.

A (MM OF) äußerte:

»Was auch wichtig ist, ist das wirkliche Interesse, sich in die Themen einzuarbeiten – das ist ja manchmal ziemlich anstrengend –, gerade als Familienunternehmer hat man ja seine eigenen Themen im Kopf.«

A (MM AE) betonte zusätzlich zur Lernbereitschaft die Fähigkeit von B, sich mit Kommentaren zurückzuhalten, bis man ausreichenden Einblick gewonnen hat:

»Gehen Sie jetzt erst mal hin und dann gucken Sie sich das mal an. Beim zweiten Mal, damit man dann auch merkt, dass Sie da sind, strecken Sie vielleicht mal hier oder da den Kopf raus. Also, ich würde mal sagen, jemand braucht normal so ein Jahr, ehe er das Unternehmen verstanden hat – gleich ein paar der nicht ausgesprochenen Dinge verstanden hat. Also, so nach einem Jahr, würde ich sagen, dann werden die Treffer ziemlich gut. Und vorher merken Sie, also jemand, der das Unternehmen noch nicht so gut kennt, stochert noch, da er nicht weiß, wohin er greifen muss. Bei unserem B ist erstaunlich, wie schnell der richtig greift.«

A (MM AE):

> *»B war eher fern. Aber ich erwarte natürlich von einem Unternehmer, dass er übergreifend denken kann. Wir machen ja in unserem Beirat kein operatives Geschäft. Sondern wir beraten in strategischen Fragen. Und da erwarte ich von jedem Unternehmer, dass er sich da reindenken kann. Zumindest nach einem Jahr vielleicht. Vielleicht nicht sofort.«*

Ein C (MM AE) bestätigte:

> *»Und sie erwarten von B, glaube ich, dass er sich hineindenkt in die Spezifika des Unternehmens A und daraus Synergien mit der eigenen Erfahrung ableitet.«*

Ein weiterer C (MM AE) in einem Gremium mit zwei Bs:

> *»Also, bei beiden hätte ich es erwartet dann, dass sie darauf gedrängt hätten, einen richtigen Prozess des Lernens über das Unternehmen einzuleiten.«*

4.1.2.6 Störgefühl zu A6: *Unzureichende Beratung durch mangelndes Verständnis*

Das Störgefühl unzureichender Beratung zeigte sich vor allem in drei Ausprägungen, die etwa gleich verteilt waren.

1. Übertragung: B überträgt Rezepte und Erfahrungen aus dem eigenen Unternehmen unkritisch auf das Unternehmen von A.
2. Falsche Prioritäten: B setzt und verfolgt Themenschwerpunkte, die von A nicht geteilt werden.
3. Der Beitrag von B wird generell als unzureichend empfunden.

Zu diesem Störgefühl fanden sich 31 Äußerungen, also weit mehr als zu der zugehörigen Erwartung (5). Dieses Ungleichgewicht trat nirgends so stark wie bei dieser Kategorie auf. Alle MM tragen ausgewogen zu den Kommentaren bei. Folgende Zitate belegen diese Beobachtungen. Zunächst zu

1. Übertragung

Ein A (MM AE) ganz lapidar über eine Negativerfahrung dieser Art:

> *»Der sagt, ich habe gezeigt, das ist richtig und das ist erfolgreich und das ist auch für alle anderen gut.«*

Ein weiterer A (MM OF) bemängelte bei B:

> *»Dass man eine bestimmte Färbung oder eine bestimmte Politik hat, wie man mit Familienmitgliedern umgeht, ebenso eine Kultur, und die dann versucht, auf das Unternehmen A zu übertragen, was dann möglicherweise nicht funktioniert, weil Familien sehr unterschiedlich sein können und jetzt nicht alles, was für einen Gesellschafterkreis von 150 Leuten richtig ist, dann auf einen Gesellschafterkreis von neun Leuten passt.«*

Ein B (MM PL) berichtete über ähnliche Erfahrungen:

> *»Dass ein Familienunternehmer natürlich von seiner Art, ein Unternehmen zu führen, besonders überzeugt ist und das dann unbedingt auf Teufel komm raus auch im anderen, ich kenne solche Fälle, im Aufsichtsgremium dann auch durchsetzen will. Und wenn die Gesellschafter dann nicht so machen, wie er will, ist er beleidigt und verlässt dann das Gremium.«*

Ein B (MM AE) sprach über seinen eigenen Beirat, nahm also hier die A-Position ein:

> *»Die Erfahrungen im eigenen Unternehmen sind ja gewollt. Das ist ja prima. Aber dass B es nicht schafft, zu abstrahieren oder auf das nächste Niveau oder auf uns zu projizieren. Ich weiß gar nicht – das ist schwer zu beschreiben. Aber Sie verstehen es sicherlich. Dann geht das in die Hose. Und das war in diesem Fall.«*

Ein C (MM AE) beobachtete:

> *»Und es gibt die Tendenz, dass ein erfolgreicher Unternehmer als Beirat eigentlich im Wesentlichen über seine Erfolge spricht und meint, dass dies das Modell für das Unternehmen von A sei.«*

Folgende Kommentare fanden sich zu

2. Falsche Prioritäten

A (MM PL) zum Beharren von B auf einem speziellen Thema:

> *»Ja gut, das Thema mit dem Bankenkonsortium, ja, das wollen wir nicht. Wollen wir nicht. Das ist zum Beispiel so ein Fall, da sind wir unterschiedlicher Auffassung, aber das respektiert er jetzt erst mal.«*

A (MM AE) bedauerte mangelndes Verständnis bei B:

> *»Man muss sich fragen: Wie häufig trifft er? Wie häufig sitzen wir da und denken: Das ist eine ganz schlaue Frage, aber sie trifft den Kern nicht wirklich. Da muss ich das Ding dann wieder irgendwo hinbiegen, dass es vielleicht eher den Kern trifft. Das war aber bei B häufiger schon, also dass wir gedacht haben: Intelligent, aber da hast du dich nicht genug reingekniet, um jetzt wirklich zu verstehen.«*

A (MM OF) beklagte das fast missionarische Agieren von B:

> *»Dass B zu sehr versucht hat, wie gesagt, seine eigenen Erfahrungen uns direkt überzustülpen, und vielleicht auch zu schnell war, das ist sein Steckenpferd, das ist seine auch wirklich große Kompetenz, und damit ist auch sein Unternehmen unheimlich stark und sicherlich auch seine Familiensituation sehr, sehr gut. Aber es war für uns ein bisschen zu schnell. Wir kamen aus einer Phase, die gar nicht lange her war, wo wir unheimlich familiär und freundschaftlich in der Familie viele Sachen besprochen haben. Und alles wurde sehr schnell jetzt formalistisch, und damit hatten wir zu kämpfen.«*

Ein C (MM AE) bestätigte den Frust bei A:

> *»Also, sehr stark hinter den Governance-Themen stehend. Schon fast dogmatisch, ja. Was ich jetzt aber auch wiederum aus eigener Erfahrung kenne, dass ein Familienunternehmer A den Dingen oft gar nicht so geneigt gegenübersteht. Was wollt Ihr denn – meine Firma funktioniert doch auch so, sagt er.«*

Folgende Zitate betrafen die nächste Ausprägung.

3. Zu geringer Beitrag

A (MM PL) beschrieb seine Enttäuschung über B:

> *»Und der Vorsitzende war mit mir auch der Meinung, dass im gesamten Beirat eigentlich Herr B die schwächste Stelle gewesen sei, von dem die wenigsten Anregungen gekommen sind. Mag auch vielleicht daran gelegen haben, dass Herr B noch nicht ganz seine Rolle erkannt und ausgefüllt hat, die ich eigentlich von ihm erwartet hatte.«*

C (MM PL) bestätigte Defizite bei B:

> *»B hat also im Wesentlichen geschwiegen. Kam natürlich hin und wieder mal aus der Kulisse, aber war nicht, war nicht sonderlich beteiligt. Also, ich kann mich erinnern, ich habe es inhaltlich mal gehört, zwei-, dreimal, wo er sich ein bisschen aufbäumte, und dann, bis er dann erzählte, wie es bei ihm war. Aber er hatte keinen steuernden Einfluss.«*

4.1.3 Unterstützung für A

Die Gesellschafter A erwarten von B Unterstützung in ihren diversen Rollen als Eigentümer des Unternehmens A. Diese Kategorie fand – im Gegensatz zu Respekt und Kompetenz – keine Entsprechung bei den Erwartungen (und Störgefühlen) von B. Die Erwartung nach Unterstützung bestand also singulär bei A und stellte damit eine Kategorie dar, die besondere Beachtung verdiente. Auch die Tatsache, dass sich insgesamt 93 Textstellen mit Unterstützung befassten, unterstrich die Bedeutung dieser Kategorie für A. Nachfolgend behandeln wir die konkreten Erwartungen, die A mit Unterstützung verbindet.

4.1.3.1 Erwartung A7: *Position von A stärken*

A erwartet, dass B seine Position stärkt. Für diese Erwartung wurde von einem Interviewpartner zu Beginn der Gespräche der Begriff des »Stimmverstärkers« ins Spiel gebracht. Diesen Begriff fragte ich in den nachfolgenden Interviews gezielt ab. Er wurde sehr häufig bestätigt. Die Zitate zur Stimmverstärkung können unterteilt werden in:

1. generelle Aussagen zu dieser Erwartung
2. differenzierende Aussagen dazu, gegenüber welchen Personen A Unterstützung für die eigene Position erwartet.

Zu dieser Erwartung gab es 41 Textstellen – die dritthöchste Zahl im Vergleich der neun Erwartungen. Bei der Verteilung der MM fällt auf, dass PL weit überrepräsentiert war. Folgende Zitate gibt es zur ersten Ausprägung.

1. Generelle Aussagen zur Erwartung der Unterstützung

A (MM PL) erwartete die Stimmverstärkung quasi als grundsätzliche Haltung bei B:

»Ja, also wichtig in unserem Verhältnis ist, dass wir uns persönlich gut verstehen, und dass B für unsere Position Verständnis zeigt.«

A (MM PL) bestätigte:

»Also, sagen wir mal so: In der Auswahlphase habe ich daran überhaupt nicht gedacht. Aber durch die letzten Sitzungen und durch die Themen, die in den nächsten zwei, drei Jahren auf uns zukommen, habe ich an dieses Thema schon gedacht. Stimmverstärker ist, glaube ich, eine gute Bezeichnung, das könnte schon eine Rolle spielen, ja.«

B (MM PL) über seinen A:

»Und der A sieht es wahrscheinlich so, dass er in mir schon einen Partner findet, der ihn vielleicht in schwierigen Entscheidungen unterstützen kann, der Beispiele aus seinem Unternehmen bringt, wo er auch schwierige Entscheidungen zu treffen hatte und daraus dann eben Unterstützung geben kann. So würde ich das sehen, ja.«

C (MM OF) über seinen A:

»Ja, was erwartet er? Ich würde sagen, er erwartet ein Stück weit, würde ich mal unterstellen, sicher auch ein Stück weit Loyalität zum Anteilseigner. Das ist zwar so nie verbalisiert, aber ich glaube, letztlich ist das häufig unausgesprochen so.«

C (MM AE):

»Beim Patriarchen ist immer das Problem, dass er sich jemanden sucht, der immer alles schön sagt, was er will. Er sagt: ich bin jetzt alt genug, ich kann keine Widerworte mehr hören.«

C (MM OF) auf die Frage des Interviewers nach der Positionierung von B im Gremium:

»Ist die Rolle, die B in diesem Gremium wahrnimmt, eher durch die Rolle des unabhängigen Aufsichtsführenden oder durch die Rolle des ›Unternehmerkollegen‹ von A geprägt?«

Antwort von C:

> *»Ich würde B persönlich mehr als Unternehmerkollegen sehen. Und deswegen sehe ich ihn mehr im kollegialen Spiel mit A.«*

Folgende Textstellen belegten die zweite Ausprägung.

2. Differenzierung nach Personengruppen, gegenüber denen A Unterstützung erwartet

A (MM PL) sprach von Durchsetzung gegenüber Mitgesellschaftern und Familie:

> *»Ja, ich glaube, der hat erkannt, dass ich in einer sehr schwierigen Situation war, einmal mit den Mitgesellschaftern und auf der anderen Seite auch mit der eigenen Familie. Und da, glaube ich, hat er gedacht, ich erwarte jetzt von ihm, dass er mir hilft, wie ich diese ganzen Bausteine und Situationen in den Griff bekommen kann und lösen kann.«*

C (MM PL):

> *»Also ich glaube, man muss das mal anders sagen: Es ist ja immer deutlicher geworden, dass A letztlich von uns im Wesentlichen eine Stimmverstärkung erwartet hatte. Dass wir Verständnis für ihn aufbringen und Familienangehörigen, die zu eigener Meinung neigten, klar zu machen, dass eigentlich nur einer Recht haben kann.«*

A (MM PL) Durchsetzung gegenüber dem Management:

> *»Umgekehrt hat es natürlich auch für mich den Charme, eine Unterstützung bei Geschäftsführungsthemen zu finden, die Sie im eigenen Haus schwerer durchsetzen, wenn Sie alleine dastehen, weil Sie sich dann auch mal dahinter verstecken können.«*

B (MM PL):

> *»Meine Vermutung ist aber, dass der Herr A einen Familienunternehmer im Gremium haben wollte, der ähnliche Probleme hat, ähnliche Gedanken in seinem Unternehmen hat … neben den, sagen wir mal, Funktionären, die angestellte Manager sind, zwar sicherlich einen breiteren Erfahrungsschatz haben, aber vielleicht die Dinge ein bisschen zu statisch betrachten. Man wollte jemand haben, der auch mit Herzblut irgendwas macht und vielleicht bei einer schwierigen Entscheidung hilft, die einfach durchzusetzen.«*

C (MM AE):

> *»Das habe ich auch erlebt, und das hat auch genau da zu einer Entscheidung geführt, einen B zu suchen. Dass sich nicht plötzlich im Beirat welche gegen die Familie stellen, und, ich sage jetzt mal, zulasten der Familie und zugunsten des Managements agieren. Also, das habe ich sogar mehrfach erlebt.«*

4.1.3.2 Störgefühl zu A7: *A vermisst Stärkung*

Fehlende Unterstützung wurde von A in verschiedenen Zusammenhängen beklagt. 60 Prozent der Aussagen kommen vom MM PL. Dies ist weit überproportional und steht in Übereinstimmung mit der Verteilung bei der Erwartung. Folgende Zitate belegen dieses Störgefühl.

A (MM PL) vermisste generell stärkere Übereinstimmung:

> *»Also, das Verhältnis zu B war eigentlich neutraler und zurückhaltender als zu den anderen Beiratsmitgliedern. Und davon bin ich eigentlich zu Beginn nicht ausgegangen, sondern ich hatte gerade in dem persönlichen Verhältnis eine stärkere Übereinstimmung oder Bindung gesehen.«*

A (MM PL) klang enttäuscht wegen der abweichenden Meinung von B zur Struktur der Geschäftsführervergütungen:

> *»Dass er nachhaltig eine andere Position hatte als ich, kann einen nicht wirklich stören. Dafür hat man ja auch Beiräte, aber natürlich wünscht man sich im Idealfall, wenn es da zu Entscheidungskonflikten kommt, dass B die Welt so sieht wie man selber.«*

A (MM PL) äußerte Enttäuschung über die mangelnde Unterstützung eines Lieblingsprojekts:

> *»Klar war ich ein bisschen enttäuscht, als B mich da nicht so 100 Prozent mit meinem Auslandsprojekt unterstützt hat. Und solche Tipps gibt B natürlich dann öfter mal, und da in dem konkreten Fall war ich jetzt nicht so begeistert.«*

B (MM PL) äußerte sich über mögliche Ursachen der Enttäuschung von A:

> *»Und ich habe mich eigentlich immer mehr auf die Seite des Managements geschlagen als auf die Wünsche von Herrn A, und das hat er vielleicht auch gemerkt.«*

C (MM PL) beschrieb deutlich die von ihm beobachteten Störgefühle bei A:

> *»Und hier kriegt er eben zum Teil Widerspruch aus den verschiedensten Ecken (auch von B), was er hasste, vor seinen Familienmitgliedern, dass er belehrt wurde über Dinge.«*

4.1.3.3 Erwartung A8: *Ausgleich von Führungsdefiziten bei A*

Unter dem Begriff Führungsdefizit fasse ich folgende Erscheinungsformen zusammen.

1. Unterstützung des Generationswechsels (Prozess des Übergangs von Verantwortung auf weniger erfahrene Gesellschafter in Führung oder Aufsicht)
2. Hilfe in einer wirtschaftlichen Krisensituation
3. Hilfe in einer personellen Notsituation in Führung oder Aufsicht

Auffällig ist, dass diese Beiträge weit überproportional von Gesellschaftern des MM AE kamen. Nachfolgend werden die einzelnen Erscheinungsformen dieser Erwartung mit Zitaten belegt.

1. Unterstützung des Generationswechsels

A (MM AE) sprach das Thema ganz direkt an:

> *»Da haben wir uns sogar ganz klar drüber unterhalten. Und ganz klar ist, er hilft mir, den Generationswechsel von meinem Vater zu mir in dem Gremium zu erleichtern.«*

Und an anderer Stelle:

> *»Dass B es auch als seine Aufgabe betrachtet und als wirkliche Hilfestellung an ein anderes Familienunternehmen, diese Phase erfolgreich zu meistern. Wo B die Erfahrung schon gemacht hat, erfolgreich gemeistert hat und mitbringt, um uns dabei zu helfen, um das ebenfalls zu tun. Und das rechne ich B sehr, sehr hoch an. Bin ich sehr dankbar dafür.«*

Der zugehörige B (MM AE) bestätigte diese unterstützende Rolle:

> *»Dass ich vielleicht A in der Pause einer Sitzung beiseite nehme und sage, jetzt ist gerade so ein Thema, da müssen Sie jetzt schnell aufpassen, weil es kann jetzt in die oder die Richtung gehen … Würden die das als Coaching bezeichnen? Weiß ich nicht. Machen wir es mal andersrum. Hat B in der Familie irgendeinen Sparringspartner außer dem Vater? Nein. Hat die Familie ein gewisses Vertrauen, dass ich A helfen kann, die ersten Klippen zumindest mal sauber zu strukturieren und zu nehmen? Ja.«*

C (MM PL) beschrieb, wie B den im Management tätigen A coacht:

> *»Der B könnte ja der Vater sein von Herrn A, und also die Art und Weise, wie er mit ihm umgeht und wie er ihn coachen kann, wenn es denn sein muss oder auch gewünscht ist. Das ist ja was ganz anderes, wenn da eine solche quasi Vaterfigur auftritt, die eben alle diese Attribute hat.«*

Nachfolgend kommen Zitate zur zweiten Erscheinungsform.

2. Hilfe in der Krise

B (MM AE) sprach über seine Hilfe in der Krise:

> *»Also, Herr A hat sicherlich auch ein gewisses Grundvertrauen in mich gesetzt. Sein Unternehmen war ja damals relativ klein. Auch durchaus in einer kritischen Phase, muss man sagen. Wir haben ja seitdem eine irre Entwicklung gemacht. Davor war das durchaus nicht immer so.«*

Ein anderer B (MM AE) über seinen Krisenbeitrag:

> *»Wir hatten ja diese Akquisition, die entwickelte sich zu einem furchtbaren Groschengrab und war eigentlich ein Flop. Und der Verkauf war sehr mühsam. Das war so ein Fall.*

Und da war die Familie sehr, sehr dankbar. Der Schaden konnte minimiert werden, und vor allem ist es geglückt, eigentlich den sensibelsten Punkt einer Familiengesellschaft zu beachten, nämlich, dass die Familie, wenn es in der Firma nicht rund läuft, nicht in die Presse darf.«

Die dritte Ausprägung wird durch folgende Zitate belegt.

3. Hilfe in personeller Notsituation

A (MM PL) beschrieb eine spezielle Situation:

»Aber als der frühere Beiratsvorsitzende dann erkrankte und das Amt niederlegen musste, haben wir nicht sofort einen anderen Vorsitzenden gehabt, aber da war eine Lücke, zum Beispiel in der entschlossenen Kommentierung der Zahlen. Und das hat Herr B dann übernommen.«

A (MM PL) über eine Notfallsituation:

»Jetzt mal aus meiner Sicht als Gesellschafter A ist es eine gute Absicherung, wenn mir irgendwas zustößt, dass das Unternehmen eben in seinen Entscheidungen nicht behindert wird, weiter Entscheidungs- und Beschlussfähigkeit da ist.«

4.1.3.4 Störgefühl zu A8: *Fehlende Unterstützung beim Ausgleich von Defiziten*

Ein Störgefühl bei dieser Erwartung wurde von keinem Interviewpartner erwähnt. An keiner Stelle der Befragung fand sich ein Hinweis auf Unstimmigkeiten in diesem Bereich. Offenkundig wird diese Erwartung erfüllt.

4.1.3.5 Erwartung A9: *Pflege der Familienbeziehung*

Die dritte Erwartung in der Kategorie Unterstützung ist noch stärker als die vorhergehende ein Spezifikum des Familienunternehmens. Sie ist Bestandteil klassischer Aufgabenbeschreibungen für Beiräte in Familienunternehmen. Durch sie unterscheidet sich der Beirat eines Familienunternehmens von den Aufsichtsgremien anderer Unternehmenskategorien. Die Wahrnehmung dieser Aufgabe ist sehr vielschichtig und bewegt sich auf einer Achse steigender Intensität von reiner Information (z. B. nicht-tätiger Gesellschafter und Familienmitglieder) über Moderation bis zur Schlichtung zwischen Familienangehörigen. Der Generationswechsel ist dabei ein wiederkehrendes Thema. Jetzt weniger im Sinne der konkreten Entscheidung über einen Nachfolger als vielmehr durch kontinuierliche Begleitung der Betroffenen in der Familie über den gesamten Prozess des Generationswechsels. Bei den einzelnen Aussagen war das MM PL fast nicht vertreten. Deutlich überproportional kommentierte AE diese Thematik. Folgende Zitate geben darüber Aufschluss.

A (MM OF) beschrieb den konstruktiven Einfluss seines B auf den Dialog innerhalb der Gesellschafter:

> *»B stellte zum Beispiel die Frage: Habt ihr euch eigentlich mal ernsthaft mit den Interessen der Gesellschafter, was sie da denken, wo die ihre Präferenzen haben und was denen wirklich wichtig ist, befasst? Und das hat uns natürlich dazu gebracht, wirklich zu hinterfragen und die Gesellschafter dazu abzuholen. Das sind schon unglaublich wichtige Eckpunkte, die für den Frieden des Unternehmens von wahnsinniger Bedeutung sind.«*

A (MM PL) über das Engagement seines B:

> *»Oder als wir in der Familie eine dringende Rückfrage mal hatten, da war er da, Stunden später war der zu Hause, um das mit uns zu diskutieren, da hat er alles stehen und liegen gelassen.«*

B (MM OF) über seine Kommunikation mit nicht-tätigen Familienmitgliedern:

> *»Ich glaube, das Wichtige, was A (Anmerkung des Autors: die nicht-tätige Gesellschafterin) gerne bei mir sieht, dass ich eben ab und an das reflektiere, wie macht es unsere Familie. Und so Einblick bekommt in eine Familie, die irgendwo das Miteinander ein bisschen besser hinkriegt als die Familie A. Dass sie diesen Spiegel gerne sieht und mich da in der Beratung der sensiblen Fragen schätzt, was weiß ich, wie Bezahlung oder Ähnliches oder auch untereinander.«*

B (MM OF) über die Moderation zwischen Vater und Sohn bei A:

> *»Dass er den Sohn im Verdacht hatte, ein kleiner Diktator zu sein. Und das sehe ich überhaupt nicht. Und ich sollte auch mal mit den anderen (Managementmitgliedern) sprechen, was ich auch gemacht habe, und da wird eben sein Verdacht nicht bestätigt, sondern dass der Sohn das alles super macht.«*

C (MM OF) über eine Erwartung von A an B:

> *»Tatsächlich war unsere Vorstellung, dass B aufgrund seiner Erfahrung im eigenen Unternehmen uns sehr behilflich hätte sein können, wenn es zu Konflikten oder nennenswerten Transaktionen innerhalb des Gesellschafterkreises oder auch im Übergang auf die nächste Generation kommen würde, denn ich denke, da hatte er sehr einschlägige Erfahrungen.«*

4.1.3.6 Störgefühl zu A9: *B hat kein Interesse an der Familienbeziehung*

Das Fehlen der Bereitschaft zur Pflege der Familienbeziehung durch B wurde ebenfalls von keinem Interviewteilnehmer angesprochen. Offenkundig wird auch hier die Erwartung erfüllt.

4.1.4 Übersicht der Erwartungen von A und Abgleich mit Zwischenfazit

Die nachfolgende Übersicht (Abbildung 14) zeigt die Erwartungen, die A an B richtete, und die dazugehörigen Störgefühle, die bei Enttäuschungen entstanden. Bei den Erwartungen A8 und A9 kamen letztere praktisch nicht vor. Die Erwartungen sind gruppiert nach den Oberbegriffen Respekt, Kompetenz und Unterstützung. Innerhalb der Erwartungsgruppe sind sie nach der Gesamtzahl der Textstellen absteigend sortiert. Diese Erwartungen stellten eine Antwort auf die erste Forschungsfrage dar:

Abbildung 14: Erwartungen und Störgefühle von A

	Erwartungen von A	**Störgefühle von A**
	Erwartungsgruppe Respekt	*Erwartungsgruppe Respekt*
A1	Führungsrolle bei A, moderate Kritik, kein offener Dissens	Dominanz, Druck und offener Dissens seitens B
A2	Interesse, Engagement und Zeiteinsatz für den Beirat	Defizite bei Engagement und Zeiteinsatz, Vorrang Eigeninteresse bei B
A3	Respekt für den Wertekodex der Familie	Divergierende Wertvorstellungen und Kultur
	Erwartungsgruppe Kompetenz	*Erwartungsgruppe Kompetenz*
A4	Denkt bei strategischen Entscheidungen als Familienunternehmer.	B ist eher Experte als Familienunternehmer.
A5	Fachlicher Beitrag und Netzwerk	B ist branchenfern.
A6	Lernbereitschaft und bedarfsgerechte Beratung	Unzureichende Beratung und mangelndes Verständnis
	Erwartungsgruppe Unterstützung	*Erwartungsgruppe Unterstützung*
A7	Position von A stärken	A vermisst Stärkung.
A8	Ausgleich von Führungsdefiziten bei A	Keine ausreichende Unterstützung seitens B
A9	Pflege der Familienbeziehung	Kein Interesse an der Familienbeziehung

Die aus den Interviews abgeleiteten Erwartungen glich ich dann ab mit den Annahmen im Zwischenfazit (vgl. Kap. 2.5). Die folgenden Tabellen 15 und 16 geben einen Überblick:

Abbildung 15: Mit den Annahmen weitgehend übereinstimmende Erwartungen

Ziffer	Annahme	Ziffer	Ergebnis
E1	Unterstützung der Nachfolge	A8	Enthalten in Ausgleich von Führungsdefiziten
E2	Notfallhilfe im Krisenfall	A8	Enthalten in Ausgleich von Führungsdefiziten
E4	Einbringen des persönlichen Netzwerks	A5	Enthalten in fachlicher Beitrag und Netzwerk

((Fortsetzung))

Ziffer	Annahme	Ziffer	Ergebnis
E5	Branchenkenntnisse neben Unternehmereigenschaft	A5	Enthalten in fachlicher Beitrag und Netzwerk
E6	Spezifika des Unternehmens kennen lernen	A6	Lernbereitschaft und bedarfsgerechte Beratung
E7	Pflege der Familienbeziehung	A9	Pflege der Familienbeziehung
E8	B akzeptiert Führungsrolle und Entscheidung bei A	A1	Enthalten in Führungsrolle bei A, moderate Kritik etc.
E9	Bringt seine Kompetenz als Familienunternehmer ein	A4	Denkt bei strategischen Entscheidungen als Familienunternehmer
E10	Stärkt die Position von A bei strittigen Themen	A7	Position von A stärken
E12	Mit Respekt und Wertschätzung behandelt werden	A3	Respekt für Werte der Familie (Erwartungsgruppe Respekt)
E13	Engagement und Zeiteinsatz für die Aufgabe	A2	Interesse, Engagement und Zeiteinsatz für den Beirat

Dieser Überblick zeigt, dass sich elf der Annahmen in den Äußerungen der Familienunternehmer A wiederfanden. Sie wurden entweder ähnlich formuliert oder sie waren in breiter gefassten Erwartungen enthalten.

In zwei Fällen gab es nur geringe oder keine Übereinstimmung. Sie sind in Abbildung 16 zu sehen:

Abbildung 16: Mit den Annahmen nicht oder nur teilweise übereinstimmende Erwartungen

Ziffer	Annahme	Ziffer	Ergebnis
E3	Moderation bei Meinungsverschiedenheiten	A9	Partiell enthalten in Pflege der Familienbeziehung
E11	Auflösung des Dilemmas von Unabhängigkeit und Nähe		Nicht als Erwartung geäußert

Auf sie gehe ich nachfolgend ein:

E3: Die Moderation der Gesellschafterbeziehungen wird als Aufgabe des Beirats in Fachpublikationen vielfach beschrieben. Kein Familienunternehmer sprach sie jedoch als Erwartung an B konkret an. Diese Aufgabe fällt zwar in das Gesamtthema *Pflege der Familienbeziehung (A9)*, aber die eher konfliktträchtige Moderation oder gar Streitschlichtung zwischen Gesellschaftern mochten die Gesprächspartner ihrem B offenkundig nicht übertragen. Hinzu kam, dass A9 insgesamt eine eher unwichtige Erwartung für A war. Diese Haltung passte recht gut zu der Erwartung A7 (Position von A stärken). Dort wurde die Hoffnung spürbar, dass B sich im Zweifel auf die Seite von A schlägt (auch bei Kontroversen mit anderen Gesellschaftern) und eher nicht moderiert. Die Erwartung der Unterstützung war zudem sehr wichtig für A.

E11: Die Erwartung der Auflösung des Dilemmas zwischen Unabhängigkeit und Nähe wurde durch die Untersuchung nicht bestätigt. In dieser abstrakten Form wurde das Thema von keinem Interviewpartner angesprochen. Es schwang bestenfalls bei allen Erwartungen mit, die auf die spezifische Kompetenz des Familienunternehmers ausgerichtet waren, die er ansonsten als unabhängiger externer Beirat einbringt (wie z. B. A4: B denkt bei strategischen Entscheidungen als Familienunternehmer).

4.1.5 Allgemeine und relative Wichtigkeit der Erwartungen von A

Auch wenn die Wichtigkeit erst im Zusammenhang mit der Einschätzung der Zufriedenheit (Forschungsfrage 2) ihre besondere Relevanz erlangt, erschien es mir sinnvoll, bereits hier auf die bedeutsamen Unterschiede zwischen der Wichtigkeit der einzelnen Erwartungen einerseits und auf den Einfluss der Mentalen Modellen andererseits hinzuweisen. Die Abbildung 17 zeigt die allgemeine Wichtigkeit aW der Erwartungen absteigend geordnet:

Abbildung 17: Rangfolge der allgemeinen Wichtigkeiten der Erwartungen von A

Erwartung		**Wichtigkeit aW**
A1	Führungsrolle bei A, moderate Kritik, kein offener Dissens	hoch
A7	Position von A stärken	hoch
A4	Denkt bei strategischen Entscheidungen als Familienunternehmer	hoch
A5	Fachlicher Beitrag und Netzwerk von B	mittel
A6	Lernbereitschaft und bedarfsgerechte Beratung	mittel
A8	Ausgleich von Führungsdefiziten	mittel
A2	Interesse, Engagement und Zeiteinsatz für den Beirat	niedrig
A3	Respekt für den Wertekodex der Familie	niedrig
A9	Pflege der Familienbeziehung	niedrig

Wie zuvor ausgeführt, veränderte sich die allgemeine Wichtigkeit aW zur relativen Wichtigkeit rW, wenn man den Einfluss der drei Mentalen Modelle auf die Teilnehmer der Befragung berücksichtigte. Nachfolgend zeige ich daher die veränderten Rangfolgen der Wichtigkeit für die drei MM PL, OF und AE:

Abbildung 18: Rangfolge der relativen Wichtigkeiten für PL

Erwartung		Wichtigkeit
A7	Position von A stärken	sehr hoch
A1	Führungsrolle bei A, moderate Kritik, kein offener Dissens	hoch
A4	Denkt bei strategischen Entscheidungen als Familienunternehmer	mittel
A5	Fachlicher Beitrag und Netzwerk von B	mittel
A8	Ausgleich von Führungsdefiziten	mittel
A6	Lernbereitschaft und bedarfsgerechte Beratung	niedrig
A3	Respekt für den Wertekodex der Familie	niedrig
A2	Interesse, Engagement und Zeiteinsatz für den Beirat	sehr niedrig
A9	Pflege der Familienbeziehung	sehr niedrig

Abbildung 19: Rangfolge der relativen Wichtigkeiten für OF

Erwartung		Wichtigkeit
A1	Führungsrolle bei A, moderate Kritik, kein offener Dissens	sehr hoch
A4	Denkt bei strategischen Entscheidungen als Familienunternehmer	sehr hoch
A6	Lernbereitschaft und bedarfsgerechte Beratung	mittel
A5	Fachlicher Beitrag und Netzwerk von B	mittel
A7	Position von A stärken	mittel
A2	Interesse, Engagement und Zeiteinsatz für den Beirat	niedrig
A3	Respekt für den Wertekodex der Familie	niedrig
A8	Ausgleich von Führungsdefiziten	niedrig
A9	Pflege der Familienbeziehung	niedrig

Abbildung 20: Rangfolge der relativen Wichtigkeiten für AE

Erwartung		Wichtigkeit
A4	Denkt bei strategischen Entscheidungen als Familienunternehmer	hoch
A8	Ausgleich von Führungsdefiziten	hoch
A2	Interesse, Engagement und Zeiteinsatz für den Beirat	mittel
A3	Respekt für den Wertekodex der Familie	mittel
A6	Lernbereitschaft und bedarfsgerechte Beratung	mittel
A5	Fachlicher Beitrag und Netzwerk	mittel
A9	Pflege der Familienbeziehung	mittel
A1	Führungsrolle bei A, moderate Kritik, kein offener Dissens	mittel
A7	Position von A stärken	mittel

Eine umfassende Betrachtung des Einflusses der MM nahm ich in Kapitel 5 (Schlussbetrachtung) vor.

4.2 Erwartungen und Störgefühle von B

In Abschnitt 4.1 legte ich gemäß der ersten Forschungsfrage dar, welche Erwartungen Gesellschafter A an B richtet. Diese sind mit einem Leistungsaspekt verknüpft, da A Familienunternehmer B in seinen Beirat berief und ihn dafür bezahlte. B erwartete nun umgekehrt von A zwar keine Leistung im zuvor erwähnten Sinne, richtete aber im Rahmen des psychologischen Kontrakts (Details siehe Kap. 4.3.1) mit der Übernahme dieses Amtes seinerseits spezifische Erwartungen an A. Denn B hatte zum einen eine Entscheidung über seinen eigenen Zeit- und Ressourceneinsatz zu treffen und zum anderen eine Bewertung hinsichtlich der inhaltlichen Anforderungen dieser Rolle und der Erfolgsaussichten vorzunehmen.

Die Einzelaspekte führe ich nachfolgend näher aus. Sie werden wie bei A nach der Zahl der relevanten Textstellen geordnet. Das jeweils zugehörige Störgefühl wird in Anschluss an die Erwartung behandelt.

Auch hier betrachtete ich, wie innerhalb der jeweiligen Kategorie die Textstellen der Mentalen Modelle PL, OF und AE verteilt sind. Wie bereits erwähnt, wurde die Frage nach den Erwartungen von B nur an B gerichtet. Daher stammen die meisten Textstellen von dort. Nur sehr vereinzelt und unaufgefordert äußerten sich A und C zu den Erwartungen von B. Diese Kommentare wurden entsprechend zugeordnet.

4.2.1 Respekt

Mit der Kategorie Respekt waren für B Erwartungen verbunden, die vor allem seine Rolle als externes Beiratsmitglied betrafen. In dieser Kategorie ging es um grundsätzliche Fragen, die den Stil und die Form der Zusammenarbeit zum Gegenstand hatten.

4.2.1.1 Erwartung B1: *Als Berater Respekt erfahren und Wirkung erzielen*

Für B war es wichtig, als Berater
1. Respekt und Vertrauen zu erfahren sowie
2. Wirkung zu erzielen.

Zu dieser Erwartung gab es 29 Textstellen. Bei den Mentalen Modellen war PL etwas unterrepräsentiert. Folgende Zitate betreffen die erste Ausprägung:

1. Respekt und Vertrauen

B (MM OF):

»Ich denke, dass wir einander Respekt zollen. Natürlich, wenn kein Respekt da wäre, dann wäre das nicht gut, ich glaube, da gibt es Respekt und da ist Akzeptanz der jeweiligen Personen und der Meinungen – im Allgemeinen und im Speziellen. Also, ich glaube, dass wir da nicht sehr weit auseinanderliegen.«

B (MM AE):

»Ich erwarte, dass ein ehrliches, offenes, vertrauensvolles Verhältnis da ist. Ich rede nicht über die hinter ihrem Rücken, und ich erwarte auch, dass die nicht hinter meinem Rücken irgendwie reden, sondern dass man sagt: Okay, wir haben dieses Thema zusammen, und jetzt geben wir unser Bestes, um dieses Thema gemeinschaftlich nach vorne zu bringen.«

B (MM OF):

»Also, ich glaube, wie ich das beschrieben habe, dass wir da recht vertrauensvoll miteinander umgehen. A ist ein leiser Mensch, aber ein kritischer Mensch, und er kann sehr zynisch werden. Aber zu mir ist er nicht zynisch.«

C (MM AE) bestätigte, dass A und B respektvoll miteinander umgingen, die Gesellschafter dem Beirat B auch Raum für kritische Beiträge ließen:

»Zwischen A und B, würde ich sagen, respektvoll, anerkennend, wertschätzend. Dabei sagt B, was er denkt, sagt, wie er es tun würde, in seinem Unternehmen.«

Folgende Zitate belegen die zweite Ausprägung:

2. Wirkung erzielen

B (MM OF) sagte, was ihm wichtig ist:

»[…] dass ich ihm einen Rat geben kann und ich mich freue, wenn ich sehe, dass er es verinnerlicht hat und ab und zu auch mal das tut, so ähnlich tut – und wenn man einen Erfolg sieht.«

B (MM AE) recht deutlich:

»Dass A auch bereit ist, zuzuhören. Bisher war er alleine gewesen und hat letztendlich immer das gemacht, was er wollte. Aber er muss erkennen, dass jetzt in dieser Größenordnung des Unternehmens er zwar Eigentümer ist, aber nicht mehr eigenwillig entscheiden sollte. Also, ich erwarte, dass das, was wir ihm sagen, ernst genommen wird. Und wenn wir sagen, das wird so gemacht, dass er es auch tut.«

B (MM OF):

»Aber ich glaube, ganz entscheidend ist, wenn man von vornherein den Eindruck hat, in dieser Rolle auch wahrgenommen, ernstgenommen zu werden.«

B (MM PL) fand es gut, frischen Wind reinzubringen:

»Wenn ich dann mit A mal spreche, der findet das dann eben gut, dass man solche Themen dann auch anspricht, dass diese Themen auf den Tisch kommen, dass da endlich mal was passiert, dass mal einer frischen Wind reinbringt.«

4.2.1.2 Störgefühl zu B1: *Kein Respekt oder keine Wirkung*

B empfand ein Störgefühl, wenn er den erwarteten Respekt nicht erfuhr oder keine Wirkung bei A erzielte. Dieses Störgefühl wurde mit diversen Schwerpunkten 18-mal angesprochen. Dies ist die zweithöchste Zahl innerhalb aller von B geäußerten Störgefühle. Die Vertreter des Mentalen Modells AE meldeten sich dabei überproportional häufig zu Wort. Folgende Zitate können angeführt werden.

B (MM OF) ließ durchblicken, dass ein Brancheninsider im Beirat besonders geschätzt wurde:

»Und bei meinem anderen Beiratskollegen, den Sie auch interviewen, also C, da herrscht natürlich ein anderer Respekt aufgrund der Kenntnisse über den Markt, nicht?«

B (MM AE) beschrieb As Verhältnis zu ihm und bedauerte seinen Verlust an Einfluss:

»Ich glaube, am Anfang hätte A gesagt, sehr vertrauensvoll bis freundschaftlich, am Anfang vielleicht auch kompetent in den angeschnittenen Fragen. Heute würde er das wahrscheinlich etwas anders sehen. Und der Beirat hat sich – mit den neuen Mitgliedern – verändert. Sehr zu einem operativeren Beirat verändert, aus meiner Sicht. Ich bin der Einzige, der nicht mit dieser Branche zu tun hat. Also, ich meine, dass in As Augen meine Kompetenz deutlich geringer geworden ist. Der Beirat ist operativer geworden. Wir reden sehr im Detail manchmal. Da kann ich nicht mit, will ich auch nicht.«

B (MM AE) war enttäuscht von der fehlenden Offenheit von A für seinen Rat:

»Ja, als es um die Frage ging, dass As Sohn in den Vorstand kommen sollte, da habe ich ernsthaft mit ihm gesprochen über die Voraussetzungen und war enttäuscht, dass er da nicht offen war.«

Nachfolgend wurde deutlich, dass B trotzdem im Gremium blieb. Er passte seine Erwartung kognitiv an:

»Ja, ich trage das mit. Ich konnte es nicht ändern, und daraus jetzt irgendwie einen Case zu machen, der eventuell zu einer ernsten Verstimmung oder zu einem Bruch führt, bringt nichts. Denn im Zweifel hätte A vielleicht gesagt: Ich finde leichter einen kompetenten Aufsichtsrat als einen nächsten weiteren kompetenten Sohn (lacht). Da tue ich mich schwer damit. Also, ich glaube, das Spiel wäre ziemlich vorberechenbar ausgegangen.«

4.2.1.3 Erwartung B2: *Wahrung Eigeninteresse, Erweiterung des Horizonts*

Eine deutlich geäußerte Erwartung von B war, dass die Beiratstätigkeit die Möglichkeit eröffnet, den eigenen Horizont zu erweitern. B sah diesen Aspekt als einen wesentlichen Nutzen seines Engagements, neben dem die Vergütung deutlich in den Hintergrund trat. Es klang immer wieder an, dass vor allem dieser Nutzen den nicht unerheblichen Zeitaufwand für die Wahrnehmung des Mandats rechtfertigte. Das Engagement darf letztlich nicht zulasten der eigenen Interessen gehen. Bei der Verteilung der 22 Textstellen war das MM PL weit überproportional vertreten ist, während AE fehlt. Die nachfolgenden Zitate machten dies exemplarisch deutlich.

B (MM PL):

> *»Ja, letztendlich, dass ich was dabei lerne. Das habe ich auch ganz klar kommuniziert. Wir sind in einer ähnlichen Branche unterwegs, wir haben ähnliche Marktgegebenheiten und konkurrieren überhaupt nicht.«*

B (MM PL):

> *»Das war eben auch so, ich hab' da in diesen Gremien auch viel gelernt und da auch wieder viel Erfahrungen gesammelt, die ich auch wieder nutzen konnte für das eigene Unternehmen. Man muss immer überlegen, so eine Art Win-Win-Situation zu schaffen.«*

B (MM PL):

> *»Ja, meine Erwartungen waren, dass ich auch lernen will, wie die ihr Familienunternehmen führen, wie die vor allen Dingen auch mit ihren Gesellschaftern umgehen, wie die die Gesellschafter bei der Stange halten, und ob ich da auch was lernen und kopieren kann für mein Unternehmen.«*

B (MM OF):

> *»Vom Grundsatz her, ja, interessant, andere Branche, andere Familie, andere Umstände, mit dem Resümee, ja, kostet ein wenig Zeit, aber der eigene Erfahrungshorizont erweitert sich, und vielleicht kann man ja helfen.«*

B (MM OF):

> *»Also, dagegen sprach einfach das zeitliche Engagement, weil ich eben hier genügend ausgelastet bin und ich weiß, dass ich hier die weitere Entwicklung des Unternehmens vorwärtstreiben muss. Da sind wir einfach in einem derart schnell wachsenden Unternehmen schon wirklich sehr beschäftigt, und das geht nur mit dem persönlichen Engagement, da kann ich mich nur ganz wenig draußen auch noch mit anderen Themen beschäftigen. Was dafür sprach, ist natürlich die Bereicherung über Ideen, die auch aus anderen Unternehmen herauskommen, um bestimmte Fragestellungen bewältigen zu können.«*

4.2.1.4 Störgefühl zu B2: *Kein Verständnis für Eigeninteressen oder Horizonterweiterung*

Keiner der Interviewpartner sprach von Problemen mit der Erwartung von B, im Rahmen seiner Beiratstätigkeit seinen Horizont zu erweitern und für sein eigenes Unternehmen dazuzulernen. Dieses Störgefühl nahm somit nur einen theoretischen Raum ein und konnte in der Untersuchung nicht beobachtet werden.

4.2.1.5 Erwartung B3: *Übereinstimmung der Wertvorstellungen und Kultur*

Ähnlich wie A erwartete B als Voraussetzung der Zusammenarbeit im Beirat eine Übereinstimmung von Wertvorstellungen und Kultur. Differenzierungen waren nur ansatzweise erkennbar. Dieser Aspekt wurde mit sechs Textstellen ähnlich selten angesprochen wie von A. Vertreten sind die MM PL und OF. Relevante Kommentare waren:

B (MM OF):

> *»Mir war damals äußerst wichtig, zunächst einmal eine gemeinsame menschliche Basis zu finden, dass man auf einer ähnlich gelagerten Werteplattform die Strukturen aufbaut und sagt, was ist uns dann eigentlich wichtig von diesen Werten, die wir in das Unternehmen hineintragen, die aus der Familie kommen, die dann auch im Alltagsleben im Miteinander wiederzufinden, dann eben aber auch zu kodifizieren.«*

B (MM OF):

> *»Ich meine, die Familie hat Kultur. Das hat man sich im Vorfeld angeschaut. Manches ist gut, manches ist anders, Schluss, aber das muss man bedenken, gerade, was Kultur ist und Zusammenhalt.«*

B (MM PL) beschrieb, worin die Gemeinsamkeit der Werte besteht:

> *»[…] dass das Unternehmen noch in hundertprozentigem Familienbesitz ist, dass die Eignerstruktur auch nicht so zersplittert ist und die eigentlich so ähnlich wie wir agieren, die eigentlich Interesse haben, das Unternehmen langfristig weiterzuentwickeln, das Unternehmen auch nicht auszunehmen, das heißt also, möglichst bescheiden zu sein im eigenen finanziellen Bedarf und eigentlich das Geld, was das Unternehmen verdient, auch im Unternehmen zu belassen. Ja, das hat mich eigentlich interessiert.«*

4.2.1.6 Störgefühl zu B3: *Divergenz von Wertvorstellungen oder Kultur*

Diesem Thema konnten nur drei Textstellen zugeordnet werden. Die Familienunternehmer B sprachen somit deutlich seltener als A (14 Textstellen) über Probleme bei der Wertethematik. Zwei Zitate möchte ich anführen. Das erste nimmt Bezug auf einen wertprägenden Faktor (Ausschüttungspolitik), der auch in einer Äußerung zu den kulturellen Erwartungen eine Rolle spielte.

B (MM OF) an A gerichtet, Frage des Interviewers:

> *»Wo war da möglicherweise die Abweichung? Haben Sie vorgeschlagen: Denken Sie mal an die anderen, im Sinne einer größeren Ausschüttung?«*

B:

> *»Ja, gönnt euch was, vergesst nicht zu leben, du hast nur ein Leben. Und zum Schluss guckst du in den Spiegel rein, fällst morgen tot um, das war es dann. Das muss auch Spaß machen, was ihr macht, egal was. Weil das Leben – da habt ihr nur eines davon, und macht es um Gottes willen so.«*

Und etwas später:

> *»Lass den Jungen auch mal ein bisschen leben. Das ist natürlich meine Überzeugung, aber ich glaube, der A fand das nicht gut.«*

C (MM OF) beschrieb einen von ihm beobachteten Kulturunterschied zwischen A und B:

> *»So, deswegen war eigentlich B für die Vorstellung von A nicht die richtige Besetzung gewesen, weil B gar nicht diese absolutistische Art hatte, dass nur eine Meinung richtig sein kann. Und das hat, glaube ich, auch dazu geführt, dass B dort relativ schweigsam gewesen ist.«*

4.2.2 Kompetenz

Wie beim vorhergehenden Kapitel, das den Respekt behandelte, gab es auch bei der Frage der Kompetenz eine inhaltliche Nähe zwischen A und B. Während jedoch A erwartete, dass B bestimmte Kompetenzen **mitbringt**, war es B wichtig, seine Kompetenzen auch wirklich in die Beiratsarbeit **einbringen** zu können.

4.2.2.1 Erwartung B4: *Einfluss auf die strategischen Entscheidungen des Familienunternehmens*

Besonders wichtig war für B, bei den Themen als Ratgeber gehört zu werden, die den besonderen Charakter des Familienunternehmens betreffen. Konkret geht es um fundamentale Entscheidungen, von denen langfristig das Überleben des Familienunternehmens abhängen kann. Folgende Themen standen dabei im Vordergrund:

1. Generationswechsel/Nachfolger aus der Familie
2. strategische Entscheidungen, die die finanzielle Unabhängigkeit berühren wie Diversifikationen und Akquisitionen
3. Personalthemen im Top-Management

Konkret gab es dazu 25 Textstellen. Bei dieser Erwartung waren Textstellen des MM PL überproportional vertreten. In den nachfolgenden Zitaten betrachten wir zunächst die grundsätzliche Erwartung.

B (MM PL):

> *»[...] ist der intensive Austausch über Unternehmerziele. Diese sind im Beirat bisher eigentlich noch nicht so richtig klar und besprochen worden. Das ist etwas, was mich als Unternehmer ja auch umtreibt, was will ich denn als Unternehmer erreichen, und das muss ich, wollte ich eigentlich auch wissen, um Vorschläge besser beurteilen zu können. Ja, das hat noch nicht stattgefunden.«*

B (MM PL) forderte die Rolle des Beirats ein:

> *»[...] dass nicht die Familie zu sehr Vorentscheidungen trifft, die man dann im Beirat nur abnicken muss, um eine mitgestaltende, zumindest eine Meinung abgebende, Rolle zu haben.«*

Es folgen Zitate zu den oben aufgeführten Hauptthemen.

1. Generationswechsel/Nachfolger aus der Familie

B (MM PL):

> *»Das ist genau das, wo ich sage, ich versuche schon, zu verstehen, was treibt ihn um? Es sind beide Kinder im Unternehmen. Wie geht er dazu vor? Das sind natürlich schon sehr persönliche Dinge, und da bedarf es auch einer gewissen Vertrautheit, um darüber zu sprechen. Gut, dieser Dialog hat bisher einfach noch nicht stattgefunden, und ich wollte mich jetzt auch nicht aufdrängen.«*

B (MM OF):

> *»Da haben wir jetzt gesagt: So Freunde, ihr müsst jetzt – also jetzt Generationswechselthema, das ist ja auch meins, ihr müsst jetzt sehen, dass ihr euch mit eurer Jugend Gedanken macht, wo ihr hinwollt.«*

C (MM AE) bestätigte die Rolle von B (MM AE) in seinem Gremium:

> *»Ja, das ist natürlich, das sind grundsätzliche Themen, die Familienunternehmer ja haben: Können Familienmitglieder im Unternehmen beschäftigt werden, und nach welchen Regeln? Da bezieht er natürlich Position, und da bringt er sich sehr stark ein.«*

2. Strategische Entscheidungen

B (MM PL):

> *»Ich erinnere mich an eine Situation, wo wir über eine Akquisition gesprochen haben, über ein Akquisitionsprojekt, und wo ich dann schon zu verstehen gegeben habe, dass es noch so viel Potenzial innerhalb des Unternehmens gibt, dass man jetzt eine weitere Akquisition doch nicht durchführt. Und, ich glaube, das hat schon etwas genutzt, weil dann auch in der nächsten Aufsichtsratssitzung ein Projekt, ein Kostensenkungsprojekt, gestartet wurde. Ob das jetzt unmittelbar die Folge war, weiß ich nicht.«*

B (MM OF) plädierte für den langfristigen Denkansatz des Unternehmers bei einer Akquisition:

> *»Wir haben da ja einen sehr hohen Preis bezahlt, strategischen Preis, und das haben also die anderen Beiratskollegen sehr kritisch gesehen, aber am Ende habe ich dann gesagt: Da muss man die Augen zumachen und durch – also, anders kommt man an den Fall nicht dran, oder es kauft ein Wettbewerber, und habe A also insofern unterstützt, dass man da jetzt nicht zu lange kurzfristige Rechnungen machen kann, sondern dies einfach strategisch sehen muss, und durch. Ja, so in dem Stil war das.«*

B (MM OF) kam zur gegenteiligen Empfehlung:

> *»Ich bin davon überzeugt, […] wir hätten das Ding letztlich, ja, eingestampft. Gut, die Gesellschafter A haben gesagt: Wir machen weiter. Und dann haben wir gesagt, okay, aber wir machen es enger, wir machen es enger. Ich sehe da einfach das unternehmerische Risiko, sich da in irgendetwas zu verrennen, was doch sehr große Kapazitäten wegsaugt, gleichzeitig vor dem Hintergrund, dass die Firma in der wunderbaren Umsatzrendite langsam rutscht.«*

3. Personalthemen im Top-Management

B (MM OF):

> *»Wir haben in den letzten zwei, drei Jahren eine Schwächung der Fertigung, und da habe ich, doch im Endeffekt, ja, schon intensiv gedrückt, dass man sich von dem Herrn trennen sollte, und da gab es emotionale Hemmungen, bei der Familie A. Das habe ich schlicht und einfach etwas intensiver betrieben, weil das … gut, mittlerweile ist er auch freigestellt, aber es hat viel zu lange gedauert.«*

B (MM OF) im gegenteiligen Fall:

> *»A wollte jemanden austauschen, weil der noch nie in der Krise drin war. Ein super Mann, aber war nie in der Krise drin. Er hat es ihm nicht zugetraut, und da habe ich ihm gesagt, ich würde gerne mit demjenigen mal reden. Da haben wir uns, glaube ich, hier getroffen auch und intensiv gesprochen darüber, auch ganz offen. Und dann habe ich A gesagt: Pass auf, der Mann ist so gut, mach das nicht, vertraue ihm.«*

B (MM OF) zur Vergütung und Dienstwagenpolitik:

»Die gesamte Vergütungsregelung war obsolet. Außerdem: Wenn ich sage, wir sind eine Geschäftsführungstruppe, okay, wir haben einen Vorsitzenden, und da stehen draußen, auf dem Firmenparkplatz stehen Mittelklassefahrzeuge, brave Autos, und der Chef A fährt mit der Mercedes S-Klasse daher, da habe ich gesagt: Ja, Freunde, ihr wollt ein Team sein, das geht nicht! Das könnt ihr nicht machen.«

B (MM AE):

»Es ging darum, was die Leute an der Spitze bekommen. Daraufhin habe ich aus meinem Unternehmen berichtet, habe erzählt, was der, der und der macht und so weiter und so fort, und schon war das Ganze objektiviert. Vergütungsthemen, genau, genau. Vergütungsthemen, Höhen und so weiter, Bonuszahlungen und so weiter und so fort. Und Herr A hat immer das Problem, wenn er nein sagt, denkt man, na, der ist ein Klemmbeutel, der will das nicht. Aber ich habe einfach mal Vergleichszahlen genannt.«

4.2.2.2 Störgefühl zu B4: *Kein Einfluss auf strategische Entscheidungen des Familienunternehmens*

Das zu dieser Erwartung gehörende Störgefühl trat (eher selten) auf, wenn B bei der Diskussion fundamentaler Fragen des Familienunternehmens in seiner Beiratsfunktion nicht durch A zu Rate gezogen wurde. Äußerungen kamen von den MM OF und AE. Die folgenden Zitate beleuchten die Themen.

B (MM AE) beklagte, von A nicht ausreichend in die Thematik des Generationswechsels eingebunden worden zu sein:

»Der Generationenwechsel ist nach meiner Einschätzung nicht zu Ende. Das hätte ich ihm auch so gesagt, wenn er mich noch mal gefragt hätte. Hat er aber nicht gemacht. Hat er angekündigt, aber nicht gemacht. Das hätte ich ihm auch so gesagt. Das ist nach meiner Einschätzung eine offene Flanke, denn die Rollen sind nicht klar definiert, wie das weitergeht mit den Kindern.«

B (MM OF) deutete an, dass es ungemütlich werden kann, wenn er sich nicht ernst genommen fühlt – hier u. a. beim Thema Top-Management:

»Wir sind sehr ungeduldig, wenn wir feststellen, da müsste eigentlich gehandelt werden und es wird nicht. Auch bei der Infragestellung von Personen.«

4.2.2.3 Erwartung B5: *B erwartet Feedback zu seinem Beitrag*

Das Thema Kommunikation zwischen A und B, zu dem Feedback gehörte, werde ich in Kapitel 4.3.2 eingehend behandeln. Es erschien bereits hier im Rahmen der Erwartungen, da es für B offenkundig nicht ganz unwichtig war, von A Feedback zu seinem Beitrag im Rahmen der Beiratsarbeit zu bekommen. Zu dieser Erwartung gab es neun Textstellen. Darunter fanden sich fast ausschließlich Familienunternehmer des MM PL. Es folgen relevante Zitate.

B (MM PL) war unsicher, wie er gesehen wird:

> *»Ich weiß noch nicht, wie meine unterschiedliche Führungsphilosophie gesehen wird. Ob A die gut findet und sagt: Ist klasse, dass wir da jemanden haben, der sein Unternehmen anders steuert bzw. das ist schon ein echter Vorteil, dass wir so einen drin haben. Oder ob er sagt: Oh, das ist aber eher lästig.«*

An anderer Stelle:

> *»Ich möchte da durchaus auch eine Rückmeldung haben und habe mir das auch vorgenommen. Jetzt sehen wir uns in der Tat im September, da gibt es auch mal einen informellen Abend vorher. Das hat es bisher nicht gegeben, wo man diese Dinge austauscht, das halte ich schon für wichtig.«*

B (MM PL):

> *»[...] dass man vielleicht auch eine Rückmeldung bekommt, dass vielleicht das, was man gesagt hat, vielleicht nicht ganz so die Zustimmung findet, was auch normal ist. Das heißt, eine offene Kommunikation und nicht sozusagen hinter dem Rücken erzählt [...], sondern dass wir offen eben darüber sprechen und kommunizieren, wie sich das in einem Familienunternehmen gehört.«*

B (MM PL) forderte Feedback nicht ein, würde sich aber darüber freuen. Erwartungen wurden im Vorfeld kaum geklärt:

> *»Und ist mir wichtig, dass ich den Vorstellungen, die A an mich hat, auch gerecht werde. Vielleicht würde er mir das jetzt sagen, wenn es nicht der Fall wäre. Ich hab' schon gerne solche Gespräche, aber das ist halt meistens so ein Zeitproblem auch.«*

B (MM AE) eher angedeutet:

> *»Und dass wir dann eben auch darüber sprechen, was die Wirkung der Beratung macht.«*

4.2.2.4 Störgefühl zu B5: *Fehlendes Feedback*

Das korrelierende Störgefühl, nämlich die explizite Enttäuschung über fehlendes Feedback, wurde von keinem Interviewpartner angesprochen.

4.2.2.5 Erwartung B6: *Einbindung in die Informationsströme*

Die Gesellschafter B äußerten die Erwartung, im Rahmen der Beiratsarbeit in die Informationsströme zu wichtigen Themen für das Unternehmen nicht nur dann eingebunden zu werden, wenn es sich um fundamentale Themen des Familienunternehmens handelt. Die Äußerungen kamen aus allen MM. Folgende Zitate möchte ich anführen.

B (MM AE):

> *»Ja, ich habe ihm gesagt, wenn ich das mache, dann will ich hier – ich hatte andere Beispiele vor Augen – rechtzeitige und klare Informationen. Ich will eingebunden sein in die Informationsströme.«*

B (MM PL) betonte zusätzlich den Wunsch nach kompakter und umfassender Information:

> *»Also, der rechtzeitige Kommunikationsfluss und dass auch die Kommunikation so gestaltet ist, dass man nicht immer mit Zahlen totgeschlagen wird jeden Monat, sondern dass man lieber mal die Informationen darüber bekommt, was nicht gut läuft im Unternehmen und nicht nur Zahlen sehen – also natürlich einen guten Informationsfluss, rechtzeitigen Informationsfluss.«*

B (MM OF) betonte den Aspekt des sich Einbringens:

> *»Also, dass die Möglichkeit besteht, sich einzubringen im Sinne dieses beratenden, meinungsäußernden Beitrags, dass die Möglichkeit eingeräumt wird, auch die Informationen zu bekommen, die notwendig sind, um so eine Beratungsleistung zu geben. Da sind viele Möglichkeiten auch zu Einzelgesprächen mit dem Management etc., und es ist hinterher auch der feste und ernsthafte Wille, sich mit diesen Themen und Meinungsäußerungen des Beirats auseinanderzusetzen.«*

4.2.2.6 Störgefühl zu B6: *Mangelnde Einbindung in die Informationsströme*

Auch hierzu gab es keine Kommentare, wie bereits beim vorhergehenden Störgefühl.

4.2.3 Governance

Die Familienunternehmer B erwarteten von A, dass die Regeln guter Governance eingehalten werden. Die – aus Sicht von B – wichtigsten Governance-Themen wurden in den nachstehenden Erwartungen 1 bis 3 sichtbar. Die Kategorie Governance hatte – im Gegensatz zu Respekt und Kompetenz – keine Entsprechung bei den Erwartungen (und Störgefühlen) von A. Dort stand stattdessen die Erwartung der Unterstützung (siehe Kap. 4.1.3). Die Erwartung nach Einhaltung guter Governance bestand also singulär bei B und verdient damit besondere Beachtung. Immerhin befassten sich insgesamt 58 Textstellen mit dieser Kategorie.

4.2.3.1 Erwartung B7: *Trennung von Unternehmerfreundschaft und Beiratsrolle*

Als Familienunternehmer sah sich B in einer geistigen Verwandtschaft mit A. Dennoch oder gerade deswegen legte B jedoch besonderen Wert darauf, dass diese mentale Nähe nicht zulasten der Neutralität und Objektivität ging, die B in seiner Beiratsrolle für wichtig hielt. Die Unterscheidung dieser beiden Rollen, nämlich *Unternehmerkollege* versus *unabhängiger Beirat* stellte für die Familienunternehmer B die größte Herausforderung dar. Sie wurde umfangreich thematisiert, wobei Unterschiede nur in folgenden, kleinen Nuancen sichtbar wurden:

1. Betonung, dass die Rolle des unabhängigen Beirats Vorrang hat
2. Betonung der Wahrung einer professionellen Distanz (trotz der gefühlten Nähe)
3. Erkenntnis, dass die eigene Positionierung bisweilen einen Spagat erfordert

Dieser Thematik wurden 30 Textstellen zugeordnet. Die MM verteilten sich wie folgt: PL fehlt komplett, OF ist unterdurchschnittlich und AE weit überproportional beteiligt. Nahezu alle Kommentare behandelten das oben beschriebene Dilemma. Dabei waren in aller Regel die die Familie bzw. die Gesellschafter direkt betreffenden Themen von besonderer Brisanz. Ein Interviewpartner drückte die Problematik an mehreren Stellen besonders treffend aus.

B (MM AE):

> *»Und die kritischen Fragen sind ja meistens emotional oder psychologisch aufgeladene Fragen. Also, wer darf in welcher Funktion mitmachen? Wer wird wie bezahlt? Wie läuft die Gewinnverwendung? Welche Vor- oder Nachteile können Gesellschafter neben dem Offiziellen noch sonst mitnehmen oder haben? Und, ich glaube, da muss gerade ein Familienunternehmer wie ich besonders darauf achten, dass er absolut glaubwürdig seine Neutralität behält, auch dem Management gegenüber. Denn wenn er die Neutralität verliert und Parteigänger wird, dann ist er schlechter dran als ein Externer, der nicht von denen ist.«*

Folgende Zitate zu den einzelnen Ausprägungen möchte ich anführen:

1. Unabhängiger Beirat/Aufsichtsrat

B (MM AE) ganz lapidar:

> *»Völlig normal, irgendwo. Nicht irgendwie hervorgehoben oder so … Ich bin ein ganz normales Beiratsmitglied und jetzt nicht Freund der Familie oder sonst wie, sondern professionell.«*

B (MM AE):

> *»Ja, ich habe vor allem die Erwartungen A gegenüber sehr deutlich gemacht, dass ich wirklich auf einer großen Unabhängigkeit bestehe, und dass ich nicht der Parteigänger*

sein wollen würde eines bestimmten Stammes, denn A vertritt ja den größeren und den stärkeren Stamm, dass ich also immer darauf achten würde, ausgewogen zu entscheiden zwischen den Belangen der einzelnen Familienstämme und dass das auch ansonsten für mich ein Grund wäre auszuscheiden, wenn diese Unabhängigkeit angetastet würde und gefährdet wäre.«

B (MM OF) betonte als Vorsitzender gegenüber seinem Unternehmerfreund A seine Unabhängigkeit:

»[...] und ich gesagt hatte, es tut mir leid, aber entweder machst du den Beiratsvorsitz für uns, oder ich höre dann auf. Wenn ich das hier mache, dann mache ich das, und dann kannst du die Freundschaft nicht missbrauchen. Oder wenn du meinst, weil du ein Freund bist, lassen wir das so durchgehen – dazu bin ich zu kühl. Ist ja auch so! Also, ich bin da eigentlich nicht als Freund, also, ich sage jetzt mal, da bin ich insgesamt zu rational.«

B (MM OF):

»Es ist vernünftig, einen anderen Familienunternehmer in einem solchen Gremium mit zu haben, sofern er durchaus in der Lage ist, zu unterscheiden, jetzt bin ich nicht in der Unternehmerrolle, jetzt bin ich in der Aufsichtsrolle.«

B (MM AE):

»Und wenn man es ernst meint, als Familienunternehmer, dann muss man auch den Beirat ernst nehmen. Und zwar nicht nur als notwendigen Hofstaat, der einen betreut, dass man sagen kann, wir haben einen Beirat, sondern da muss man auch diesen Beirat – wie wenn man sich selbst ein Korsett anzieht –, dann muss man den auch so akzeptieren. Denn das Schlimmste für einen Familienunternehmer ist, dass man nicht mehr die Realitäten sieht.«

A (MM OF):

»Unsere Mitglieder aus Familienunternehmen im Beirat sind derartig professionell, wie man sich das bei einer Kapitalgesellschaft vorstellt. Die würden auch immer ganz klar nach Sachgesichtspunkten entscheiden und können das eine, also ich sage mal, dass das Seelenleben des Gesellschafters und das Wohl des Unternehmens, zu dem sie in erster Linie verpflichtet sind, ganz sauber auseinanderhalten.«

C (MM AE) bestätigte die Unabhängigkeit des B in seinem Gremium:

»Ja, da hat der B relativ klar gesagt, wie er das sieht. Das war anders als es die Familie jetzt für sich gedacht hat oder für sich erwartet hat. Da ist B ja auch kompromisslos, dann sagt er das und dann sagt er, aber sage ich dann auch: Okay, das ist jetzt unser Rat, letztendlich, wenn die Gesellschafter das anders sehen, dann ist es so, und dann ist es eine Entscheidung, die wir dann auch mittragen, aber letztendlich ist halt unser Ratschlag mal durchaus ein anderer, und das kann durchaus auch noch für Überraschungen sorgen.«

An anderer Stelle:

> *»Ich glaube schon, dass A sich mehr wünschen würde, dass B auch seine privaten Interessen, oder die Interessenslage und die Existenz der Familie, stärker gewichten würde in diesem Kontext. Also, verstehen tut er es bestimmt, aber (lacht) B gibt dem Unternehmensinteresse den Vorzug.«*

Folgende Zitate betonten

2. Wahrung professioneller Distanz

B (MM AE):

> *»Denn die spüren schon immer wieder natürlich auch eine gewisse professionelle Distanz. Und ich habe mir vorgenommen, dass das ein wichtiger Schutz auch für mich ist. Und das kann nicht jeder so gut nachvollziehen. Und gerade, wenn das Menschen sind, die ansonsten gewohnt sind, dass die anderen ihnen immer sehr schnell folgen oder übereinstimmen.«*

B (MM OF):

> *»[...] mich in keiner Weise in familiäre Blockbildungen einlasse, sondern von außen die Sache sehr objektiv betrachte, und dann auch Meinungen dazu äußere, und ich glaube, das ist auch das, was die Gesellschafter sehr an mir schätzen.«*

B (MM OF):

> *»Dass wir dort eben einen fairen, neutralen Kontakt zu den verschiedenen Gesellschaftern haben und dass das eben keine Cliquen-Wirtschaft ist, oder dass ich jetzt nicht regelmäßig da zu einzelnen Gesellschaftern zur Jagd oder zum Essen oder sonst wie kommen muss.«*

B (MM AE):

> *»Also, ich glaube, es ist sehr, sehr wichtig, dass B in solchen Beiräten diese Problematik sieht und sich bemüht, ein bisschen dagegen zu halten. Und deshalb bin ich konsequent mit allen zum Beispiel auf Sie. Es wird überhaupt nicht geduzt.«*

Folgende Zitate betrafen

3. Spagat

B (MM AE):

> *»[...] dass ein B genug Rückgrat mitbringt, auch kritisch Stellung zu nehmen, wenn aus dem Gesellschafterkreis Vorschläge kommen, die nicht wirklich überzeugen. Denn die Versuchung ist sehr groß, dass der Aufsichtsrat, wenn er nicht wirklich unabhängig und kompetent ist, sich zurücklehnt und sagt: Na ja, wenn die As (im Management und im Beirat) das so wollen, dann sollen sie es doch machen. Und da fühle ich mich berufen, wirklich auch so ein bisschen Gewissen zu sein und dagegen zu halten, gerade, weil ich*

denke, ich kann es mir leisten. Durch diese größere emotionale Nähe kann ich sagen: Hört mal, ihr wisst, ich bin außerordentlich stark mit euch emotional verknüpft, aber hier müsst ihr jetzt der Professionalität den Weg freigeben.«

An anderer Stelle:

»Und ich sehe mein Verhältnis so ein bisschen als freundschaftliche Professionalität, wobei die Professionalität den Tenor angibt, aber die freundschaftliche Beziehung so eine emotionale Grundstimmung widerspiegelt, für die man in vielen Fällen ja auch gewählt worden ist.« An anderer Stelle: »Und ich will es A auch nicht zu leicht machen, weil ich sonst die Grenze, diese subtile Grenze zu allzu großer Nähe auch wieder überschreiten würde.«

B (MM AE):

»Natürlich ist die Frage berechtigt, ob ein solches Mandat auch eine mögliche Freundschaft gefährdet. Denn man hat es ja nicht nur mit dem Unternehmer A zu tun, auch mit der Familie. Was sind die Interessen der Frau, was sind die Interessen der ehemaligen Frau, was sind die Interessen der Kinder und so weiter und so fort. Da muss man einen gewissen Balanceakt akzeptieren.«

C (MM AE) im Beiratsvorsitz, äußerte über seinen B:

»Ich glaube, das ist ein bisschen themenabhängig. Das kann man jetzt nicht sagen, dass er da eine feste Position bezieht. Es gibt also Themen, da ist er der Familie sehr verbunden, offensichtlich, wo er wirklich der Unternehmerfreund ist, und es gibt andere Themen, wo er dann eher über mich geht und sagt: Das müssen Sie als Vorsitzender voranbewegen in der Familie.«

Eher selten wurde seitens A die Erwartung geäußert, einen moderat denkenden und selbstbewussten Gegenpol zu sich selbst im Gremium zu haben und damit die Erwartung von B zu bestätigen. Folgende Zitate stehen dafür:

A (früherer Familien-CEO, heute einer von mehreren Gesellschaftern und Mitglied des Beirats, MM OF):

»Genau das erwarte ich, dass B eben den Finger in die Wunde legt, das halte ich für eine ganz wichtige Funktion.«

An anderer Stelle:

»[…] und dass B in gewisser Hinsicht ein selbstbewusstes Gegengewicht zu mir bietet. Dies waren die Gründe, die dazu führten, dass wir gesagt haben, da wär' uns eigentlich ein anderer Familienunternehmer das Liebste.«

A (einer mehrerer Gesellschafter, Mitglied des Aufsichtsrats, MM OF):

»Ich erwarte auch mal durchaus kritische Beiträge, wo man auch sagt, hier hält uns einer mal den Spiegel vor und sagt: Passt auf, vielleicht seid ihr da doch ein bisschen bequem geworden.«

C (MM AE) bestätigte, dass sein A diese Erwartung an B hat:

> *»Und dass B den Mut und die Fähigkeit hat, das auch zu sagen. Und er die Unabhängigkeit hat und es wagt, zu sagen: So, das erwartet A von ihm.«*

4.2.3.2 Störgefühl zu B7: *Druck zur freundschaftlichen Positionierung*

Die potenzielle Gegensätzlichkeit der Erwartungen von A einerseits (Unterstützung) und B andererseits (saubere Governance) zeigte sich in dieser Kategorie besonders deutlich. Seinen stärksten Ausdruck fand dieses Unbehagen, wenn B in die Situation geriet, sich für oder gegen einen Gesellschafter A in einer bestimmten Frage positionieren zu müssen. Nahezu alle der 25 Textstellen zu diesem Störgefühl betrafen diesen Aspekt. Er wurde sowohl theoretisch als auch aus praktischem Erleben heraus thematisiert. Zu keinem anderen Störgefühl von B gab es so häufige Äußerungen. Bei diesem Störgefühl war das MM PL überproportional vertreten, während es zur zugehörigen Erwartung keine Äußerungen von PL gab. Folgende Zitate belegen dieses Störgefühl:

B (PL) beschrieb den Erwartungsdruck von A, dem er ausgesetzt war:

> *»Ja, aber das ist doch die eigentliche Frage, die dahintersteht, erwartet A den Stimmverstärker oder will er auch andere Positionen hören? Ich finde immer so: Liebe deine Feinde, das sind die Einzigen, die dir die Wahrheit sagen (lacht). Also, das heißt für mich übersetzt, es ist ja auch wichtig, dass ich andere Meinungen habe und auch versuche, die eigene Meinung auch mal wieder zu äußern.«*

B (PL) spürte die Erwartungen eines nicht tätigen A:

> *»Ja, ich habe sogar jetzt das Gefühl, dass es durchaus nicht ganz unerwünscht ist, zum Eigentümer A im Management da eine Gegenposition aufzubauen.«*

B (MM OF):

> *»Man muss sich von dieser Freundschaft, die zu einem der Gesellschafter A und einem der Geschäftsführer besteht, freimachen, und das ist nicht immer ganz einfach. Ich habe manchmal das Gefühl bei mir, wenn ich das jetzt mal persönlich sagen darf, dass das Pendel eher vielleicht sogar in die andere Richtung ausschlägt, dass man also gerade da viel skeptischer gegenüber dem Freund ist als gegenüber den anderen Geschäftsführern. Also, das ist durchaus ein Nachteil, dessen muss man sich bewusst sein.«*

B (OF) spürte anfänglich den Versuch der Vereinnahmung, setzte sich aber dagegen zur Wehr:

> *»Ich meine, am Anfang war vielleicht so der Versuch eines A, dass man so etwas vereinnahmt wird. Und das habe ich aber gleich klargestellt. Stammesdenken im Beirat, da mache ich nicht mit. Das ist auch meine Meinung, ob sie ihnen passt oder nicht, aber ich*

stehe nicht für irgendeinen Stamm. Ich habe das Unternehmen zu vertreten und sonst gar nichts.«

B (MM AE) beschrieb die Situation eines Generationskonflikts:

»Also, die einzig kritische Situation ist, wenn der Stil vom Vater A und der Stil seines Sohnes aneinanderknallen. Muss ich jetzt sehr gut überlegen, ob ich da einmal Partei ergreife oder das Thema hinterher irgendwie anders löse.«

B (MM AE) schilderte die Konsequenzen seiner Stellungnahme in einer Personalfrage, die einem Gesellschafter bei A nicht gefiel:

»Herr X sollte nach meiner Meinung auf keinen Fall Ehrenvorsitzender werden, das haben die As mir dann wahrscheinlich übelgenommen.«

B (MM AE) warnte vor der Positionierung bei Gesellschafterkontroversen:

»Ich glaube, gerade in einer Konstellation, in der es jetzt bei A auch unterschiedliche Stämme gibt, glaube ich, muss auch B für sich erkennen, dass seine Rolle nicht sein kann, Partei zwischen den verschiedenen Gesellschaftern zu nehmen.«

B (MM AE) beschrieb einen Vorwurf, dem er ausgesetzt war:

»[...] dass eben der Vorwurf kommt: Jetzt kommt der schon aus einem Familienunternehmen und bringt überhaupt kein Verständnis dafür mit, dass wir irgendwas tun müssen für die Erhaltung unserer Familienvilla oder unseres Familienmuseums oder solche Sachen.«

C (MM AE) beobachtete nicht ganz konsistentes Verhalten. Frage des Interviewers:

»Also, B scheut den Konflikt an der Stelle ein bisschen? Oder die Positionierung – das klare Beziehen einer Stellung in einer heiklen Frage?«

C:

»Also, das ist nicht in allen Fällen so, sondern in Ausnahmefällen. In der Mehrheit der Fälle verhält er sich völlig in Ordnung. Aber es gibt auch andere Fälle, wo er Rücksicht nimmt, wo er sich zurückhält.«

Oder an anderer Stelle:

»Ich sage mal so: Es würde mir vielleicht ähnlich gehen, wenn ich da eine persönliche Verbindung hätte. B beurteilt eine Situation in dem Fall völlig richtig, kann aber die Konsequenzen dieser Beurteilung nicht genau so äußern – da fühlt er sich durch Höflichkeit und Bindung beschränkt, ja. Und das ist etwas, was ich eigentlich – ja – das eine Mal – ja, das habe ich als Belastung gesehen.«

4.2.3.3 Erwartung B8: *Qualifizierte Besetzung von Management und Beirat*

Aus der Sicht von B hatten die Gesellschafter A dafür Sorge zu tragen, dass die Mitglieder des Top-Managements wie auch des Beirats den professionellen Anforderungen ihrer jeweiligen Aufgaben gerecht werden. Dies galt auch für Familienmitglieder, wenn sie in diese Rollen berufen werden. Bei den 14 Aussagen war das Mentale Modell AE überproportional vertreten. Ein kleinerer Teil der Kommentare bezog sich auf das Verhalten von B im theoretischen Fall einer unzureichenden Besetzung, die Mehrzahl auf konkrete Beobachtungen. Die Mitsprache bei der Entscheidung über das Management spielte für B bereits im Absatz 4.3.2 (Kompetenz einbringen) eine wichtige Rolle. Bei den nachfolgenden Zitaten unterscheide ich die Textstellen nach Management und Beirat.

1. Management

B (MM AE) machte sich stark für eine Neubesetzung im Top-Management:

> *»Also, meine Überzeugung war es, dass ein Unternehmen dieser Art einen CTO braucht, also richtig einen guten. Gegen den Widerstand und auch gegen die Mitsprache der anderen haben wir jetzt einen bekommen, alle sind sie froh.«*

B (MM OF), Frage des Interviewers:

> »Welches Verhalten von A oder welche Situation hätte Sie zum Rückzug aus dem Beirat veranlassen können?«

B:

> *»Wenn er in der Geschäftsführung Leute bestellt hätte, mit denen ich nicht einverstanden bin.«*

B (MM OF) auf dieselbe Frage des Interviewers:

> *»Ja, gut, wenn wie gerade in dem Fall beschrieben, im Management zwei tolle Männer drin wären, und morgen wacht der Herr A auf und schmeißt die raus, und dann komm' ich und sage: Das war nicht gut. (lacht)«*

2. Beirat

B (MM PL) machte sich Sorgen um die Familiennachfolge im Gremium:

> *»Da die Gesellschafter A im Gremium ja auch alle über 60 sind, frage ich mich, wer denn mal irgendwann von der Familienseite nachrückt, denn diese Personen müssten ja auch entsprechend qualifiziert sein, müssten ja auch an diese Sache herangeführt werden, müsste ja auch ein Auswahlprozess sein. Weil ich auch klar die Meinung vertreten habe, dass doch schon, wenn die Qualifikation vorhanden ist in der Familie, dass doch zumindest ein Familienmitglied im Aufsichtsrat tätig sein sollte, um dort auch, ich sage*

mal, im Interesse der Gesellschafter oder Aktionäre entsprechend auch vielleicht vertieft sich mit dem Unternehmen zu beschäftigen.«

B (AE) recht deutlich:

»Natürlich, sonst hat es ja keinen Sinn. Ich glaube, wir brauchen da keine weichgespülte Ansammlung von älteren Herrschaften, die mittags was zu essen kriegen.«

B (AE) an A gerichtet bezüglich der Besetzung des Beirats:

»[...] aber dass ihre Hauptaufgabe ist, eben, darauf zu achten, dass sie die richtigen Kollegen im Beirat haben, die dann für sie den Sachverstand einbringen. Und zwar auch eben B-Leute drin sind, nicht nur C-Leute.«

B (MM AE) griff dieses Thema auch auf:

»Also, bei den As gibt es eine Schwierigkeit, die Sie fast überall finden, dass diese immer größer werdenden Familien Schwierigkeiten haben, wirklich kompetente Gremienvertreter zu produzieren. Davon leben ja einige Anbieter von Weiterbildungskursen für Junioren.«

4.2.3.4 Störgefühl zu B8: *Unqualifizierte Besetzung von Management und Beirat*

Dieses Störgefühl wird nur viermal angesprochen, darunter sind alle Mentalen Modelle vertreten. Folgende Zitate prägen das Bild.

B (MM AE) beklagte die grundsätzliche Problematik sehr unterschiedlich qualifizierter Gesellschafter A als Mitglieder des Beirats:

»Ich habe den A hier, mit operativer, eigener Erfahrung, also der klassische Fall, war Chef, ist alt geworden, wird dann Beiratsvorsitzender. Dann gibt es einen A, der jetzt eine eigene Erfahrung draußen hat, und es gibt dann leider auch ein paar As, die bar jeder operativer Erfahrung sind, aber dann auf einmal in so ein Thema reinrutschen, die erst mal lernen müssen, was heißt es, Gesellschafter zu sein, welche Verantwortung man da hat.«

B (MM OF) schilderte eine Situation in einem anderen Gremium, die ihn zum Weggang veranlasste:

»Oder dass ein Mitglied in diesem Beirat wäre, der nicht reinpasst. Der 90 Prozent Redeanteil hat, der gescheiter ist, derjenige, der lieber Vorstand wäre als Beirat. Ich hatte so eine Situation in einem anderen Aufsichtsrat. Wegen dem bin ich, ehrlich gesagt, aus dem rausgegangen.«

B (MM PL) beschrieb auch ein anderes Gremium, in dem er sich nicht mehr wohl fühlte:

»Ich hatte eigentlich so den Eindruck, die älteren Kollegen von mir, die keine operative Aufgabe mehr hatten, die das so als pensionierte ehemalige Top-Manager machten. Das hat man auch so ein bisschen gemerkt: Die sind schon so ein bisschen raus aus dem

Geschehen, Tagesgeschehen. Und ich hatte den Eindruck, die verlängern das, und das war mir dann alles zu viel.«

B (MM AE) mokierte sich über einzelne Gesellschafter A:

»Und gerade dieser A ist ein wahnsinnig netter, charmanter Mann, den ich sehr schätze, aber er versteht halt überhaupt nichts davon. Und der kommt dann immer so mit politischen Themen rein, und um Gottes willen, ihr könnt doch keine Leute entlassen und so weiter.«

4.2.3.5 Erwartung B9: *Professionelle Gremienarbeit und Governance*

Neben dem Respekt für die Objektivität von B und einer professionellen Handhabung der wichtigen Personalthemen erwartete B generell die Einhaltung der Rahmenbedingungen, die er mit guter Governance verknüpft und wie sie z. B. im Governance-Kodex für Familienunternehmen (Intes, 2016) beschrieben sind. Die 14 Kommentare kamen nur aus den MM OF und AE. PL fehlte wie bereits bei den vorhergehenden Erwartungen zur Kategorie Governance. Die Aussagen betrafen die generelle Bedeutung von Governance ohne spezifische Ausprägungen. Diese Erwartung wird belegt durch die folgenden Zitate.

B (MM AE) erwartete einfach offene, unpolitische Diskussionen:

»Ich finde es gut, und erwarte auch weiterhin eine offene Diskussion, keinen Schautanz, sondern in dem Kreis, habe ich es auch so empfunden bisher, wird ehrlich über das Thema geredet. Unprätentiös, und wenn irgendeiner sagt: Das finde ich schlecht, oder nicht gut, dann sagt er das auch.«

B (MM AE), Frage des Interviewers:

»Also, Ihre Erwartung ist dann, der guten Governance eine Stimme zu geben?«

B:

»Ja. Und das ist immer eine Versuchung in Familiengesellschaften, die diese professionelle Distanz nicht haben, dass dann auch die Governance nicht wirklich funktioniert. Weil man sagt: Na ja, der Großaktionär, der weiß doch, was er macht.«

B (MM OF) betonte, dass dies maßgeblich war für seine Übernahme des Beirats-Mandates. Frage des Interviewers:

»Gibt es ein Motiv, das Sie letztlich zur Annahme dieses Angebots veranlasst hat, ein ganz besonderes oder herausragendes?«

B:

»Das war das Wollen der Familie, sich mit diesen professionellen Governance-Strukturen auszustatten, und da laden wir Sie dazu ein, mit uns mitzugestalten.«

B (MM AE) machte deutlich, weswegen er zunächst mit dem Eintritt in das patriarchalisch geprägte Gremium zögerte:

> *»Also, es ging bei meinen Fragen darum, welche Rolle hat der Beirat bei A, sein Sohn war da ja sehr offen, nämlich – keine. Oder sagen wir mal, er machte keinen Hehl daraus, wo die wirkliche Macht liegt.«*

B (MM OF) begründete, warum er am Ende dem Eintritt in das Gremium zustimmte:

> *»Ich glaube, wir haben eine sehr gute Governance in unserem Unternehmen, im Verhältnis der Gremien zueinander. Also, da habe ich schon eine Reihe von Ähnlichkeiten erkannt und da sah ich eine vorhandene Konstellation, zu der ich etwas beitragen konnte.«*

B (MM AE) ganz lapidar:

> *»Wir haben eine Beiratsordnung gemacht, die ganz nah am Aktienrecht ist.«*

B (MM AE) eher heftig:

> *»Ja, dass A sich – ich sag es mal brutal, dass sie sich zurückhalten bei Fragen, die sie nicht beurteilen können.«*

B (MM OF) beschrieb ein für die Governance relevantes Diskussionsthema mit A (Mitwirkung eines Familienangehörigen):

> *»Sagen Sie Ihrem Neffen: Das und das finde ich in Ordnung, also, er kann da ein Büro haben, das auch mieten. Wenn er aber aus dem Büro heraus was machen will für die Firma und glaubt, er könnte sich auf diese Weise eine Funktion ergattern, das sehe ich so nicht, aber ich würde mal gerne mit ihm sprechen. Sie können dann sagen, er soll mich anrufen. Ja. Anruf hab' ich nie gekriegt. Also, das kann ich schon so von außen steuern.«*

B (MM OF) ganz klar:

> *»Was ich nicht tun werde ist eine Vermischung von patriarchalisch geführten Familienunternehmen und Governance-Strukturen, die eben eingeführt werden, wo sie gerade passen.«*

A (MM OF) akzeptierte und bestätigte die Notwendigkeit guter Governance im Sinne von B:

> *»Ja, ganz klar – aber das ist für mich eine der wichtigsten Funktionen des Beirates, dass der unter Umständen ja ziemlich sakrosankte Familiengeschäftsführer ein Gremium vor sich hat, vor dem er sich rechtfertigen muss. Wo er die vorgestellten Planungen mit dem Ist abgleichen muss, wo man sagen muss, war er erfolgreich oder war er es nicht. Das ist absolut unverzichtbar. Ich glaube, wer das nicht hat, verliert sehr viel Kontrolle. Regelmäßig sehen Sie sich (auch als A) in der Situation, sich selbst Rechenschaft abzulegen und zu sagen: Wo bist du denn jetzt eigentlich gelandet mit dem, was du da wolltest?«*

4.2.3.6 Störgefühl zu B9: *Unprofessionelle Gremienarbeit und Governance*

Die Familienunternehmer B störten sich an unprofessioneller Gremienarbeit und Governance. Die Textstellen befassten sich mit der von B als unprofessionell empfundenen Einwirkung der Gesellschafter A. Diese zeigte sich in verschiedenen Formen zu geringer Distanz zum operativen Geschehen. Insgesamt wurden 17 Textstellen zugeordnet. Diese Zahl lag somit über derjenigen für die zugehörige Erwartung, womit dieses Störgefühl schon ein gewisses Gewicht bekam. Bei den MM gab es überproportional viele Äußerungen von PL, die als MM bei der Formulierung der Erwartung komplett fehlten. Darunter waren allerdings mehrere aus einem Gremium, das in der Zwischenzeit aufgelöst wurde. Die Betroffenen äußerten sich daher vermutlich offener, als sie dies vor dem Hintergrund eines noch agierenden Beirats getan hätten. Die folgenden Zitate belegen dieses Störgefühl.

B (PL) forderte mehr Effizienz:

> *»Und diese Zeitverschwendung versuche ich seit zwei Jahren einzudämmen. Natürlich nicht nur alleine, auch die Cs sind da der gleichen Meinung wie ich auch. Das heißt also, sie laufen zu zäh ab, zu langsam. Es hat sich schon stark gebessert. Müsste also viel komprimierter sein, auf die wirklichen Aufgaben und Themen und Schwierigkeiten oder Entscheidungen, die da zu treffen sind.«*

B (PL) beklagte den Eingriff von A (Vorsitzender des Beirats) in die Operative:

> *»Also, ich hatte immer mehr Verständnis für das Management, denn die waren da manchmal unglücklich und nervös darüber, dass da wirklich alles Mögliche besprochen wurde, was eigentlich den Beirat nicht tangiert. Ich habe auch nie verstanden, nachdem A sich da so überall reingehängt hat, warum er nicht selbst der CEO ist.«*

B (PL) beklagte das »Gejammer«:

> *»Da gibt es spezielle familiäre und finanzielle Probleme, weswegen die Strategie da leider wirklich zu kurz kommt, und ich sitze da manchmal drin und denke, Menschenskind, ich könnte eigentlich mit meiner Zeit mehr anfangen wie da irgendein Gejammer anhören oder sonst irgendwas. (lacht)«*

B (MM PL) ähnlich:

> *»A hat ja den Beirat dominiert. Er war immer besser informiert als alle, und er hat nicht den Abstand dort gehabt, den man, glaube ich, haben muss. Er war ja vollkommen im Tagesgeschäft drin. Also im Endeffekt waren wir da überflüssig, nicht?«*

B (MM OF) drängte die Familie zu besserer Governance:

> *»Wobei ich auch immer wieder betont habe, wie notwendig das ist, dass die Familie eine gewisse Distanz auch zum Unternehmen hat, eine klare Trennung besteht zwischen*

Familie und Unternehmen und es heißt: ›Unternehmen first‹ – und Familie folgt hintenan.«

B (MM AE) sah die Beziehung von A und einem anderen B kritisch:

»Und das spielt eine umso größere Rolle, je mehr so ein B-Typ den A-Typen stählt. Und wenn die sich gut kennen, seit Jahrzehnten zusammen sind, in den gleichen Verbänden hocken, unter Umständen auch befreundet sind, gesellschaftlich miteinander umgehen, dann ist da eine Nähe, die den anderen Gremienmitgliedern ein bisschen unberechenbar erscheint. Und die wissen nie: Sitzen diese Familientypen nicht abends beim Rotwein zusammen und sprechen ganz anders, als sie jetzt hier im Gremium selbst gesprochen haben?«

4.2.4 Übersicht der Erwartungen von B

Die nachfolgende Übersicht (Abbildung 21) zeigt die Erwartungen, die B an A richtete, und die dazugehörigen Störgefühle, die bei Enttäuschungen entstanden. Zu den Störgefühlen B2, B5 und B6 gab es keine Kommentare. Die Erwartungen sind gruppiert nach den Oberbegriffen Respekt, Kompetenz und Governance. Innerhalb der Erwartungsgruppe sind sie nach der Gesamtzahl der Textstellen absteigend sortiert. Diese Erwartungen waren nicht direkt Gegenstand der ersten Forschungsfrage, sondern trugen wichtige Erkenntnisse zur Fragestellung der Zufriedenheit und Beziehungsqualität bei.

Abbildung 21: Übersicht der Erwartungen von B

	Erwartungen von B	**Störgefühle von B**
	Erwartungsgruppe Respekt	*Erwartungsgruppe Respekt*
B1	Als Berater Respekt erfahren und Wirkung erzielen	B erfährt keinen Respekt oder erzielt keine Wirkung
B2	Wahrung Eigeninteresse und Erweiterung des Horizonts	Kein Verständnis für Eigeninteressen oder Horizonterweiterung
B3	Übereinstimmung von Wertvorstellungen und Kultur	Divergenz von Wertvorstellungen und Kultur
	Erwartungsgruppe Kompetenz	*Erwartungsgruppe Kompetenz*
B4	Einfluss auf die strategischen Entscheidungen des Familienunternehmens	Kein Einfluss auf die strategischen Entscheidungen des FU
B5	Feedback zum eigenen Beitrag	Fehlendes Feedback
B6	Einbindung in die Informationsströme	Mangelnde Einbindung in die Informationsströme
	Erwartungsgruppe Governance	*Erwartungsgruppe Governance*
B7	Trennung Unternehmerfreundschaft und Beiratsrolle	Druck zur freundschaftlichen Positionierung

((Fortsetzung))

	Erwartungsgruppe Governance	*Erwartungsgruppe Governance*
B8	Qualifizierte Besetzung von Management und Beirat	Unqualifizierte Besetzung von Management oder Beirat
B9	Professionelle Gremienarbeit und Governance	Unprofessionelle Gremienarbeit oder Governance

4.2.5 Allgemeine und relative Wichtigkeit der Erwartungen von B

Auch die unterschiedliche Wichtigkeit der Erwartungen von B erlangte erst im Zusammenhang mit der Einschätzung der Zufriedenheit (Forschungsfrage 2) ihre besondere Bedeutung. Dennoch erschien es mir auch hier zweckmäßig, bereits auf die bedeutsamen Unterschiede zwischen der Wichtigkeit der einzelnen Erwartungen einerseits und auf den Einfluss der Mentalen Modelle andererseits hinzuweisen. Die folgende Abbildung 22 zeigt die allgemeine Wichtigkeit aW der Erwartungen absteigend geordnet:

Abbildung 22: Rangfolge der allgemeinen Wichtigkeiten der Erwartungen von B

	Erwartung	**Wichtigkeit aW**
B7	Trennung Unternehmerfreundschaft und Beiratsrolle	hoch
B1	Als Berater Respekt erfahren und Wirkung erzielen	hoch
B9	Professionelle Gremienarbeit und Governance	hoch
B4	Einfluss auf die strategischen Entscheidungen im FU	mittel
B2	Wahrung Eigeninteresse, Erweiterung des Horizonts	mittel
B8	Qualifizierte Besetzung von Management und Beirat	niedrig
B3	Übereinstimmung Wertvorstellungen und Kultur	niedrig
B5	Feedback zum eigenen Beitrag bekommen	niedrig
B6	Einbindung in die Informationsströme	niedrig

Analog zu A veränderte sich die allgemeine Wichtigkeit aW zur relativen Wichtigkeit rW, wenn man den Einfluss der drei Mentalen Modelle auf die Teilnehmer der Befragung berücksichtigte. Nachfolgend zeige ich daher die veränderten Rangfolgen der Wichtigkeit für die drei MM PL, OF und AE:

Abbildung 23: Rangfolge der relativen Wichtigkeiten für PL

	Erwartung	**Wichtigkeit**
B4	Einfluss auf die strategischen Entscheidungen im FU	sehr hoch
B2	Wahrung Eigeninteresse, Erweiterung des Horizonts	hoch

((Fortsetzung))

	Erwartung	Wichtigkeit
B3	Übereinstimmung Wertvorstellungen und Kultur	hoch
B9	Professionelle Gremienarbeit und Governance	hoch
B1	Als Berater Respekt erfahren und Wirkung erzielen	mittel
B5	Feedback zum eigenen Beitrag bekommen	mittel
B7	Trennung von Unternehmerfreundschaft und Beiratsrolle	mittel
B6	Einbindung in die Informationsströme	niedrig
B8	Qualifizierte Besetzung von Management und Beirat	sehr niedrig

Abbildung 24: Rangfolge der relativen Wichtigkeiten für OF

	Erwartung	Wichtigkeit
B4	Einfluss auf die strategischen Entscheidungen im Unternehmen	mittel
B1	Als Berater Respekt erfahren und Wirkung erzielen	mittel
B3	Übereinstimmung Wertvorstellungen und Kultur	mittel
B9	Professionelle Gremienarbeit und Governance	mittel
B2	Wahrung Eigeninteresse und Erweiterung des Horizonts	mittel
B8	Qualifizierte Besetzung von Management und Beirat	mittel
B7	Trennung von Unternehmerfreundschaft und Beiratsrolle	mittel
B6	Einbindung in die Informationsströme	mittel
B5	Feedback zum eigenen Beitrag bekommen	sehr niedrig

Abbildung 25: Rangfolge der relativen Wichtigkeiten für AE

	Erwartung	Wichtigkeit
B4	Einfluss auf die strategischen Entscheidungen im Unternehmen	sehr hoch
B4	Als Berater Respekt erfahren und Wirkung erzielen	sehr hoch
B7	Trennung von Unternehmerfreundschaft und Beiratsrolle	sehr hoch
B9	Professionelle Gremienarbeit und Governance	sehr hoch
B8	Qualifizierte Besetzung von Management und Beirat	mittel
B5	Feedback zum eigenen Beitrag bekommen	mittel
B2	Wahrung Eigeninteresse, Erweiterung des Horizonts	niedrig
B3	Übereinstimmung Wertvorstellungen und Kultur	niedrig
B5	Feedback zum eigenen Beitrag bekommen	sehr niedrig

Nach dem Vergleich der Erwartungen von A (vgl. Kap. 4.1) und B (vgl. Kap. 4.2) erschien es mir interessant, das Verhalten beim Rollenwechsel zwischen A und B zu betrachten. Dies geschieht im Folgekapitel 4.2.6. Eine Gesamtbetrachtung des Einflusses der MM erfolgt in Kapitel 5.

4.2.6 Rollenwechsel von A nach B

Wie die letzten beiden Kapitel zeigten, wiesen die Erwartungen beider Partner eine Reihe inhaltlicher Parallelen auf, insbesondere in den Erwartungsgruppen Respekt und Kompetenz. Daneben ergab sich ein deutlicher Gegensatz bei der dritten Erwartungsgruppe: Während A hier diverse Formen der Unterstützung erwartete, legte B Wert auf professionelle Governance. Alle Familienunternehmer, die sich zusätzlich zu ihrer A-Rolle in externen Beiratsmandaten engagierten, nahmen mit dem Eintritt in die B-Rolle einen Wechsel auf die andere Seite des Tisches vor und veränderten dabei offenkundig einzelne Prioritäten. Wo und in welchem Maß dies geschah, war erneut unterschiedlich von MM zu MM. Beim Vergleich der Rangfolgen für A und B (vgl. Abb. 18–20 und 23–25) waren – über das alle betreffende Dilemma zwischen Unterstützung und Governance hinaus – folgende Besonderheiten festzustellen:

Für das MM PL:

- Während PL als A die eigene Position gestärkt sehen wollte und auf die Führungsrolle pochte, war es ihm als B herausragend wichtig, auf die wichtigen Entscheidungen des Familienunternehmens Einfluss zu nehmen. Dies kann insbesondere bei einer A = B-Konstellation, d. h. wenn die Partner eben beide dem MM PL angehören, zu Problemen führen (vgl. auch Kap. 4.5.3, Fazit Zufriedenheit).
- Als A gab PL nur in sehr begrenzter Form Feedback. In der B-Rolle war es ihm hingegen erstaunlich wichtig, Feedback zu bekommen – wichtiger als für OF und AE. Diese Haltung korrelierte mit dem ausgeprägten Lernwunsch von B. Dies könnte damit zu tun haben, dass PL im Vergleich mit den anderen MM oft mit der geringeren Beiratserfahrung in diese Rolle kam.

Für das MM OF:

- Bei OF war der Wunsch der Einflussnahme als B eher reduziert und ließ Verständnis für die Rolle von A erkennen.

Für das MM AE:

- AE war als A bei den »Egothemen« (A1 *Führungsrolle*, A7 *Position stärken* etc.) relativ entspannt, erwartete aber dann in der B-Rolle mehr als die anderen MM, in dieser Rolle als Berater ernst genommen zu werden (B4). Dies könnte auf den häufig gegebenen Erfahrungsvorsprung von AE im Umgang mit komplexen Strukturen in Familie und Unternehmen zurückzuführen sein.

Zum Kreis meiner Interviewpartner gehörten vier Teilnehmer (alle MM vertreten), die beide Funktionen (A intern und B extern) hielten und auch bereit waren, jeweils getrennt über ihre Erwartungen in beiden Rollen Auskunft zu geben. Die oben geschilderten Beobachtungen wurden dabei – wenn auch auf begrenzter Datenbasis – bestätigt. Ganz generell war festzuhalten, dass bei den MM PL und OF in der B-Rolle der Wunsch nach professioneller Governance stärker hervortrat. Die Überbrückung des Gegensatzes zwischen Unterstützung und Governance beim Rollenwechsel von A nach B gelang offenkundig ohne innere Konflikte oder wurde subjektiv gar nicht als Konflikt gesehen. Exemplarisch sollen dafür die folgenden Aussagen stehen, die von einem OF zu seinen beiden Rollen getätigt wurden.

In seiner A-Rolle als CEO lobte er B dafür, dass er ihn bei einer kontroversen und intensiven Diskussion im Beirat dabei unterstützte, ein komplexes Investitionsprojekt durchzusetzen:

> *»[…] und nachdem er sich die unternehmerischen neben den finanztechnischen Ideen angehört hatte, sagte er zu mir: ›Machen Sie es, und ich werde Sie dabei unterstützen‹.«*

Im Vorfeld zur Übernahme einer B-Rolle sagte er:

> *»Ich habe A (OF) von vornherein gesagt, wenn ich das tue, dann mache ich das nur, wenn ich absehen kann, dass wir […] in drei Jahren in mustergültige Governance kommen.«*

Es folgt das Kapitel zur Beziehung von A und B.

4.3 Beziehung von A und B

Unter Bezugnahme auf die theoretischen Grundlagen in Kapitel 2.3 möchte ich nachfolgend darlegen, welche Ergebnisse sich aus den Befragungen zur Beziehung von A und B ableiten ließen. Als Erstes ging ich der Frage nach, inwieweit psychologische Kontrakte sichtbar wurden und welche Inhalte sie hatten. Es folgten Beobachtungen zur Kommunikation zwischen den Partnern, bevor ich mich den Erwartungs-Erwartungen von B zuwandte.

4.3.1 Psychologischer Kontrakt

Im Unterschied zur einseitigen Erwartung wird der psychologische Kontrakt als gegenseitige Verpflichtung empfunden, die A (intern) und B (extern) neben den offiziellen bzw. formalen Verabredungen in ihren beiratsbezogenen Rollen informell eingegangen sind. Als ich die zuvor behandelten Erwartungen beider Seiten – nach der Wichtigkeit geordnet – gegenüberstellte, konnte ich einen solchen Kontrakt erkennen. Die von beiden Seiten – getrennt voneinander – am häufigsten erwähnten Erwartungen stellten nicht etwa eine inhaltlich zusammenhanglose Auflistung dar, sondern standen vielfach in einer thematischen Entsprechung zueinander. Wie bereits erwähnt, fanden sich zwei der Erwartungsgruppen von A (Respekt und Kompetenz) auch auf der Seite von B, wenn auch mit anderen Nuancen. Auch die gegensätzlich klingenden Erwartungsgruppen Unterstützung und Governance standen in einem inhaltlichen Zusammenhang: Letztlich ging es auf beiden Seiten um Governance, wobei A eher Toleranz bei der Auslegung erwartete, während B verstärkt auf Einhaltung der Regeln pochte.

In den Kapiteln 4.1 und 4.2 wurde ausgeführt, dass beide Partner im Zusammenhang mit den gegenseitigen Erwartungen in unterschiedlichem Umfang Störgefühle äußerten. Es gab sie offenkundig auch zwischen den beiden Familienunternehmern A und B im Beirat, obwohl diese in einer anderen Beziehung zueinander standen als die bisher untersuchten Partner in einem Arbeitsverhältnis oder die Mitglieder ein- und derselben Familie. A beschrieb Störgefühle bei sieben von neun (77 %) und B bei sechs von neun (66 %) Erwartungen. Damit traf auch die vorher geäußerte Vermutung zu, dass die Verletzung psychologischer Kontrakte kein Ausnahmefall ist, sondern häufig vorkommt.

In Abbildung 26 stelle ich den psychologischen Kontrakt zwischen A und B dar, zu verstehen als die meist durch Werte beeinflussten gegenseitigen »Versprechungen«, die eben oft nicht explizit ausgesprochen werden (siehe auch Kap. 4.3.2: Kommunikation).

Abbildung 26: Der psychologische Kontrakt zwischen A und B

A glaubt, dass B ihm versprochen hat …	**B glaubt, dass A ihm versprochen hat …**
Erwartungsgruppe Respekt	*Erwartungsgruppe Respekt*
… seine Führungsrolle zu akzeptieren, Kritik nur moderat zu äußern und keinen offenen Dissens herbeizuführen …	… ihn als Berater zu respektieren, wodurch er mit seiner Beiratstätigkeit Wirkung erzielen kann …
… bei seiner Tätigkeit im Beirat Interesse, Engagement und Zeiteinsatz zu zeigen …	… Verständnis für seine Eigeninteressen aufzubringen, z. B. die Horizonterweiterung …
… Respekt vor dem Wertekodex der Eigentümerfamilie zu haben …	… auf eine Übereinstimmung der Wertvorstellungen und Kultur zu achten …
Erwartungsgruppe Kompetenz	*Erwartungsgruppe Kompetenz*
… bei wichtigen Entscheidungen seine Kompetenz als Familienunternehmer einzubringen …	… auf die wichtigen Entscheidungen des Familienunternehmens Einfluss nehmen zu können …
… seine fachliche Kompetenz und sein Netzwerk einzubringen …	… von Zeit zu Zeit Feedback zu geben zu seinem Beitrag …

((Fortsetzung))

Erwartungsgruppe Kompetenz	*Erwartungsgruppe Kompetenz*
… sich um Verständnis für das Unternehmen zu bemühen, um bedarfsgerecht beraten zu können …	… ihn in die wichtigen Informationsströme einzubinden …
Erwartungsgruppe Unterstützung	*Erwartungsgruppe Governance*
… in kritischen Situationen seine Position zu stärken …	… Verständnis für seine unabhängige Rolle im Beirat aufzubringen …
… in Krisen- und Notsituationen mit persönlichem Einsatz auszuhelfen …	… auf die qualifizierte Besetzung von Beirat und Management zu achten …
… sich in der Pflege der Familienbeziehung zu engagieren …	… professionelle Gremienarbeit und Governance sicherzustellen …

4.3.2 Kommunikation zwischen A (intern) und B (extern)

Wie im Theorieteil ausgeführt, ist die Kommunikation zwischen den Partnern A und B soziologisch betrachtet die entscheidende Voraussetzung für die Stabilität und Qualität ihrer Beziehung. Kommunikation fand in unterschiedlichsten Formen statt – spezielle Ausprägungen der familialen Kommunikation eingeschlossen. Für die erfolgreiche Arbeit im Beirat ist die Abklärung der Erwartungen eine entscheidende Voraussetzung. Sie wird sowohl von der Gruppentheorie (vgl. Kap. 2.2.3) als auch der beiratsbezogenen Fachliteratur gefordert. Entsprechend fand diese Thematik Eingang in den Interviewleitfaden von A, B und C. Dabei wurde sie konkret mit der Frage nach direkter (expliziter) Abklärung adressiert. Erwartungen, die ausschließlich gegenüber mir als Interviewer ausgesprochen wurden, galten in diesem Sinne nicht als abgeklärt. Andere Formen der Kommunikation wurden in dem Umfang beschrieben, wie sie erkennbar wurden. Die Verteilung der MM wurde auch bei dieser Thematik wieder erfasst. In den nachfolgenden Kapiteln präsentiere ich die Ergebnisse zur Kommunikation zwischen A und B ab. Aufgeteilt ist dieses Kapitel in die Abschnitte 4.3.2.1 für den Familienunternehmer A und 4.3.2.2 für seinen Partner B im Beirat.

4.3.2.1 Kommunikation seitens A

Unter diesem Aspekt betrachtete ich die Abklärung der Erwartungen, die Thematisierung von Störgefühlen und das Feedback an B. Die Erwartungen wurden von mir in allen Interviews direkt angesprochen. Die meisten Kommentare (20) offenbarten, dass zu Beginn überhaupt keine Abklärung von Erwartungen stattgefunden hat. Viele Aussagen klangen ähnlich. Daraus seien nachfolgend exemplarisch folgende zitiert.

A (MM PL), Frage des Interviewers:

> *»Haben Sie direkt mit ihm über diese Erwartungen gesprochen, im Vorfeld?«*

B:

> *»Nein, also im Vorfeld nicht.«*

A (MM AE), Frage des Interviewers:

> *»Ist über diese Erwartung gesprochen worden von Ihrer Seite aus? B: »Das ist nicht explizit, nein, nein, nein. Ist nicht explizit so erfolgt.«*

B (MM AE), Frage des Interviewers:

> *»Noch einmal kurz zu den Erwartungen, die sie gerade formuliert haben, wurden die klar geäußert in den Vorgesprächen?«*

B:

> *»Die Vorgespräche waren jetzt nicht so, dass klar aufgezeigt wurde, was nicht erwartet wird oder was nicht gegeben ist oder gesagt, was erwartet wird.«*

B (MM AE) bezüglich der an ihn gerichteten Erwartungen:

> *»Also, A ist ein eher introvertierter Mensch, der sich mit einem offenen Gespräch über Emotionalität schwertut. Also insofern haben wir manche Themen, die für mich eine Rolle spielen, nicht besprochen.«*

B (MM AE) nimmt wahr, dass er primär als Branchenkenner in dieses Gremium geholt wurde, während über seine zusätzliche Eigenschaft als Familienunternehmer nicht gesprochen wurde.

Frage des Interviewers:

> *»Gibt es irgendeinen spezifischen Aspekt, von dem Sie glauben, dass er von Ihnen als Familienunternehmer erwartet wird?«*

B:

> *»Ich meine, ich bin jetzt aus der Branche, insofern gibt es sowieso dann Verbindung. Aber meine Eigenschaft als Familienunternehmer wurde nicht angesprochen und, ich glaube, war auch nicht der Punkt gewesen.«*

B (MM PL), Frage des Interviewers:

> *»Was glauben Sie oder wissen Sie bezüglich der Erwartungen, die A an Sie hatte? Sind die aus Ihrer Sicht klar genug geäußert worden?«*

B:

»Nein, glaube ich nicht, glaube ich nicht, glaube ich nicht.«

Sechs Interviewpartner beschrieben, dass es keine Abklärung durch direkte Ansprache gab. Wahrgenommen wurden stattdessen indirekte Hinweise wie Andeutungen zukünftiger Themen (z. B. Generationswechsel) oder auch nonverbale Signale. Soweit sie von B geäußert wurden, handelt es sich dabei eher um Interpretationen, die schon in die Nähe der Erwartungs-Erwartungen zu rücken sind, die ich in Kapitel 4.3.3 behandle. Mehrfach klang auch die Hoffnung durch, dass sich die Erwartungen doch im Laufe der Zeit klarer zeigen würden. In Zusammenhang mit diesen diffusen Signalen wurden folgende Aussagen gemacht:

A (MM AE) begründete zunächst, warum aus seiner Sicht eine Abklärung eigentlich nicht erforderlich war. Der psychologische Kontrakt wurde erkennbar.

Frage des Interviewers:

»Und welches sind diese Erwartungen an B?«

A:

»Es sind, glaube ich, Sachen, die Familien wichtig sind, wo man mit den sogenannten B-lern nicht so darüber reden muss, weil das klar ist. Oder man kann es kurz ansprechen, und dann ist es klar, während man es den anderen erklären muss.«

A (MM OF):

»Ein weiterer Punkt war in den Vorgesprächen durchaus schon die Rolle von B. Es hat sich ja dann herausgestellt, dass wir auch im Thema Generationswechsel uns befinden und dass da durchaus auch ein Austausch über die Vorgehensweise beim Generationswechsel hilfreich wird.«

B (MM PL) bestätigte auch das Brancheninteresse, während die anderen Themen vage blieben:

»Natürlich war die Erwartung schon, zu sagen, ja, da ist ein Unternehmer, und der ist in einer ähnlichen Branche. Aber so ganz deutlich mir gegenüber, was A erwartet, wurde mir das vielleicht nicht kommuniziert.«

B (MM OF) nahm an, die Themen würden sich durch den Austausch der Geschäftsdaten schon ergeben:

Frage des Interviewers:

»Diese Erwartungen, die Sie jetzt an Ihre Mitwirkung hatten, haben Sie die auch geäußert? Ist da auch drüber gesprochen worden?«

B:

> *»Ist angedeutet worden. Ich meine, das ergibt sich dann zwangsläufig, etwa wenn man Zahlen austauscht, man muss ja Zahlen austauschen, um zu sehen, wo man steht.«*

B (MM PL) erwartete größere Klarheit im Laufe der Zeit:

> *»Und die anderen Dinge, die kommen so im Laufe der Zeit der Gespräche. Die werden auch nicht öffentlich artikuliert, sondern man spricht dieses Thema mal an.«*

Die Fälle, in denen es zu einer expliziten Abklärung einzelner Erwartungen (hier zunächst von A) kam, waren eher selten. Zur detaillierten Betrachtung folge ich jetzt der zuvor bereits benutzten Struktur der Erwartungsgruppen:

Respekt für A: Person, Familie und Unternehmen
Diese Erwartungsgruppe (A1 bis A3) mit ihren Bestandteilen
1. Führungsrolle bei A, moderate Kritik, kein offener Dissens
2. Interesse, Engagement und Zeiteinsatz für den Beirat
3. Respekt für den Wertekodex der Familie
wurde mir gegenüber von A 74-mal angesprochen, aber kein einziges Mal direkt gegenüber B. Offenkundig hielt A diese Erwartungen für Selbstverständlichkeiten, die keiner Erwähnung bedurften. Dies bestätigte ihre spätere Einstufung als Erwartungen auf der Systemgesetzebene. Dass dennoch Enttäuschungen entstanden, zeigen die 51 Textstellen, die sich mit Störgefühlen beschäftigten.

B soll Kompetenz für die Beiratstätigkeit mitbringen
Diese Erwartungsgruppe (A4 bis A6) mit ihren Bestandteilen
1. denkt bei strategischen Entscheidungen als Familienunternehmer
2. fachlicher Beitrag und Netzwerk
3. Lernbereitschaft und bedarfsgerechte Beratung
wurde in meinen Interviews 88-mal thematisiert. 39 Äußerungen gab es zu Störgefühlen.
In gerade einmal zwei Fällen konnten die externen Familienunternehmer bestätigen, dass ihnen gegenüber diese Erwartung vor Beginn der Zusammenarbeit von A auch direkt kommuniziert wurde:

B (MM OF), Frage des Interviewers:

> *»Diese Erwartung an Sie, dass Sie sich einbringen, dass Sie eine Meinung vertreten, dass Sie einen unabhängigen Rat geben – ist die auch so klar geäußert worden in den Gesprächen?«*

B:

> *»So habe ich das von Anfang an verstanden.«*

B (MM AE), Frage des Interviewers:

> *»Ist darüber gesprochen worden?«*

B:

> *»Ja klar, das ist ja die Basis. Also, da bin ich mir relativ klar oder sehr klar über seine Erwartungen.«*

Angesichts dieser Ausnahmefälle konnte – ähnlich wie bei der Erwartung Respekt – also auch bei der Erwartung Kompetenz nicht wirklich die Rede davon sein, dass eine vorherige Abklärung stattgefunden hatte. Es war allerdings auch nicht erkennbar, dass B diese Themen ansprach und Aufklärung wünschte. Im Gegenteil – es war eine gewisse Scheu spürbar, in der Phase des Kennenlernens die gefühlte unternehmerische Harmonie durch zu operative Detailfragen zu stören. Dass sich im Verlauf der Zusammenarbeit Enttäuschungen einstellten, zeigten die umfangreichen Textstellen zu Störgefühlen, insbesondere zur nicht immer ausreichenden Qualität der Beratung durch B als Folge mangelnder Lernbereitschaft.

A erwartet Unterstützung

Diese Erwartungsgruppe (A7 bis A9) mit ihren Bestandteilen
1. Position von A stärken
2. Ausgleich von Führungsdefiziten bei A
3. Pflege der Familienbeziehung

wurde in 93 Textstellen berührt – die höchste Zahl im Vergleich der drei Erwartungsgruppen. Störgefühle wurden 13-mal geäußert. Neunmal bestätigten Interviewpartner, dass über diese Erwartungen offen gesprochen wurde. Mit folgenden Zitaten wurden Beispiele gegeben.

A (MM AE):

> *»Da haben wir uns sogar ganz klar drüber unterhalten. Und ganz klar ist, er hilft mir, den Generationswechsel – von meinem Vater zu mir – in dem Gremium zu erleichtern.«*

A (MM PL), Frage des Interviewers:

> *»Hatten Sie das im Vorfeld auch schon so gesagt oder war darüber gesprochen worden, dass Sie eine Erwartung in diese Richtung haben?«*

A:

> *»Ja, da ist drüber gesprochen worden. Aber es ist eigentlich als Selbstverständlichkeit von beiden Seiten angenommen worden.«*

Auf Nachfrage meinerseits konnte sich der zu diesem A gehörige B an diese Abklärung allerdings nicht erinnern. Insofern überwiegt auch in diesem Fall vermutlich die von A erwähnte Selbstverständlichkeit, die einer Abklärung nicht bedürfe.

A (MM PL), Frage des Interviewers:

> *»Und haben Sie diese Erwartungen gegenüber Herrn B geäußert?«*

A:

> *»Kennt er. Klar, alle im Vorfeld besprochen.«*

In diesem Fall bestätigte B, dass eine Abklärung stattfand.

B (MM OF), Frage des Interviewers:

> *»Wie hat A die Erwartungen formuliert?«*

B:

> *»So, wie ich es sagte. Wir müssen in der Familie den Ausgleich spielen. Ich hatte da ein sehr klares Bild über den Reifeprozess im Generationswechsel des Unternehmens, über die Situation und so weiter.«*

B (MM AE), Frage des Interviewers:

> *»Gut, also insofern wurden die Erwartungen Ihnen gegenüber schon geäußert?«*

B:

> *»Ja. Und gerade in der jüngsten Zeit auch, wo es nicht mehr so gut läuft, sagen sie immer: Also bitte, wir sind dir sehr dankbar, dass du also aufpasst und so weiter.«*

Als Fazit war festzuhalten, dass es direkte Abklärungen nur in sehr geringem Umfang gab. Sie erstreckten sich vorrangig auf den Ausgleich von Führungsdefiziten A8 (vor allem: Begleitung des Generationswechsels). Damit bestätigte sich die Einstufung dieser Erwartung auf der Sachebene, zu der es auch umfangreiche Kommentierung der Fachliteratur gibt. Die am zweithäufigsten von A geäußerte Erwartung, dass B seine Position stärken solle, wurde in keinem Fall explizit angesprochen. Ein C bestätigte exemplarisch, dass damit auch nicht zu rechnen sei.

C (MM PL), Frage des Interviewers:

> *»Also eine unausgesprochene Erwartung möglicherweise?«*

C:

> *»Also, ich schätze mal ja, denn wie soll dieses Mandat ausgesprochen sein? Zu sagen: Geben Sie mir Recht oder stützen Sie meine Meinung oder bremsen die Jungs (An-*

merkung des Interviewers: das Management bzw. die anderen Beiratsmitglieder)? *Das wird A alles nicht tun.«*

Es folgten die Beobachtungen zu der Frage, in welchem Umfang A die eigenen **Störgefühle** gegenüber B ansprach. Fazit: Verletzungen wurden von A gegenüber B nur sehr selten offen angesprochen. Gegenüber 103 Aussagen zu mir als Interviewer fielen die sieben Textstellen, bei denen direkte oder indirekte Hinweise an B bestätigt wurden, nur wenig ins Gewicht. Die folgenden Zitate vermitteln einen Eindruck.

A (MM OF):

»Wir hatten auch mal mit B so eine Art Brainstorming-Sitzung im Gremium, wo wir gesagt haben: Was läuft da gut, was läuft nicht gut. Auch da haben wir es B gesagt, auch da kamen viele Punkte hoch, die ihn vielleicht auch ein bisschen überrascht haben.«

A (MM AE) reagierte eher spontan:

»Da ist mir einfach der Kragen geplatzt, weil B auch immer mit seinem Nachbarn redete, also er hat immer gestört. Das war unangenehm, weil B so undiszipliniert war.«

C (MM OF) beschrieb die Klage seines A über den gesamten Beirat (einschließlich B), die Folge mangelnder Abklärung im Vorfeld war:

»Erst da wurde eben As Wunsch sehr deutlich, was er eigentlich von dem Beirat erwartet, und dann habe ich gesagt: Das ist die falsche Job Description, das sind wir nicht, denn wir führen nicht Ihr Unternehmen.«

Oft wurde die direkte Thematisierung selbst starker Störgefühle vermieden.

A (MM AE):

»Und dann – wir haben, Gott sei Dank, Wahlperioden – konnten wir bei der zweiten Wahlperiode in aller Form höflich sagen, nein.«

A (MM AE):

»Man muss im Leben ja immer aus dem, was man hat, das Beste machen, wenn man es nicht ändern kann. Hier hätte man es zwar ändern können, aber es wäre peinlich gewesen. Und da habe ich mir gesagt, den B buchen wir einfach ab als Multiplikator für uns im Markt. So habe ich es dann abgehakt.«

Hier wurde erkennbar, dass selbst in Fällen schon recht ausgeprägter Unzufriedenheit diese eher ertragen oder gar schöngeredet – sprich gedeckelt – wurde, um eine gesichtswahrende Lösung zu ermöglichen. Offenkundig zeigten die Familienunternehmer A und B hier ein ähnliches Verhalten wie Mitglieder einer Unternehmerfamilie. Sie wollten nahezu unbedingt den Fall vermeiden, den von Schlippe (2017, S. 53) beschreibt: »*Eine weithin geteilte Konsensfiktion*

(Hahn, 1983) geht verloren. Dies kann die selbstverständlichen Erwartungen […] abrupt und schmerzhaft zerstören.« Am häufigsten wurde die Unzufriedenheit in den besonders kritischen Fällen direkt thematisiert, in denen es im weiteren Verlauf zu einer Trennung der Partner kam – unabhängig davon, von welcher Seite die Trennung oder Nichtverlängerung letztlich ausging.

Im Folgenden behandle ich das Thema **Feedback an B.** Darunter sind direkte oder indirekte Rückmeldungen von A an B im Laufe der Zusammenarbeit zu verstehen. Sie betreffen die generelle Zufriedenheit mit B oder die Bewertung spezieller Leistungen von B. Analog zu oben wurden Äußerungen, die nur mir gegenüber in den Interviews erfolgten, nicht als formales Feedback gewertet, flossen aber in das Gesamtbild ein. In meiner Untersuchung beschäftigten sich 43 Textstellen mit dem Thema Feedback von A an B. Dabei gibt es drei Varianten:

1. kein Feedback (23)
2. indirektes Feedback (9)
3. direktes Feedback (11)

Wir betrachten nachfolgend die einzelnen Varianten.

1. Kein Feedback

Waren Gesellschafter A selbst im Management (MM PL und OF), fand sich mehrfach folgende Aussage, dass Feedback an das Beiratsmitglied B nicht ihre Aufgabe sei:

A (MM OF) über seine Zeit als CEO:

> *»Ich hätte mir zum Beispiel in meiner Zeit als CEO nie angemaßt, einem Beiratsmitglied zu sagen, das machst du gut! Er ist ja nicht mein Mitarbeiter, sondern eigentlich ist das mein Vorgesetzten-Gremium, auch wenn ich Schwierigkeiten habe, das zu schlucken als Familienunternehmer.«*

A (MM PL) sah die Aufgabe beim Beiratsvorsitzenden:

> *»Ich glaube nicht, kann mir das nicht vorstellen, also dass der Beiratsvorsitzende B schon ein Feedback im größeren Stil gegeben hat.«*

Frage des Interviewers:

> *»Also, Sie haben es nicht gemacht?«*

A:

> *»Nein, ich habe es nicht gemacht.«*

In allen Fällen dieser Art waren die Beiratsvorsitzenden keine Gesellschafter. Es war allerdings auch nicht erkennbar, dass die Gesellschafter A auf die Gremienvorsitzenden einwirkten, Feedback an B geben. Auch dann, wenn A Mitglied oder Vorsitzender des Beirats war, gab es in vielen Fällen kein Feedback und auch keine Begründung dafür.

A (MM OF) ganz lapidar, Frage des Interviewers:

»Haben Sie B einmal Feedback gegeben im Laufe der vielen Jahre, wie sie mit ihm zufrieden sind?«

A:

»Nein.«

Nachfrage des Interviewers:

»Weder so noch so, also keine positiven und keine negativen Inhalte?«

A:

»Nein.«

A (MM OF), Frage des Interviewers:

»Geben Sie den beiden Herren B Rückmeldungen? Feedback sagt man ja heute so schön. Wie zufrieden Sie sind und wie Sie den Beitrag von ihnen einschätzen?«

A:

»Müsste man eigentlich, nicht wahr? Aber habe ich eigentlich nicht.«

B äußerte spiegelbildlich, dass es von A kein Feedback gab. Die folgenden Textstellen standen exemplarisch für viele ähnliche.

B (MM AE), Frage des Interviewers:

»Haben Sie über die Jahre in irgendeiner Form Feedback bekommen? Zur Wahrnehmung Ihres Beiratsamtes. Hat A Ihnen gesagt, vielleicht bei der Weihnachtsfeier oder bei sonstigen gesellschaftlichen Anlässen: Ich finde das gut, wie Sie das machen?«

B:

»Nein, das hat er so nicht gesagt. Das hat er aber zu keinem gesagt, soweit ich das sehe.«

Frage des Interviewers:

»Sie haben auch nicht gefragt?«

B:

»Ich habe auch nicht gefragt, wie sind Sie mit mir einverstanden? Ich hatte das so nicht im Kopf – ehrlich gesagt.«

B (MM OF), Frage des Interviewers:

»Bekommen Sie von A oder auch anderen Gesellschaftern ein Feedback zur Wahrnehmung Ihrer Rolle, dass man Ihnen, formal oder informell, Signale gibt, wir finden das gut, was Sie machen, oder das fanden wir jetzt nicht so gut, oder, gibt es so was?«

B:

»Ehrlich gesagt, nein!«

2. Indirektes Feedback

Die Aussagen sprachen von entsprechendem Verhalten oder entsprechenden Signalen zu bestimmten Anlässen. Die folgenden Zitate zeigten die Streubreite:

A (MM OF), Frage des Interviewers:

»Woher weiß B das? Sagen Sie es ihm?«

A:

»Ich glaube schon, dass das zum Ausdruck gebracht wird, von mir direkt jetzt nicht, aber es wird ihm gedankt, und ich glaube, er weiß aus den Gesprächen, es wird nicht immer so direkt formuliert, aber aus der Tatsache, dass man ihn eben auch in dieses externe Gremium geholt hat, dass man seinen Rat schätzt, und ich glaube, er bringt auch genug Selbstbewusstsein mit, zu merken, dass er für uns einen wertvollen Beitrag leistet.«

A (MM OF):

»Der B weiß, dass wir mit seiner Arbeit im Beirat zufrieden sind.«

Rückfrage des Interviewers:

»Woher weiß er das?«

A:

»Das merkt man. Muss man nicht sagen.«

A (MM OF):

»Ja, aber, wie schon gesagt, das denk ich, ist das berühmte konkludente Verhalten. Wir haben uns so bemüht, B zum Vorsitz zu gewinnen, in dem Kontext ist natürlich auch oft genannt worden, wie sehr man die Arbeit schätzt. Mein Vater ist zum Beispiel in sowas immer super, dann B klar zu machen, ich vertraue dir, ich schätze dich. Ich denke schon, dass das sehr intensiv stattfindet.«

In manchen Fällen wurde diese Form des Feedbacks von B bestätigt.

B (MM AE), Frage des Interviewers:

> *»Jetzt haben wir das Feedback-Thema nochmal zum Schluss. Bekommen Sie von A Feedback?«*

B:

> *»Nicht im geordneten Feedbackprozess, dafür ist das auch viel zu familiär alles. Er schreibt sehr ausführliche Weihnachtsbriefe, sehr persönlich, das ist eine Art Feedback, und das finde ich auch immer sehr positiv.«*

B (MM OF):

> *»Erstens habe ich da auch das nötige Selbstbewusstsein. Man spürt es ja. Und wenn ich mich da nicht wohlgefühlt hätte, eine Grundvoraussetzung, dass man sich wohlfühlt, dann hätte ich auch nicht weitergemacht. Und natürlich, als ich um Verlängerung gebeten wurde – und wenn es einem Spaß gemacht hat, dann macht man es. Ein Beirat muss einfach Spaß machen.«*

3. Direktes Feedback

Dieses unterschied sich darin vom indirekten Feedback, dass ein Vertreter der Gesellschaftergruppe A mit einer gewissen Regelmäßigkeit außerhalb der Sitzung im persönlichen Gespräch mit B über grundsätzliche Aspekte der Zusammenarbeit im Beirat spricht. Die folgenden Zitate geben ein Bild.

A (MM AE) durchaus im Sinne eines Austauschs, Frage des Interviewers:

> *»Und dann geben Sie im persönlichen Gespräch Feedback zu Ihren Erfahrungen?«*

A:

> *»Also, dann reden wir nochmal, was sind so Themen, wo man das Gefühl hat, da sollte ich mal darüber nachdenken. Was fällt B auf, wie ich Sitzungen führe, wie ich Unterlagen vorbereite. Also, ich will von B hören, was nicht läuft und wo ich meine Rolle verbessern kann und andersrum, dass ich auch sage, das sind die Themen, da freut es mich, wenn du dich da weiter engagierst.«*

A (MM AE), Frage des Interviewers:

> *»Sie geben B Rückmeldung?«*

A:

> *»Doch, das ist schon so. Die Rückmeldung gebe ich, aber die ist dann eben unter vier Augen.«*

Nachfrage des Interviewers:

> *»Und wenn es mal etwas Negatives gäbe, würden Sie ihm das sagen?«*

A:

»Ja, klar. Das würde ich. Das wäre immer der erste Weg für mich, den es angeht, unmittelbar anzusprechen.«

A (MM AE), Frage des Interviewers:

»Geben Sie B im persönlichen Gespräch Feedback zu Ihren Erfahrungen mit ihm, wo Sie ihm sagen: Das fand ich jetzt sehr gut, oder das fand ich weniger gut. Gibt es so etwas?«

A:

»Ja, klar, weil wir uns ja über den Verlauf der Sitzung unterhalten. Hinterher, nicht immer, aber ein bisschen Manöverkritik, wie war es. Das hat am Anfang sehr viel Raum eingenommen. Ist jetzt über die Jahre weniger geworden.«

Die Familienunternehmer B bestätigten diese Dialoge in verschiedener Form.

B (MM OF), Frage des Interviewers:

»Bekommen Sie von A im persönlichen Gespräch Feedback zu Ihrem Beitrag?«

B:

»Das ist eine Art Feedback, das nach vorne gerichtet ist. Ich frage Feedback auch konkret ab. Also, ich frage jedes Jahr in den Gesprächen, was ich besser machen kann, wie er das einschätzt.«

B (MM PL), Frage des Interviewers:

»Bekommen Sie von A (Anmerkung des Autors: A ist hier Gremienvorsitzender) Feedback zur Wahrnehmung Ihrer Beiratstätigkeit? Also, sagen die Ihnen regelmäßig oder unregelmäßig auch mal, was sie von dem halten, was Sie beisteuern?«

B:

»Ja, zumindest nach jeder zweiten Sitzung heißt es: Ja, das war gut, und das war richtig, und das müssen wir vielleicht eher so und so machen.«

Ein Fazit zum Themenbereich Kommunikation steht in Kapitel 4.3.2.3.

4.3.2.2 Kommunikation seitens B

Auch hier betrachtete ich die Abklärung der Erwartungen und die Thematisierung von Störgefühlen. Die Frage möglichen Feedbacks von B an A wurde nicht behandelt, da sie für die Forschungsfragen weniger relevant erschien. Auch hier orientierte ich mich an den Erwartungsgruppen der Kapitel 4.1 und 4.2.

Respekt für die Person B
Diese Erwartungsgruppe (B1 bis B3) mit ihren drei Teilerwartungen

1. als Berater Respekt erfahren und Wirkung erzielen
2. Wahrung Eigeninteresse, Erweiterung des Horizonts
3. Übereinstimmung der Wertvorstellungen und Kultur

wurde mir gegenüber 57-mal angesprochen, aber nur zweimal direkt gegenüber A. Offenkundig hielt auch B diesen Respekt für eine Selbstverständlichkeit (Systemgesetzebene). 21 Textstellen bei den Störgefühlen zeigten, dass es dennoch ungelöste Probleme gab.

Beispielzitate:
B (MM OF) zum Respekt und zur Wirkung:

> *»Aber ich glaube, ganz entscheidend ist, nur dann kann man erfolgreich auf Dauer so eine Rolle in einem solchen Gremium gemeinsam gestalten, wenn man von vornherein eigentlich den Eindruck hat, in dieser Rolle auch wahrgenommen, ernstgenommen zu werden, also dass die Möglichkeit besteht, sich einzubringen, dass die Möglichkeit eingeräumt wird, Informationen auch darüber zu bekommen, die notwendig sind, um so eine Beratungsleistung zu geben, dieses ernsthafte Einbringen, das ernsthafte gehört werden und die ernsthafte Auseinandersetzung mit den Beiträgen war für mich eine ganz wesentliche Motivation.«*

Nachfrage des Interviewers:

> *»Und das haben Sie auch angesprochen?«*

B:

> *»Ja, das ist für mich eine ganz wichtige Bedingung zur Hygienefrage.«*

B (MM AE) zur Wirkung:

> *»Ich möchte gerne, dass das präzise dokumentiert wird. Protokollführung war gar keine Frage. Und dass wir dann eben auch darüber sprechen, was die Wirkung der Beratung macht. Das ist das, was ich auch deutlich gesagt habe.«*

B möchte seine Kompetenz in die Beiratsarbeit einbringen

Diese Erwartung mit ihren Untergruppen

1. Einfluss auf die strategischen Entscheidungen des Familienunternehmens
2. B erwartet Feedback zu seinem Beitrag
3. B möchte in die Informationsströme eingebunden sein

war mit 39 Erwähnungen in meinen Interviews nicht ganz unbedeutend. Es gab drei direkte Abklärungen mit A. Kommentare zu Störgefühlen wurden fünfmal abgegeben.

Im Folgenden werden Beispielzitate dieser seltenen Fälle angeführt.

B (MM AE) zur Einbindung in die Informationsströme:

»Ja, ich habe ihm gesagt, wenn ich das mache – ich hatte andere Beispiele vor Augen, will ich rechtzeitige und klare Informationen. Ich will eingebunden sein in die Informationsströme. Das haben die sehr intensiv gemacht.«

B (MM PL), Frage des Interviewers:

»Haben Sie diese Erwartungen Ihrerseits geäußert gegenüber den Gesellschaftern?«

B:

»Gut, gegenüber den Beiräten: ja. Aber nicht jetzt allen Gesellschaftern. Von mir wird immer ganz klar gesagt, was ich erwarte.«

A soll Governance einhalten

Diese Erwartungsgruppe (B7 bis B9) mit ihren Untergruppen

1. Trennung von Unternehmerfreundschaft und Beiratsrolle
2. professionelle Besetzung von Management und Beirat
3. professionelle Gremienarbeit und Governance

war 58-mal Thema in den Interviews. Direkt abgeklärt wurde sie viermal. Es können folgende zugehörige Zitate genannt werden.

B (MM AE), Frage des Interviewers:

»Haben Sie Ihre Erwartungen Ihrerseits A gegenüber geäußert?«

B:

»Ja, ich habe vor allem die Erwartungen ihm gegenüber sehr deutlich gemacht, dass ich bestehe auf großer Unabhängigkeit und dass ich nicht der Parteigänger eines bestimmten Stammes sein will, dass ich also immer darauf achten würde, ausgewogen zu entscheiden zwischen den Belangen der einzelnen Familienstämme und dass das auch ansonsten für mich ein Grund wäre, auszuscheiden, wenn diese Unabhängigkeit angetastet würde und gefährdet wäre.«

B (MM AE):

»Dass A einfach, dass er auch bereit ist, zuzuhören. Bisher war er alleine gewesen und hat letztendlich immer das gemacht, was er wollte. Aber er muss erkennen, dass jetzt in dieser Größenordnung des Unternehmens er zwar Eigentümer ist, aber nicht mehr eigenwillig entscheiden sollte. Also, ich erwarte, dass das, was wir ihm sagen, ernst genommen wird. Und wenn wir sagen, das wird so gemacht, dass er es auch tut.«

Nachfrage des Interviewers:

»Haben Sie dies auch gegenüber A geäußert?«

B:

»Natürlich habe ich das.«

B (MM OF), Frage des Interviewers:

»Wurden diese Erwartungen jetzt hinsichtlich der Optimierung der Governance – so interpretiere ich mal, was Sie sagen, so klar geäußert von A an Sie?«

B:

»Das wurde nicht so klar von denen geäußert, aber von mir.«

Als Fazit war festzuhalten, dass Abklärungen auch hier nur in sehr geringem Umfang stattfanden. Abklärungen bestätigten sich nur in fünf Kommentaren gegenüber fast 150 Textstellen, die ich – aus Äußerungen mir gegenüber – dem Thema Erwartungen zuordnen konnte.

Dieses Bild setzte sich bei der Thematisierung der Störgefühle fort: 72 Äußerungen zu Störgefühlen in den Interviews standen sehr wenige Beispiele direkter Kommunikation gegenüber. Folgende Zitate möchte ich anführen.

B (AE) beschrieb, warum er sich im Beirat nicht mehr wohlfühlte:

»Da verändert sich so viel, so schnell. Ich habe keine Lust, zu sagen, vor hundert Jahren haben wir das so gemacht. Das wollte ich also nicht. Also, ich habe ihm die Gründe genannt. Und ich habe gesagt, das ist mein letztes Ding. Denn das ist wirklich ganz deutlich, es ist im Beirat sehr viel operativer, branchenbezogener geworden. Und da kann ich einfach nicht mit. Und will ich auch nicht. Da kann ich nichts beitragen.«

B (PL) deutete an, dass er es wohl versuchte, man aber hätte mehr tun müssen:

»Ich habe zu manchen Dingen eben sehr klar Stellung genommen, um ihn auch auf einen anderen Weg zu bringen und diese Dominanz vielleicht zu verringern, das habe ich versucht, ein paar Mal.« An anderer Stelle: »Ich glaube, wir haben da vielleicht zu wenig getan, also, wir hätten uns vielleicht mehr treffen müssen, ohne die Familie erst mal, ich glaube, das hätte man da anders machen müssen.«

B (PL) forderte mehr Effizienz ein. Frage des Interviewers:

»Wie versuchen Sie, diesen Prozess in Gang zu bringen, dass die Beiratssitzungen effizienter und weniger operativ verlaufen?«

B:

»Indem das offen ausgesprochen wird: Das war es nicht, wir möchten es das nächste Mal anders haben, dass es eben effizienter wird.«

Nachfrage des Interviewers:

»Haben Sie das persönlich gegenüber A (Anmerkung des Autors: A ist Beiratsvorsitzender) schon mal gesagt?«

B:

> *»Ganz klar. Sowohl in der Sitzung als auch außerhalb: Wir müssen das einkürzen.«*

Es folgt das Fazit zum gesamten Themenbereich Kommunikation.

4.3.2.3 Fazit zur Kommunikation

Zusammenfassend konnte zur Kommunikation von A mit B Folgendes festgestellt werden:

- Eine Abklärung der Erwartungen von A fand vor Beginn der Zusammenarbeit im Beirat nur in seltenen Fällen statt – am ehesten noch bei Erwartungen auf der Sachebene. So wurden z. B. Gespräche über den zukünftig anstehenden Generationswechsel benutzt, um B Hinweise auf mögliche Aufgaben in dieser Richtung zu geben. Implizite Aufträge schafften nur in seltenen Fällen mehr Klarheit.
- Störgefühle wurden von A gegenüber B meistens erst dann geäußert, wenn ein Ende der Zusammenarbeit bereits nicht mehr auszuschließen war. Umgekehrt fiel es B noch schwerer als A, unangenehme, emotional belastete Themen gegenüber A anzusprechen.
- Selbst im Falle der Trennung beider Partner wurde nur ansatzweise zwischen den Betroffenen direkt über die Gründe der Trennung gesprochen.
- Systematisches Feedback im Laufe der Zusammenarbeit war der Ausnahmefall.
- Es gab Hinweise auf Fälle von Konsensfiktion, exemplarisch sichtbar in der Antwort eines A (MM AE) auf die Frage nach seinen Erwartungen:

  > *»Es sind, glaube ich, Sachen, die Familien wichtig sind, wo man mit den sogenannten B-lern nicht so darüber reden muss, weil das klar ist.«*

  Die Fiktion bestand nun darin, dass es oft doch nicht klar war, was sich in den Enttäuschungen wichtiger Erwartungen zeigte.

Die in der Literatur beschriebene Kommunikationsverknappung innerhalb von Unternehmerfamilien trat auch zwischen den Familienunternehmern A und B auf. Offenkundig übertrugen sie dieses Verhalten vom eigenen Familienumfeld auf die Beziehung im Beirat. Die Gefährdung des unterstellten Konsenses (Konsensfiktion) wurde unter nahezu allen Umständen vermieden.

Aufgrund der sehr begrenzten Kommunikation zwischen den Beteiligten über ihre gegenseitigen Erwartungen und einer entsprechend geringen Anzahl an Textstellen ließen sich nur ansatzweise Schlüsse über unterschiedliche Verhaltensweisen der einzelnen MM ziehen. Deutlich wurde zumindest, dass jeder Vertreter eines Modells noch am ehesten über diejenigen Erwartungen sprach, die für ihn besonders wichtig waren. Somit korrelierte die Kommunikation mit der in Kapitel 4.1.5 beschriebenen relativen Wichtigkeit der Erwartungen. Mentalitätsbedingte Unterschiede im Kommunikationsverhalten waren beim Thema Feedback zu erkennen: Nur ein PL gab an, seinem B regelmäßiges Feedback zu geben. Vor allem von AE, aber auch OF wurde dieser Fall deutlich häufiger erwähnt.

4.3.3 Erwartungs-Erwartungen von B

Die Ergebnisse im vorhergehenden Kapitel ließen eine Kommunikationsverknappung erkennen. Im Vorfeld der Zusammenarbeit wurden Erwartungen nur in sehr reduzierter Form abgeklärt - selbst unter Einbeziehung indirekter und nonverbaler Signale. Auch das Feedback im Laufe der Zusammenarbeit trug nur wenig zur Aufhellung der Erwartungen bei. Da B sich einer Leistungserwartung von A ausgesetzt sah, die letztlich die Zufriedenheit von A mit B beeinflusste, war es für B wichtiger als für A, sich mit den ungeklärten Erwartungen seines Gegenübers auseinanderzusetzen. An dieser Stelle kamen die in Kapitel 2.3.1 vorgestellten Erwartungs-Erwartungen ins Spiel. Um sein Handeln gegenüber A ausrichten zu können, war B umso stärker auf diese Vermutungen angewiesen, je weniger er über die Erwartungen von A definitiv wusste. Diese Erwartungs-Erwartungen (EEB) wurden sowohl durch die Zugehörigkeit zu den MM als auch durch den psychologischen Kontrakt zwischen A und B beeinflusst. Um Hinweise auf mögliche EEB aus dem Textmaterial herauszufiltern, wurden vor allem die Kommentare zu den folgenden Fragen herangezogen:

- die zirkuläre Frage des Interviewleitfadens an B (siehe Anhang) zu genau diesem Thema: »*Was glauben Sie bezüglich der von A an Sie gerichteten Erwartungen im Zusammenhang mit dieser Rolle?*«
- die aufgrund der zirkulären Frage von B geäußerten Vermutungen, aus welchen Gründen sie bei der quantitativen Bewertung der Zufriedenheit (siehe Kap. 4.4.1) von A vielleicht nicht die Bestnote +2 erhielten (Details in Kapitel 4.5 Zufriedenheit)
- die Fragen, aus denen grundsätzliche Werthaltungen von Familienunternehmern abgeleitet werden konnten, wie etwa:

»*Worin sehen Sie die besonderen Vorteile und auch Nachteile eines externen Familienunternehmers im Beirat?*

Was ist Ihnen besonders wichtig in Ihrem persönlichen Verhältnis zu A?

Welche Situation mit A würden Sie zu vermeiden suchen?

Welches Verhalten von A oder welche Situation könnten Sie zum Rückzug aus dem Beirat veranlassen?«

Insgesamt kamen auf diesem Weg durch die 22 Gesprächspartner (Familienunternehmer B extern) 58 Aussagen zusammen, aus denen Erwartungs-Erwartungen abgeleitet werden konnten. Mit einer Ausnahme wurden dabei alle Erwartungen von A berührt, wenn auch mit unterschiedlicher Häufigkeit. Die Anteile der drei MM an diesen Aussagen, gemessen an ihrem Anteil innerhalb der Personengruppe B, verteilten sich etwa wie folgt:

- PL unterproportional beteiligt (ca. -30 %)
- OF entsprechend der Kopfzahl beteiligt
- AE überproportional beteiligt (ca. 30 %)

Bei der Detailbetrachtung folgte ich jetzt wieder der bisherigen Struktur der Erwartungen und Störgefühle.

4.3.3.1 EEB Erwartungsgruppe *Respekt*

Es gab 15 Textstellen zu dieser Erwartungs-Gruppe von A mit ihren drei Ausprägungen:

1. Führungsrolle bei A, moderate Kritik, kein offener Dissens
2. Interesse, Engagement und Zeiteinsatz für den Beirat
3. Respekt für den Wertekodex der Familie

Folgende Zitate geben einen Eindruck zur Untergruppe 1.

B (MM OF):

»Dissens – also, ich würde es nicht zu einem Streit kommen lassen, ich würde sagen, das halte ich nicht für richtig. Ihre Firma, Ihre Entscheidung, ich sage es nur. Und wir geben es auch zu Protokoll, damit wir uns daran erinnern und damit Sie es auch noch mal nachlesen können, aber ich würde mich nicht aufregen […]. Ich sage dann allerdings auch, ich halte das nicht für richtig, und mein Votum ist das!«

B (MM AE):

»Ja, zumindest keine offene Konfrontation. Das ist aber in allen Gremien so. Wissen Sie, zwischen mir, als Vorsitzenden, und Herrn A ist ja ein besonderes Vertrauensverhältnis. Und das sollte man nicht dann vor allen offenlegen, wenn es Probleme gibt. Das sollte man klären.«

B (MM OF):

> *»Ja, man muss ja auch, wenn man jetzt was nicht genehmigen will oder so, dann gibt es ja auch vielleicht [...] Kompromisse? Ein bisschen nett rüberbringen, damit der andere nicht verletzt ist.«*

B (MM AE) ganz generell zu einer Meinungsdifferenz mit A, Frage des Interviewers:

> *»Und Sie haben den Eindruck, dass er darüber nicht glücklich war?«*

B:

> *»Ja, so kann man es sagen« (lacht).*

Nachfrage des Interviewers:

> *»Aber Sie haben es trotzdem gesagt?«*

B:

> *»Ja. Aber bei Weitem natürlich nicht so, dass es zu einer Verstimmung kam.«*

C (MM AE) bestätigte hier, dass ihm von B die Rolle zugeordnet wurde, die unangenehmen Fragen zu stellen, um das Verhältnis von B und A nicht zu strapazieren:

> *»Also, ich habe die Rolle, und deswegen ist das jetzt hier (lacht) der Ein-Mann-Prüfungsausschuss sozusagen, im Einverständnis mit Herrn B und Herrn A habe ich diese Rolle einfach ausgefüllt. Und ich glaube, das ist auch das, was der Herr B von mir erwartet, als er mich da berufen ließ. Denn er wollte [...] sich einfach entlasten davon. Deswegen respektiert Herr A auch meine manchmal eben wirklich nervenden Beiträge, ja.«*

Es folgen die Zitate zur Untergruppe 2.

B (MM PL), Frage des Interviewers:

> *»Was könnte A denn vermissen, um eine plus Zwei zu geben?«*

B:

> *»Schwierig zu sagen – vielleicht noch mehr Engagement? Ja, ich glaube, dass eine plus Zwei ein größeres Engagement, ein größeres zeitliches Dabeisein erfordern würde.«*

B (MM OF), Frage des Interviewers:

> *»Was könnte A vermissen?«*

B:

»Ja, es könnte sein, dass ich zwischen den Beiratssitzungen vielleicht etwas mehr direkten Kontakt zum Sohn von A halte […]. Es gibt zwar immer schon wieder mal Gespräche, aber letztendlich, sage ich mal, es kann sein, dass A da mehr erwartet.«

Die Erwartungs-Erwartung »mehr Zeiteinsatz« hegten vermutlich mehr Bs, als es in der geringen Zahl der Äußerungen sichtbar wurde. Dies schloss ich aus den Antworten, die ich im Rahmen der Interviews auf die Frage bekam, welche Umstände für B eher dagegen sprachen, das angebotene Beiratsmandat anzunehmen. Ein Drittel der Teilnehmer nannte den Zeitaspekt, insbesondere die selbst in operativer Verantwortung stehenden Bs. Ein exemplarisches Zitat:

B (MM OF):

»Also, dagegen sprach einfach das zeitliche Engagement, weil ich eben hier genügend ausgelastet bin. Da sind wir einfach in einem derart schnell wachsenden Unternehmen schon wirklich sehr beschäftigt; da kann ich mich nur ganz wenig draußen auch noch mit anderen Themen beschäftigen.«

Es folgen Zitate zur Untergruppe 3.

B (MM AE), Frage des Interviewers:

»Die besonderen Vorteile dieses Profils B, also eines familienfremden Familienunternehmers. Wo sehen Sie die grundsätzlich?«

B:

»Also, ich glaube, da fühlt sich sicherlich der A besser beraten von einem B, der ihn verstehen kann, von der Dimension der sozialen Nähe, der sozialen Verantwortung in der Region – manchmal ist er der größte Arbeitgeber, ist persönlich verpflichtet, wohnt da vor Ort.«

B (MM AE):

»Das sind ja die berühmten drei Kreise, die haben sie ja längst alle internalisiert. Dieses Zusammenspiel mit den Überschneidungen kann ein Familienmitglied eines anderen Familienunternehmens etwas leichter nachvollziehen und vielleicht auch etwas sensibler darauf reagieren. Das spielt immer wieder eine Rolle, vor allem in den letzten Berufungsprozessen ins Management, aber auch bei anderen Fragen, Gewinnverteilung, große Akquisitionen etc.«

B (MM OF):

»Ich glaube, dass das keine speziellen Dinge sind, sondern eben die Erfahrung mit der Familienkultur, die wir einbringen. Wir sind also auch jetzt in der fünften Generation und können eben aus diesem Erfahrungsschatz Dinge einbringen.«

Bei dieser Erwartung betonten die meisten Familienunternehmer B, dass sie grundsätzlich viele Werte mit A teilen. Vor allem bei den folgenden zwei wurden allerdings Unterschiede sichtbar. Die erste Diskrepanz betraf den Bereich Finanzen, konkret: Ausschüttungspolitik und Managementvergütung. Die dazugehörigen Zitate sind:

B (MM OF), Frage des Interviewers:

> *»Wo war da möglicherweise die Abweichung? Haben Sie vorgeschlagen: Denken Sie mal an die anderen im Sinne einer größeren Ausschüttung?«*

B:

> *»Gönnt euch was, vergesst nicht zu leben, du hast nur ein Leben. Und zum Schluss guckst du in den Spiegel rein, fällst morgen tot um, das war es dann.«*

A (MM OF) sprach als früherer CEO über sein eigenes Vergütungspaket, für das B eine Bonusdeckelung durchsetzen wollte:

> *»So, diese Vorstellung zur Einkommensstruktur, da hätte ich mir gewünscht, dass B also mehr Verständnis dafür hatte. Nein, eine Anpassung der Bonussätze und stattdessen eine überproportionale Erhöhung der Festgehälter – das brauchen wir nicht.«*

Nachfrage des Interviewers:

> *»Was hat Sie gestört oder enttäuscht an Bs Haltung?«*

A:

> *»Dass er nachhaltig eine andere Position hatte. Natürlich wünscht man sich im Idealfall, wenn es da zu Entscheidungskonflikten kommt, dass B die Welt so sieht wie man selber.«*

A (MM OF) machte die Diskrepanz zu B sichtbar. Frage des Interviewers:

> *»Um noch mal bei Ausschüttungspolitik einzuhaken, wenn da ein Unterschied zwischen Ihnen beiden war, war B großzügiger und Sie eher restriktiver?«*

A:

> *»Ja sicher. Das ist immer, wer ›company first‹ sagt und was gibt man den Gesellschaftern, und ich sage mir, was haben sie dafür geleistet, außer dass sie Glück haben?«*

Der Umgang mit den verfügbaren Mitteln des Unternehmens gehörte für die Gesellschafter zu den wertebezogenen Fragen. Hier kollidierten bisweilen die Vorstellungen von A und B. Im ersten Fall ermunterte B zu höheren Ausschüttungen. Es entsprach seinen Vorstellungen und Erwartungs-Erwartungen, dass A doch auch daran interessiert sein müsse, bei der vielen Arbeit das Leben zu genießen. A vertrat jedoch eher sparsame Vorstellungen vom Umgang mit den Finanzen. Im zweiten Fall wollte B die Vergütung des Managements begrenzen in der Annahme, dass A doch auch primär auf die Firmenfinanzen schauen müsse, um dem Unternehmen Geld zu sparen. A sah dadurch jedoch sein eigenes Arbeitseinkommen bedroht und war von B enttäuscht. Die zweite Diskrepanz war bei der Berufung von Familienmitgliedern in das Management erkennbar. Dazu gehört folgendes Zitat:

B (MM AE):

»Als es um die Frage ging, dass As Sohn in die Geschäftsführung kommen sollte, habe ich ernsthaft mit ihm gesprochen über die Voraussetzungen und war enttäuscht, dass er da nicht offen war.«

Die Entscheidung über den Eintritt von Familienmitgliedern in Führung oder Aufsicht gehört zu den fundamentalen Fragen des Familienunternehmens, die sowohl die Werteposition als auch die Governance betreffen. B hatte hier ganz klar die Erwartungs-Erwartung, dass A diese Sichtweise teilt. Deswegen äußerte B hier Enttäuschung, als er das Gegenteil erfuhr.

4.3.3.2 EEB Erwartungsgruppe *Kompetenz*

Es gab 15 Textstellen zu dieser Erwartungsgruppe von A mit ihren drei Ausprägungen:

1. B denkt bei strategischen Entscheidungen als Familienunternehmer.
2. fachlicher Beitrag und Netzwerk
3. Lernbereitschaft und bedarfsgerechte Beratung

Folgende Zitate stehen exemplarisch für Untergruppe 1.

B (MM OF):

»Ich glaube, das Krisenmanagement ist unterschiedlich. Ein Krisengesellschafter, der spürt ja, wie dem Unternehmen das Blut langsam entzogen wird, und er fühlt das wie einen eigenen Aderlass. Und das fühlt der fremde Geschäftsführer nicht.«

B (MM PL):

»Ein B kann nicht nur die strategische und operative Führung des Unternehmens, sondern auch die Eigentumsverhältnisse und die Herausforderungen, die eine Familie bietet, besser nachvollziehen, und auch die Strategie des Unternehmens dann natürlich vor diesem Hintergrund. Also, das nenne ich unbedingt einen großen Vorteil.«

B (MM OF):

»Ich komme klassisch aus der Unternehmensaufsicht und ich kann Beratung über Grundthemen bringen, die die Strategie anbelangen, was muss ich eigentlich tun, um

eine robuste Strategie zu implementieren, aber ich kann nicht die unternehmerischen Ideen des Unternehmens generieren.«

B (MM OF):

»Das heißt, derjenige, der die Rolle B im Beirat spielt, muss nicht unbedingt konkrete Marktkenntnisse haben, aber er muss Familienunternehmer sein, er muss die unternehmerischen Gesamtzusammenhänge kennen.«

Trotz dieser Übereinstimmung von A und B zum strategischen Fokus dieser Rolle klang hier ein Thema an, das in mehreren Aussagen von A mitschwang: Es ging um den Zusatznutzen fachlicher Kompetenz, sei es durch Branchenwissen oder funktionale Expertise. Folgende Zitate machen dies deutlich.

B (MM OF) brachte zusätzlich Finanzkompetenz mit:

»Ich konnte es mir gut vorstellen, denn ich wusste ich ja schon die Gründe, warum er mich seiner Familie vorgeschlagen hat. Also, ich wusste, dass er bestimmte Fachkompetenzen sucht, und ich wusste auch, dass er natürlich meine Erfahrungen als langjähriges Mitglied in einem Familienbeirat geschätzt hat und gesucht hat.«

B (MM AE) brachte Branchenwissen ein:

»Also, was von jedem Beirat erwartet wird, dass einer von außen mal auf die Strategie draufguckt und sagt: Jungs, habt ihr euch das mal überlegt? Ich meine, ich bin jetzt aus der Branche, insofern gibt es sowieso dann eine Verbindung.«

B (MM PL) ebenfalls:

»Natürlich war die Erwartung schon, zu sagen, ja, da ist ein Familienunternehmer und der ist in einer ähnlichen Branche. Jetzt kommen wir zurück und der kann uns möglicherweise eben auch eine Meinung abgeben zu diesem Umfeld, in dem wir da sind.«

Sich allein auf die strategische und unternehmerische Kompetenz zu stützen, könnte sich allerdings für B auf Dauer als nicht ausreichend erweisen. Vertieftes Verständnis der Verhältnisse bei A ist zusätzlich erforderlich. Siehe dazu auch den nachfolgenden Punkt zur Lernbereitschaft. Wohin es führen kann, wenn ein B sich explizit auf die strategische Ebene beschränkt, zeigt die folgende Aussage eines A über seinen B.

A (MM AE):

»B sagte immer: Warum muss ich da um so kleine Dinge rumdiskutieren, das interessiert mich nicht, ich will wirklich die große Strategie. Also, wenn B mal richtig tiefer einsteigen musste, das war nicht sein Ding, und er wollte eigentlich wirklich nur die große Strategie diskutieren. Wenn man das mal vergleichen würde mit anderen, so von der Trefferquote, fiel er ab.«

Dieser B hatte vermutlich die richtige Erwartungs-Erwartung, A ginge es vorrangig um die unternehmerische Strategie. Offenkundig gibt es aber auch ein Risiko, dabei als zu »abgehoben« angesehen zu werden.

Folgende Zitate betreffen Untergruppe 2 (Fach- bzw. Branchenwissen):

B (MM OF):

> *»Also, man hat mich schon geholt in der Erwartung, dass ich im Bereich Finanzen, also Corporate Finance, Wirtschaftsprüfung, Controlling, Rechnungslegung, einen Input bringe.«*

B (MM OF) machte auch seine Grenzen deutlich:

> *»Die zweite Erwartung ist tatsächlich … meine Expertise, also Marke und Marketing etc.«*

Frage des Interviewers:

> *»Was glauben Sie, was A noch fehlen würde, um eine Zwei zu geben?«*

B:

> *»Ja, noch mehr Expertise im fachlichen Bereich, also der Branche, glaube ich.«*

B (MM AE) unterstrich, dass er den veränderten Anforderungen (mehr Branchenkompetenz) nicht mehr gerecht wird:

> *»Also, heute würde A mich wahrscheinlich schwächer einsortieren. Weil meine Beiträge sind weniger geworden. Und im Zuge der Veränderung des Beirats auch schwächer. Weil ich einfach kein Baumensch bin. Das ist einfach so.«*

B (MM OF) erkannte auch die fehlende Branchennähe als Defizit. Frage des Interviewers:

> *»Was vermuten Sie, könnte ein Grund gewesen sein, warum er nicht Zwei gesagt hat?«*

B:

> *»Ich lebe nicht in seinem Markt. Das heißt also, bei vielen Dingen konnte ich nicht so kompetent sein wie der C, der den Markt kann oder der Wettbewerber kennt. Sonst glaube ich nicht, dass es da einen Grund gab.«*

Fehlen von Kommentaren zur Untergruppe 3 (Lernbereitschaft bei B):

Ich fand keine Äußerungen von B, die Rückschlüsse auf Erwartungs-Erwartungen zu dieser Thematik zuließen. A äußerte sich zu dieser Erwartung 36-mal. Auffällig ist, dass bei dieser Kategorie die Zahl der beschriebenen Störgefühle (31) die der Erwartungen weit überstieg. Offenkundig wurden sich die As dieser Problematik erst im Laufe der Zusammenarbeit bewusst und thematisierten sie in den Interviews sehr intensiv. Es gab kein anderes Störgefühl, zu dem A sich so oft äußerte. Bei dieser Erwartung war keine Übereinstimmung zwischen A und B zu erkennen. B sah sich offenkundig keiner Erwartung dieser Art ausgesetzt.

4.3.3.3 EEB Erwartungsgruppe *Unterstützung*

Zu dieser Erwartungsgruppe äußerte sich B in 19 Textstellen. Es gab drei Untergruppen:

1. Position von A stärken
2. Ausgleich von Führungsdefiziten bei A
3. Pflege der Familienbeziehung

Allein zur Untergruppe 1 (Position von A stärken) gab es elf Textstellen – die größte Zahl aller bei B beobachteten Erwartungs-Erwartungen. Die Familienunternehmer B spürten diese Erwartung also sehr deutlich. Folgende exemplarische Zitate sind zu nennen.

B (MM AE):

> *»Und natürlich Verständnis erwartend – aber das hat er nie so ausgesprochen – für seine doch sehr kraftvollen unternehmerischen Aktivitäten. Auch interne Stimmverstärkung so ein bisschen. Aber auch das hat er nie so ausgesprochen. Also, das kann ich mir sehr gut vorstellen.«*

B (MM PL):

> *»Ich glaube, er wollte nur, das klingt vielleicht ein bisschen hart, aber ich glaube, der wollte mit uns zusammen seine Politik, glaube ich, weitermachen – wir sollten das im Endeffekt bestätigen, glaube ich.«*

B (MM PL):

> *»Ja, und A sieht es wahrscheinlich so, dass er in mir schon einen Partner findet, der ihn vielleicht in schwierigen Entscheidungen unterstützen kann, der Beispiele aus seinem Unternehmen bringt, wo er auch schwierige Entscheidungen zu treffen hatte und daraus dann ja eben Unterstützung geben kann.«*

… und an anderer Stelle:

> *»Nee, da wurde eigentlich wenig darüber gesprochen. Meine Vermutung ist aber, dass A einen Familienunternehmer im Gremium haben wollte, der ähnliche Probleme hat, ähnliche Gedanken hat, ähnliche Werte in seinem Unternehmen hat, neben den – sagen wir mal – Funktionären, die angestellte Manager sind. Man wollte jemand haben, der auch mit Herzblut irgendwas macht und vielleicht auch mal bei einer schwierigen Entscheidung hilft, die einfach durchzusetzen.«*

B (MM OF) bestätigte die Erwartungs-Erwartung hinsichtlich der Unterstützung, verwies aber auch auf das aus seiner Sicht den Einzelinteressen von A übergeordnete Unternehmensinteresse als Ganzes.

Frage des Interviewers:

> *»Und die Erwartung, dass dann eben der andere Familienunternehmer hilft, diesen Widerstand irgendwo zu beseitigen. Spielt das mit hinein?«*

B:

> *»Natürlich spielt das mit hinein, weil es menschlich ist. Letztendlich sind das alles Machtfragen, Macht- und Einflussfragen. Aber, wenn es eine klare Satzung gibt, die heißt ›company first‹, dann muss man ganz faktenorientiert eine Entscheidungsvorlage machen. Und dann muss man sagen, ist alles schön und recht, verstehen wir alles, respektieren wir alles, aber […] was bitte ist im Interesse des Unternehmens?«*

Da die Gesellschafter A den Wunsch nach Unterstützung durch B selten artikulierten, nutzte ich die Gespräche mit C, um weiteres Licht in diese Kategorie zu bringen, die ausschließlich bei A vorkommt. Die folgenden Zitate zeigen, dass B sich häufig, aber nicht immer, in der Nähe von A positionierte:

C (MM OF), Frage des Interviewers:

> *»Wenn Sie sich vorstellen, es gibt zwei Extreme der Art und Weise, wie B diese Beiratsrolle einnehmen kann: Das eine Extrem ist der unabhängige Aufsichtsführende wie bei einer klassischen Aktiengesellschaft und das andere ist der Familienunternehmerkollege, der Unternehmerkollege. Wo würden Sie sagen, ordnet sich B ein?«*

C:

> *»Ich würde B eher bei der zweiten Variante einordnen. Der Unternehmerkollege, ja.«*

C (MM AE):

> *»Ich würde ihn persönlich mehr als Unternehmerkollegen sehen, und deswegen sehe ich ihn im kollegialen Spiel mehr mit A.«*

C (MM AE) mit abweichender Beobachtung (ähnlich B oben):

> *»Ich glaube schon, ja. Ich glaube schon, dass A sich mehr wünschen würde, dass B auch seine privaten Interessen, oder die Interessenslage und die Existenz der Familie, stärker gewichten würde in diesem Kontext. Also, verstehen tut B es bestimmt, aber (lacht), aber er gibt dem Unternehmensinteresse den Vorzug.«*

Trotz eines gewissen Verständnisses fühlen sich die Familienunternehmer B häufig nicht wohl mit dem Gedanken, dieser Erwartung gerecht zu werden. Dies zeigt sich an folgenden Beobachtungen.

- Manche B zogen klare Grenzen, etwa mit dem Verweis auf den Vorrang des Unternehmensinteresses bzw. der Satzung.
- Die relativ hohe Anzahl der durch A geäußerten Störgefühle (31 %) im Vergleich zu den Erwartungen ließ die Vermutung zu, dass B die Erwartung nach Unterstützung nur bedingt erfüllte.
- Die explizite Erwartung von B, dass A die Regeln der Governance einhalten soll (siehe Kap. 4.2.3), stellte einen direkten Widerspruch dar zur Erwartung von A.

Folgende Zitate stehen für Untergruppe 2 (Ausgleich von Führungsdefiziten):

B (MM AE):

> *»Die Erwartungen an mich sind heute natürlich in der Erkenntnis zu sehen, dass da keiner der Gesellschafter A eine aktive unternehmerische Erfahrung hat. Somit sagen sie: Wir brauchen eine Vertrauensperson, die Erfahrung hat im Management und der wir sozusagen unser Werk anvertrauen können. Weil sie mit Managern allein auch schlechte Erfahrungen gemacht haben.«*

B (MM OF):

> *»Ich glaube, eine Erwartung, die mitschwang, war letztendlich auch für den Fall der Fälle, dass dem Senior bei A etwas passiert, einen Beirat zu haben, der mit Menschen besetzt ist, die dann ggf. das ja nicht ganz einfache Beziehungsgeflecht zwischen Familie und Gesellschaftern auch beeinflussen kann, coachen kann. Das, glaube ich, war eine und ist auch nach wie vor eine ganz wichtige Erwartung, insbesondere auch mit meiner Person verbunden.«*

B (MM OF):

> *»Der zu befürchtende Tod des Gründers hat natürlich schon viele anderen Dinge verständlicherweise sehr stark überlagert, und es ging A dann darum, dieses Vakuum zu füllen, das einfach der Gründer dann hinterlassen würde, und es ging ihnen wahrscheinlich darum, dass eben dieser unternehmerische Esprit weiter in das Unternehmen hineingelegt würde und eine gewisse Steuerung bekäme.«*

B (MM AE):

> *»Ich sage es mal so, weil ich glaube, dass er Hilfe gebraucht hat, dass die Personen, die in seinem bisherigen Beirat waren, auch altersmäßig ausscheiden werden, und er hat das gebraucht.«*

Zur Untergruppe 3 (Pflege der Familienbeziehung) fand sich nur eine Äußerung.

B (MM OF):

> *»Ich glaube, das Wichtige, was der Senior bei A gerne mit mir sieht, dass ich eben ab und an mit ihm reflektiere, wie macht es die Familie bei uns?«*

4.3.3.4 Erwartungs-Erwartungen von B: *Fazit*

Das Konzept der Erwartungs-Erwartungen wurde dadurch bestätigt, dass sich zu acht der neun zuvor identifizierten Erwartungen von A Erwartungs-Erwartungen von B (EEB) fanden. Diese Erwartungs-Erwartungen erfüllten ihre Funktion, indem sie das Risiko der Erwartungsenttäuschung reduzierten. In einer durch Kommunikationsknappheit bedingten Situation der Unsicherheit entwickelten die Familienunternehmer B also ein insgesamt recht gutes Gespür für die Erwartungen der Gegenseite. Nur die Erwartung A6 (Lernbereitschaft und bedarfsgerechte Beratung) wurde nicht erkannt, d. h. B sah sich keiner Erwartung dieser Art ausgesetzt. Im nachfolgenden Gesamtbild ist einschränkend zu berücksichtigen, dass die Gesamtzahl von 58 Textstellen, die sich auf 22 befragte Personen verteilten, eine aussagekräftige Differenzierung der Ergebnisse nach den drei MM nicht zuließ. Im Vergleich hielten sich die PL-Teilnehmer mit Kommentaren deutlich zurück, während die AE-Teilnehmer sich verstärkt einbrachten. Außerdem waren die OF-Teilnehmer in der gesamten B-Gruppe deutlich überproportional vertreten. Diese Beobachtungen legten die Vermutung nahe, dass die Aussagen zu den EEB etwas stärker durch die OF- und die AE-Sichtweise geprägt waren. Das Maß der Übereinstimmung zwischen den Erwartungen von A und den Erwartungs-Erwartungen von B (EEB) bildete ich mit der Zahl der Äußerungen von B zu den einzelnen Erwartungen von A ab. Sie war ein Indikator dafür, wie intensiv sich B mit seiner Erwartungs-Erwartung in A hineingedacht hatte:

ab 10 Textstellen Übereinstimmung	*hoch*
4 bis 9 Textstellen	*mittel*
1 bis 3 Textstellen	*gering*
keine Textstelle	*keine*

Hohe Übereinstimmung war grundsätzlich von Vorteil, da das Risiko eines Missverständnisses reduziert wurde. Sie bedeutete jedoch nicht zwingend, dass diese Erwartung im von A gewünschten Maß durch B erfüllt wurden. Geringe oder fehlende Übereinstimmung deuteten auf erhöhtes Risiko hin. Inwieweit sich dieses manifestierte, hing aber von weiteren Faktoren (vgl. Minderungseffekte in Kap. 3.5.2) ab. Nähere Ausführungen dazu erfolgen im Kapitel zur Zufriedenheit (Kap. 4.5).

Die Ergebnisse der Gegenüberstellung von Erwartungen seitens A und den Erwartungs-Erwartungen von B (EEB) zeigt Abbildung 27 im Einzelnen. Mit abnehmender Übereinstimmung (wachsendem Konfliktrisiko) sind die Erwartungen farblich dunkler angelegt:

Abbildung 27: Vergleich der Erwartungen von A mit den EEB

	Erwartungen von A	Übereinstimmung mit den Erwartungs-Erwartungen von B (EEB)
Ziffer	*Erwartungsgruppe Respekt*	
A1	Führungsrolle bei A, moderate Kritik, kein offener Dissens	hoch
A2	Interesse, Engagement und Zeiteinsatz für den Beirat	gering
A3	Respekt für den Wertekodex der Familie	mittel
	Erwartungsgruppe Kompetenz	
A4	Denkt bei strategischen Entscheidungen als Familienunternehmer	hoch
A5	Fachlicher Beitrag und Netzwerk	mittel
A6	Lernbereitschaft und bedarfsgerechte Beratung	keine
	Erwartungsgruppe Unterstützung	
A7	Position von A stärken	hoch
A8	Ausgleich von Führungsdefiziten bei A	hoch
A9	Pflege der Familienbeziehung	mittel

In einem fiktiven Selbstgespräch von B stellte ich die wichtigsten seiner Erwartungs-Erwartungen den zuvor erfassten Wichtigkeitsbewertungen der Erwartungen von A (vgl. Kap. 4.1.5) gegenüber:

- Vermutlich sollte ich A in der Sitzung nicht offen kritisieren (A1).
  Dies trifft zu.
- Vermutlich erwartet A mehr Zeiteinsatz von mir (A2).
  Dies trifft in stärkerem Maße zu, als B es vermutet.
- Wahrscheinlich erwartet A mehr Branchenkenntnisse (fachlicher Beitrag A5) von mir.
  Dies trifft partiell zu. Ganz generell erwartet A mehr Bemühung um Verständnis für die Besonderheiten seines Geschäfts insgesamt (A6), was B oft verkennt.
- A erwartet, dass ich bei fundamentalen Entscheidungen mein Denken als Familienunternehmer einbringe (A4).
  Dies trifft in hohem Maße zu. Diese Erwartung korreliert zudem perfekt mit der Erwartung von B, genau dies tun zu dürfen (B4).
- Ich sollte A häufiger in seiner Position unterstützen (A7).
  Dies trifft – insbesondere für PL – zu.
- A erwartet, dass ich im Notfall seiner Familie helfe (A8).
  Dies trifft zu.

In einigen Fällen war zu beobachten, dass B sich gegenüber A nicht wie von diesem erwartet verhielt, obwohl die Erwartungs-Erwartungen (EEB) eine gute Übereinstimmung mit den Erwartungen von A hatten. Es gab offenkundig Erwartungen von A, die B korrekt vermutete (EEB), ihnen aber im konkreten Handeln dennoch nicht oder nicht im gewünschten Umfang entsprach. Besonders deutlich zeigte sich diese »Missachtung« an folgendem Beispiel:

Obwohl B die Erwartung A7 *Stärkung der Position von A* als EEB zutreffend vermutete, ignorierte B in gewissem Umfang diese Erwartung nach Unterstützung, was zu deutlich geäußerten Störgefühlen bei A führte. Dies lag möglicherweise daran, dass hier die Erwartung A7 von A (Unterstützung) mit der eigenen Erwartung B7 nach sauberer Trennung zwischen Unternehmerfreundschaft und der Rolle eines unabhängigen Beirats kollidierte.

Im Maß der »Missachtung« einzelner Erwartungs-Erwartungen und damit einer bewussten Nichterfüllung dieser Erwartungen von A wurde möglicherweise eine bewusste oder unbewusste Gegenverletzung durch B sichtbar, die Folge enttäuschter eigener Erwartungen gewesen sein könnte.

4.4 Die Rolle der Interviewpartner C

Diese Teilnehmer erfüllten meine Erwartungen als Beobachtergruppe der Interaktion von A und B im Beiratsgeschehen. Durch die oft pointiertere Beschreibung von C traten sowohl Erwartungen als auch Störgefühle deutlicher hervor als bei manchen Aussagen der Betroffenen selbst. Dadurch wurde die Bewertung von Konfliktrisiken verbessert.

Folgende Zitate können dies belegen.

C bestätigte hier das von A deutlich formulierte Störgefühl der unzureichenden Lernbereitschaft bei B:

> *»Also, ich hätte dann erwartet, dass B darauf gedrungen hätte, einen richtigen Prozess des Lernens über das Unternehmen einzuleiten. Also, da muss A eigentlich darauf bestehen, dass B das systematischer lernt. Das ist natürlich auch eine Zeitfrage. Und es gibt die Tendenz, dass ein erfolgreicher Unternehmer als Beirat eigentlich im Wesentlichen über seine Erfolge spricht und meint, dass das das Modell für dieses Unternehmen sei.«*

C bestätigte hier das unzureichende Engagement von B, das bei A zu einer quantitativen Abwertung führte:

> *»Ja, manchmal noch ein bisschen mehr Extrovertiertheit. Ich glaube, ein bisschen mehr [...] objektive Diskussionsteilnahme, objektiv geführte Diskussionsteilnahme. Wie ge-*

sagt, der B ist mehr Mediator und Moderator als Kommunikator. Ich glaube, dass wenn da noch ein Quäntchen fehlt, dann ist es das.«

C bestätigte hier, dass die Branchenferne von B für A ein Problem werden kann:

»Ja, vielleicht sogar das implizite Unsicherheitsgefühl, wie viel hat er denn jetzt wirklich gesehen von der Welt? Wie viel Mehrwert kann er mir denn wirklich bringen? Weil irgendwie ist das Unternehmen von B, ja, mein Gott, viel kleiner, andere Branche, also, ich glaube, das ist so ein bisschen die gefühlte Unsicherheit.«

C bestätigte nachfolgend die Bedeutung der Branchennähe als Erwartung von A:

»Dann die Zugehörigkeit zur Branche, mit der Bs Hilfestellung sinnvoll sein kann. Von daher war es sicherlich wünschenswert, branchenerfahrene Familienunternehmer zu wählen.«

C unterstrich recht drastisch, dass A völlig andere Erwartungen der Unterstützung an B hatte:

»Deswegen war, wenn man es ganz krass sagen sollte, war eigentlich B für die Vorstellung von A nicht die richtige Besetzung gewesen, weil B gar nicht diese absolutistische Art hatte, dass nur eine Meinung richtig sein kann. Und das hat, glaube ich, auch dazu geführt, dass er, dass B dort relativ schweigsam gewesen ist.«

C beschrieb ungeschminkt die dominante Amtswahrnehmung von B, die letztlich den Respekt vor A vermissen ließ:

»Wenn B quasi schon sehr aktiv und auch unternehmerisch eingreift, dann wird es schwierig.«

Nachfrage des Interviewers:

»Also, B fühlt sich da A überlegen?«

C:

»Ja, ganz klar. Und das spüren auch die anderen, das ist offensichtlich, das ist unübersehbar.«

Andere Aussagen von C ließen erkennen, wie unterschiedlich sich Bs im Spannungsfeld zwischen Nähe und Distanz zu A positionierten. Der erste B entsprach der Erwartung nach Unterstützung bzw. Zurückhaltung mit Kritik, während der zweite sich klar abweichend positionierte. Dafür stehen folgende Zitate.

C:

»Aber es ist einfach – B beurteilt eine Situation in dem Fall völlig richtig, kann aber die Konsequenzen dieser Beurteilung nicht genau so äußern – da fühlt er sich durch Höflichkeit und Bindung beschränkt, ja. Und das ist etwas, was ich eigentlich – ja – das eine Mal – ja, das habe ich als Belastung gesehen.«

C:

> *»Ja, da hat der B relativ klar gesagt, wie er das sieht. Das war anders, als es die Familie jetzt für sich gedacht hat oder für sich erwartet hat. Da ist B ja auch kompromisslos, dann sagt er, das ist jetzt unser Rat, letztendlich, wenn die Gesellschafter das anders sehen, dann ist es so, und dann ist es eine Entscheidung, die wir dann auch mittragen, aber letztendlich ist halt unser Ratschlag mal durchaus ein anderer.«*

4.5 Zufriedenheit von A (intern) mit B (extern)

Der zweite Teil der Forschungsfrage war der Zufriedenheit der Gesellschafter A mit ihrem Beiratsmitglied B gewidmet. Diese komplexe Thematik wurde gemäß dem in Kapitel 3.5.2 beschriebenen Forschungsdesign in zwei Stufen behandelt:

- Die *globale Zufriedenheit* behandle ich in Kapitel 4.5.1. Sie wurde abgeleitet aus der direkten Befragung von A auf Basis des Interviewleitfadens. Der erlangte Zahlenwert stellt eine Gesamtbewertung ohne nähere Betrachtung einzelner Erwartungen dar und reflektiert die Position der Gruppe der Interviewpartner als Ganzes. Eine Differenzierung nach den MM wurde vorgenommen.
- In Kapitel 4.5.2 beschäftige ich mich mit der Frage, welche *Auswirkungen* die Enttäuschung von Teilerwartungen auf die globale Zufriedenheit hatte.
- In Kapitel 4.5.3 ziehe ich ein Fazit zur Forschungsfrage Zufriedenheit.

4.5.1 Globale Zufriedenheit von A mit B als Beiratsmitglied

Der erste Teil der zweiten Forschungsfrage (vgl. Kap. 2.4.3) betraf die globale Zufriedenheit von A. Diese wurde im Rahmen der Interviews durch eine quantitative Befragung von A und B erfasst. Die Fragen lauteten

- an A:
  Wie ist die Zufriedenheit mit B?
- an B (zirkulär):
  Was vermuten Sie, welche Bewertung A vergeben hat?

Als Bewertungsziffern standen auf einer analogen Skala zur Verfügung (Zwischenwerte möglich):

- +2 sehr zufrieden (Bestnote, Erwartungen voll erfüllt)
- +1 überwiegend zufrieden (Erwartungen nicht vollständig erfüllt)
- 0 Plus und Minus halten sich die Waage
- −1 überwiegend unzufrieden (Erwartungen nur zum geringen Teil erfüllt)
- −2 sehr unzufrieden (Erwartungen nicht erfüllt)

Von A erhielt ich Bewertungen zu 22 Personen in der B-Rolle. Diese Zahl liegt höher als die der Gremien, da es in einzelnen Gremien mehrere Bs gab. In 20 Fällen erhielt ich Bewertungen beider Seiten. Bei der Abgabe reduzierter Werte (schlechter als +2) fragte ich auf beiden Seiten nach, aus welchen Gründen nicht die Bestnote durch A vergeben wurde. Bei B war dies die zirkuläre Frage nach der Vermutung für die Abwertung durch A. Die gesamte Befragung lieferte somit Erkenntnisse über

1. die globale Zufriedenheit von A mit B in dessen Beiratsrolle – ohne Differenzierung nach einzelnen Erwartungen
2. die Gründe für eine mögliche Abwertung aus der Sicht beider Beteiligten
3. das Maß an Übereinstimmung zwischen der Bewertung durch A und der zirkulären Bewertung durch B.

Es folgen die Ergebnisse im Detail:

1. Globale Zufriedenheit von A mit B

- In acht Fällen (36 %) wurde durch A die Bestnote +2 vergeben, also von A volle Zufriedenheit mit der Beiratsarbeit von B geäußert.
- In elf Fällen (50 %) gab es reduzierte Bewertungen (> 0), da die Erwartungen nicht vollständig erfüllt waren.
- In drei Fällen (14 %) bewegten sich die Bewertungen bei 0 oder im negativen Bereich bis −1. In all diesen Fällen zogen die Gesellschafter A Konsequenzen aus ihrer Unzufriedenheit, indem sie die Zusammenarbeit auf unterschiedliche Weise beendeten.

2. Gründe für die Abwertung

Auf Nachfrage wurden von A etwa gleich häufig genannt

- Dominanz und Kritik durch B (Störgefühl zu A1)
- Defizite bei Engagement und Zeiteinsatz von B (Störgefühl zu A2)
- unzureichende Beratung durch mangelndes Verständnis seitens B (Störgefühl zu A6)

Auf Nachfrage wurden von B auf die zirkuläre Frage etwa gleich häufig genannt

- fehlende Branchenkenntnisse seitens B (Störgefühl zu A5)
- A reagierte damit auf von B geäußerte Kritik (Störgefühl zu A1)
- unzureichender Zeiteinsatz seitens B (Störgefühl zu A2)

Diese Beobachtungen sind bereits in die Einschätzung der Erwartungs-Erwartungen (vgl. Kap. 4.3.3) eingeflossen. Enttäuschungen bei anderen Teilerwartungen wurden nicht genannt.

3. Maß an Übereinstimmung zwischen A und B bei der Einschätzung der Zufriedenheit

Nur in sechs (30 %) der 20 Fälle (mit Bewertungen beider Seiten) stimmten die Bewertung durch A und die zirkuläre Bewertung durch B überein. Darunter waren sowohl Bestnoten als auch reduzierte Bewertungen. Unter den 14 Abweichungen waren acht Fälle, in denen sich B schwächer einschätzte als die von A vergebene Note. Dabei konnte der Faktor Bescheidenheit nicht ganz ausgeschlossen werden. In sechs Fällen überschätzte sich B, vermutete also eine bessere Bewertung durch A, als tatsächlich vergeben worden war. Darunter waren zwei der drei negativ ausgegangenen Fälle, die ich oben erwähnte. Die Trennung ging also offenkundig einher mit einer spürbaren Abweichung zwischen der Bewertung von A und der Selbsteinschätzung bei B. Die hohe Zahl der Abweichungen insgesamt (70 %) deutete darauf hin, dass auf Seiten B doch eine verbreitete Unsicherheit bestand, wie er durch A gesehen wurde. Dies dürfte eine Folge des überwiegend fehlenden Feedbacks und der Kommunikationsverknappung sein. Die globale Bewertung über alle Erwartungen und Teilnehmer zeigte mit einem arithmetischen Mittelwert (AM) von 1,22 (bei tatsächlich vergebenen Werten zwischen −1 und +2) ein gehobenes Maß, aber nur in gut einem Drittel der Gremien volle Zufriedenheit. Damit bestätigte sich die Annahme Z1 zur globalen Zufriedenheit, die im Zwischenfazit (vgl. Kap. 2.5) getroffen wurde.

Differenzierte man die Bewertungen nach den *Mentalen Modellen*, zeigten sich erhebliche Unterschiede:
- PL vergab die Bestnote in keinem Fall, AM bei 0,63
- OF vergab sie in 50 % der Fälle, AM bei 1,17
- AE vergab sie in 60 % der Fälle, AM bei 1,25

Offenkundig war es für B besonders schwierig, den Familienunternehmer des MM PL voll zufriedenzustellen. In den MM höherer Komplexität nahm die Wahrscheinlichkeit voller Zufriedenheit zu bzw. die Enttäuschungen nahmen ab. Im nächsten Kapitel wende ich mich der Frage zu, in welcher Weise die Enttäuschung von Teilerwartungen die globale Zufriedenheit minderte.

4.5.2 Minderungseffekte der Teilerwartungen

In den folgenden Kapiteln bewertete ich für alle Teilerwartungen von A und B die **Minderungseffekte** nach der in Kapitel 3.5.2 beschriebenen Methode:

$$M = E \times (W + N)$$

Kapitel 4.5.2.1 und 4.5.2.2 befassen sich nachfolgend mit den A-induzierten (MA) bzw. B-induzierten (MB) Minderungseffekten einschließlich einer Differenzierung nach den Mentalen Modellen. Analog zu MA reduzierte MB die fiktive Bestnote von B. Die einzelnen MB-Werte wurden bewusst erfasst, um weitere Indikationen für mögliche Gegenverletzungen durch B abzuleiten. Im Abschlusskapitel 4.5.3 zog ich ein Fazit zu allen Minderungseffekten als Antwort auf den zweiten Teil von Forschungsfrage 2 (vgl. Kap. 2.4.3).

4.5.2.1 A-induzierte Minderungseffekte (MA)

Zur Bemessung der allgemeinen Wichtigkeit aW mittels der Summe aller Textstellen (TSE + TSS) wählte ich nach Kenntnis der Datenbasis folgende Grenzwerte:

> 50 Textstellen:	Wichtigkeit hoch
30 bis 50 Textstellen:	Wichtigkeit mittel
< 30 Textstellen:	Wichtigkeit niedrig

Für das Maß der Enttäuschung E (Quotient von TSS/TSE) bildete ich folgende Grenzwerte:

100 % und mehr:	Enttäuschung groß
25 bis 99 %:	Enttäuschung mittel
Darunter:	keine oder geringe Enttäuschung

Für jede einzelne Erwartung von A verknüpfte ich dann die Größen W, E und N wie weiter oben beschrieben. Dabei nahm ich für N folgende Zuordnungen vor:

Erwartungsgruppe Respekt
Da alle Erwartungen dieser Gruppe die Systemgesetze direkt berührten, gehörten sie zur Systemgesetzebene. Das für diese Ebene typische Konfliktrisiko manifestierte sich bereits in den relativ hohen Enttäuschungswerten. Diese waren selbst dann kritisch, wenn die allgemeine Wichtigkeit gering erschien.

Erwartungsgruppe Kompetenz
A4 wurde der Beziehungsebene zugeordnet, da das prägende Merkmal von A und B, nämlich ihre Eigenschaft als Familienunternehmer, angesprochen wurde. A5 gehörte eher zur Sachebene, da diese Thematik zwischen den Partnern und in der Fachliteratur relativ offen kommuniziert wurde. A6 beinhaltete ein Element des Respekts vor der Besonderheit des Unternehmens von A. Daher rechnete ich es zur Systemgesetzebene. Diese Zuordnung korrelierte mit dem außergewöhnlich hohen Enttäuschungswert.

Erwartungsgruppe Unterstützung
Zuordnung der Ebenen: A7 wurde der Beziehungsebene zugeordnet, da es in besonderem Maße die Beziehung von A und B betrifft. A8 gehört zur Sachebene, da es eine breit besprochene Funktion von B in Beiräten (Unterstützung der Nachfolge) war. A9 gehörte wieder zur Beziehungsebene, da es ein Spezifikum der Beziehung von A und B ist.

Die nachfolgende Abbildung 28 zeigt die resultierenden **Minderungseffekte MA1 bis MA9** und den Weg ihrer »Berechnung« im Überblick. Die Unterschiede sind durch farbige Markierung verdeutlicht.

Abbildung 28: Minderungseffekte MA: Bewertungstabelle mit Kenngrößen

	Erwartungen von A	TSE	TSS	TSE+ TSS	aW	TSE/ TSS	E	N	MA
A1	Führungsrolle bei A	55	26	81	hoch	47 %	mittel	Systemgesetzebene	hoch
A2	Engagement und Zeiteinsatz	12	11	23	niedrig	92 %	mittel	Systemgesetzebene	mittel
A3	Respekt für den Wertekodex	7	14	21	niedrig	200 %	groß	Systemgesetzebene	hoch
A4	Rat als Familienunternehmer	50	1	51	hoch	2 %	keine	Beziehungsebene	null
A5	Fachbeitrag und Netzwerk	33	7	40	mittel	21 %	gering	Sachebene	gering
A6	Lernbereitschaft und Bedarfsgerechte Beratung	5	31	36	mittel	620 %	groß	Systemgesetzebene	sehr hoch
A7	Position von A stärken	41	13	54	hoch	32 %	mittel	Beziehungsebene	mittel
A8	Ausgleich Führungsdefizite	35	0	35	mittel	0	keine	Sachebene	null
A9	Pflege Familienbeziehung	17	0	17	niedrig	0	keine	Beziehungsebene	null

Die folgende Abbildung 29 sortiert die **Minderungseffekte** jeweils nach zunehmendem (Hitliste) und abnehmendem Risiko (Risikoliste), jeweils farbig markiert:

Abbildung 29: Minderungseffekte MA sortiert nach absteigendem/aufsteigendem Risiko

Hitliste	(vom geringsten zum höchsten Risiko)
MA4	B denkt bei strategischen Entscheidungen als Familienunternehmer
MA8	Ausgleich von Führungsdefiziten bei A
MA9	Pflege der Familienbeziehung
MA5	Fachlicher Beitrag und Netzwerk
MA2	Interesse, Engagement und Zeiteinsatz für den Beirat
MA7	Position von A stärken
MA3	Respekt für den Wertekodex der Familie
MA1	Führungsrolle bei A, moderate Kritik, kein offener Dissens
MA6	Lernbereitschaft und bedarfsgerechte Beratung

Risikoliste	(vom höchsten zum geringsten Risiko)
MA6	Lernbereitschaft und bedarfsgerechte Beratung
MA1	Führungsrolle bei A, moderate Kritik, kein offener Dissens
MA3	Respekt für den Wertekodex der Familie
MA7	Position von A stärken
MA2	Interesse, Engagement und Zeiteinsatz für den Beirat
MA5	Fachlicher Beitrag und Netzwerk
MA9	Pflege der Familienbeziehung
MA8	Ausgleich von Führungsdefiziten bei A
MA4	B denkt bei strategischen Entscheidungen als Familienunternehmer

In dieser Ansicht wird Folgendes sichtbar:
- Die stärksten Minderungseffekte für die globale Zufriedenheit gingen von den respektrelevanten Erwartungen von A (A1–A3, A6) aus.
- Besonders brisant war außerdem die Thematik A6: Lernbereitschaft und bedarfsgerechte Beratung.
- A7 und A2 musste im Zusammenwirken von A und B ebenfalls höhere Aufmerksamkeit gewidmet werden.
- Die restlichen Erwartungen wurden weitgehend erfüllt und bargen nur geringe Risiken.

Einfluss der einzelnen MM auf den Minderungseffekt:
Da die Wichtigkeit direkt proportionalen Einfluss auf den Minderungseffekt hatte, wirkten Abweichungen der relativen (rW) von der allgemeinen Wichtigkeit (aW) in gleicher Weise.

Bei **PL** zeigte sich dann, dass die meisten Erwartungen für dieses MM weniger wichtig waren als für die gesamte Gruppe. Es gab allerdings eine signifikante Ausnahme nach oben: A7 *Position von A stärken* war für PL sogar um zwei Stufen wichtiger als für OF und AE. Nur durch die Enttäuschung bei PL wurde diese Erwartung auf den angezeigten Minderungseffekt MA7 gehoben. Verletzungen dieser Erwartung waren für Patriarchen höchst kritisch, während OF und AE an dieser Stelle deutlich entspannter reagierten. Möglicherweise lag hier ein wesentlicher Grund dafür, dass PL in keinem Fall die Bestnote vergab.

Bei **OF** stachen zwei Erwartungen heraus, die deutlich mehr Aufmerksamkeit bekamen als bei der Gesamtheit der Gruppe: A1 *Führungsrolle bei A, moderate Kritik, kein offener Dissens* und A4 *Denkt bei strategischen Entscheidungen als Familienunternehmer.* Der Minderungseffekt MA1 wurde also durch OF stärker empfunden als bei der Gesamtgruppe, was an dieser Stelle zur Vorsicht mahnte. Diese Beobachtung deutete darauf hin, dass OF, der per definitionem mit anderen Gesellschaftern im Unternehmen tätig ist, vor deren Augen nicht durch B dominiert werden wollte bzw. besonderen Respekt seitens B erwartete. A4 wurde hingegen voll erfüllt, was bei OF zu deutlich mehr Begeisterung führte als bei PL, für den diese Erwartung zwei Stufen weniger wichtig war.

Bei **AE** fanden sich vier Erwartungen mit erhöhter Wichtigkeit im Vergleich zur Gesamtgruppe: *A2 Interesse, Engagement und Zeiteinsatz, A3 Respekt für den Wertekodex der Familie, A8 Ausgleich von Führungsdefiziten und A9 Pflege der Familienbeziehung.* Der gemeinsame Nenner dieser Haltung könnte sein, dass AE als nicht mehr selbst im Management tätige Gesellschafter, die zudem selbst aus einer komplexen Eignerstruktur kommen, von ihrem B ein besonders hohes Maß an Professionalität erwarteten, das sich in hohem Engagement, Optimierung des Managements und Pflege der innerfamiliären Beziehungen ausdrückte. AE erwartete von B geradezu Einflussnahme, Kontrolle und Einhaltung der Governance – durchweg Verhaltensweisen, die von PL, das hier mental eher den Gegenpol darstellte, eher störend empfunden wurden.

Im folgenden Kapitel geht es nun um die B-induzierten Minderungseffekte inkl. MM.

4.5.2.2 B-induzierte Minderungseffekte (MB)

Zur Bewertung der allgemeinen Wichtigkeit **aW** (Summe der Textstellen TSE und TSS für jede einzelne Erwartung) wählte ich nach Kenntnis der Datenbasis (quantitativ ca. 60 % der Textstellen von A) folgende Grenzwerte:

> 30 Textstellen:	Wichtigkeit hoch
20 bis 30 Textstellen:	Wichtigkeit mittel
< 20 Textstellen:	Wichtigkeit niedrig

Für das Maß der Enttäuschung **E** (Quotient von TSS/TSE) bildete ich zur Bewertung nach Kenntnis der Datenbasis folgende Grenzwerte:

TSS/TSE 81 % und mehr:	Enttäuschung groß
TSS/TSE 25 bis 80 %:	Enttäuschung mittel
Darunter:	keine oder geringe Enttäuschung

Für jede einzelne Erwartung von B verknüpfte ich dann ebenfalls die Größen W, E und N. Dabei nahm ich für N folgende Zuordnungen vor:

Erwartungsgruppe Respekt
Da diese Erwartungen wie bei A die Systemgesetze direkt berührten, ordnete ich sie ebenfalls der Systemgesetzebene zu. Enttäuschungen gab es hier bei B1 und B3.

Erwartungsgruppe Kompetenz
Diese Erwartungen von B ordnete ich allesamt der Beziehungsebene zu. Enttäuschungen traten hier nur sehr begrenzt auf. Dies würde sich allerdings rasch ändern, sollte sich B z. B. von familienrelevanten, strategischen Diskussionen ausgeschlossen fühlen.

Erwartungsgruppe Governance
B7 ordnete ich der Systemgesetzebene zu, da B in seiner Beiratsrolle Respekt von A für die Einhaltung der Rahmenbedingungen (Unabhängigkeit als Beirat) erwartete. Die Nichterfüllung dieser Erwartung verletzte diese Respekterwartung. B8 und B9 ordnete ich der Beziehungsebene zu, da es formale Kommunikation auch über diese Themen zwischen A und B nicht gab. In die Besetzungsfragen spielten häufig familiäre Aspekte hinein, was diese Thematik sensibel machte.

Die nachfolgende Abbildung 30 zeigt die resultierenden **Minderungseffekte MB1 bis MB9** und den Weg ihrer »Berechnung« im Überblick. Die Unterschiede sind durch farbige Markierung verdeutlicht.

Abbildung 30: Minderungseffekte MB: Bewertungstabelle mit Kenngrößen

Erwartungen von B		TSE	TSS	TSE+ TSS	aW	TSE/ TSS	E	N	MB
B1	Als Berater Respekt erfahren	29	18	47	hoch	62 %	mittel	Systemgesetzebene	hoch
B2	Horizonterweiterung	22	0	22	mittel	0 %	keine	Systemgesetzebene	null
B3	Übereinstimmung Werte	6	3	9	niedrig	50 %	mittel	Systemgesetzebene	mittel
B4	Einfluss auf FU-Themen	25	5	30	mittel	20 %	gering	Beziehungsebene	niedrig
B5	Feedback zum Beitrag	9	0	9	niedrig	0 %	keine	Beziehungsebene	null
B6	Einbindung in Information	5	0	5	niedrig	0 %	keine	Beziehungsebene	null
B7	Trennung Beiratsrolle und Unternehmerfreundschaft	30	25	55	hoch	83 %	groß	Systemgesetzebene	Sehr hoch
B8	Qualifizierte Besetzungen	14	4	18	niedrig	30 %	mittel	Beziehungsebene	mittel
B9	Professionelle Governance	14	17	31	hoch	120 %	groß	Beziehungsebene	hoch

Die folgende Abbildung 31 sortiert die **Minderungseffekte** jeweils nach zunehmendem (Hitliste) und abnehmendem Risiko (Risikoliste), jeweils farbig markiert:

Abbildung 31: Minderungseffekte MB sortiert nach absteigendem/aufsteigendem Risiko

Hitliste	(vom geringsten zum höchsten Risiko)
MB6	Einbindung in die Informationsströme
MB5	Feedback zum eigenen Beitrag
MB2	Wahrung Eigeninteresse, Erweiterung des Horizonts
MB4	Einfluss auf die strategischen Entscheidungen des FU
MB8	Qualifizierte Besetzung von Management und Beirat
MB3	Übereinstimmung bei Wertvorstellungen und Kultur
MB9	Professionelle Gremienarbeit und Governance
MB1	Als Berater Respekt erfahren und Wirkung erzielen
MB7	Trennung von Unternehmerfreundschaft und Beiratsrolle

Risikoliste	(vom höchsten zum geringsten Risiko)
MB7	Trennung von Unternehmerfreundschaft und Beiratsrolle
MB1	Als Berater Respekt erfahren und Wirkung erzielen
MB9	Professionelle Gremienarbeit und Governance
MB3	Übereinstimmung bei Wertvorstellungen und Kultur
MB8	Qualifizierte Besetzung von Management und Beirat
MB4	Einfluss auf die strategischen Entscheidungen des FU
MB2	Wahrung Eigeninteresse, Erweiterung des Horizonts
MB5	Feedback zum eigenen Beitrag
MB6	Einbindung in die Informationsströme

Abbildung 31 lässt Folgendes erkennen:

- Die stärksten B-induzierten Minderungseffekte gingen von den Erwartungen B7, B1 und B9 aus. Dabei ragt B7 als Störgefühl wegen unerwünschter Instrumentalisierung heraus – nicht zuletzt wegen der damit verbundenen Respektverletzung.
- Die weitgehende Zufriedenheit bei der Einbindung vor allem in strategische Entscheidungsprozesse des Familienunternehmens (B4) wirkte stabilisierend auf die Beziehung zwischen A und B.
- Eine ganze Reihe weiterer, allerdings weniger wichtiger Erwartungen wurden gut erfüllt und boten kaum Anlass zur Sorge.

Einfluss der einzelnen MM auf den Minderungseffekt:

Für das MM **PL** bestand ein erhöhtes Konfliktrisiko vor allem bei B3 *Übereinstimmung von Wertvorstellungen und Kultur.* Auf dort entstehende Dissonanzen reagierte PL empfindlicher als die anderen MM. Ein konkretes Beispiel war der zuvor beschriebene Gegensatz zwischen Großzügigkeit und Sparsamkeit beim Umgang mit den erwirtschafteten Gewinnen (Vergütungen, Ausschüttungen). Deutlich gelassener agierte PL hingegen bei den Governance-Themen. Etwa bei B7 *Trennung von Unternehmerfreundschaft und Beiratsrolle* konnte A mit einem verständnisvolleren B rechnen, wenn dieser dem MM PL angehörte.

OF zeigte sich auch hier als MM, das zwischen PL und AE oszilliert. Übereinstimmend mit PL waren bei der Wertethematik B3 erhöhte Minderungseffekte zu beobachten. Dasselbe galt für B8 *Qualifizierte Besetzung von Management und Beirat*, wo OF allerdings auf einer Linie mit AE lag. Bei der bereits erwähnten Erwartung B7 lag OF wiederum näher bei PL und zeigte eine eher A zugeneigte Position.

Das MM **AE** reagierte empfindlicher als PL und OF auf die Verweigerung des Respekts als Berater (B1). Dasselbe galt für alle Erwartungen im Bereich der Governance (B7–B9). Der allgemein hohe Minderungseffekt bei der Instrumentalisierung durch A (B7) war also im Wesentlichen durch die strikte Haltung von AE geprägt. Vertreter des MM AE im Beirat legten besonderen Wert auf Einhaltung der professionellen Regeln – vermutlich weil sie diese aus ihrem eigenen Firmenumfeld so kannten.

4.5.3 Fazit Zufriedenheit

Für die Messung der Zufriedenheit stand direkt aus der Befragung zunächst einmal nur ein Maß für die globale Zufriedenheit zur Verfügung. Bei einer Skala tatsächlich vergebener Noten zwischen -1 und $+2$ (Bestnote) lag das arithmetische Mittel (AM) bei 1,22 mit deutlichen Unterschieden zwischen den einzelnen MM. AE ist deutlich zufriedener mit B als PL. Die Bestnote wurde innerhalb der 19 Gremien achtmal vergeben. Zweimal lag das AM zwischen 1 und 1,5 und sechsmal bei 1. Insbesondere bei Letzteren konnte unterstellt werden, dass A bereits ein spürbares Maß an Unzufriedenheit empfand, das vermutlich bereits durch Deckelung eingehegt wurde, um unangenehme Konsequenzen zu vermeiden oder zu verzögern. In den drei Fällen mit Werten zwischen -1 und 0 kam es letztlich zu einer Trennung der Partner.

Die Zufriedenheitslücke zwischen der Bestnote und der tatsächlich gegebenen Note stellte die Gesamtminderung der Zufriedenheit dar. Dieses Delta setzte sich zusammen aus

- den A-induzierten Minderungseffekten MA1 bis MA9, die durch Enttäuschung der Erwartungen A1 bis A9 entstanden; diese Minderungseffekte wurden direkt bei A wirksam (Details siehe unten)

- einem indirekt wirkenden, unspezifischen Minderungseffekt MBA, der – im Sinne einer Gegenverletzung – als eher unspezifische Rückwirkung der Unzufriedenheit von B auf die Zufriedenheit von A zu verstehen ist. Der deutlichste Hinweis auf bewusste Gegenverletzungen war die Missachtung einzelner Erwartungs-Erwartungen durch B: Wichtige Erwartungen von A wurden nicht erfüllt, obwohl B grundsätzlich Verständnis für diese Erwartungen hatte. Bei welcher Erwartung von A und in welchem Umfang die Gegenverletzungen auftraten, konnte auf Basis der vorhandenen Daten nicht genau festgestellt werden.

Dieser doppelte Minderungseffekt aus direkt wirkenden MB1 bis MB9 und indirektem MAB trat gleichermaßen bei B auf, wurde aber dort nicht in Zahlenwerten) abgefragt bzw. ermittelt. Die Wechselwirkung der Minderungseffekte und Gegenverletzungen zwischen A und B zeigt Abbildung 32:

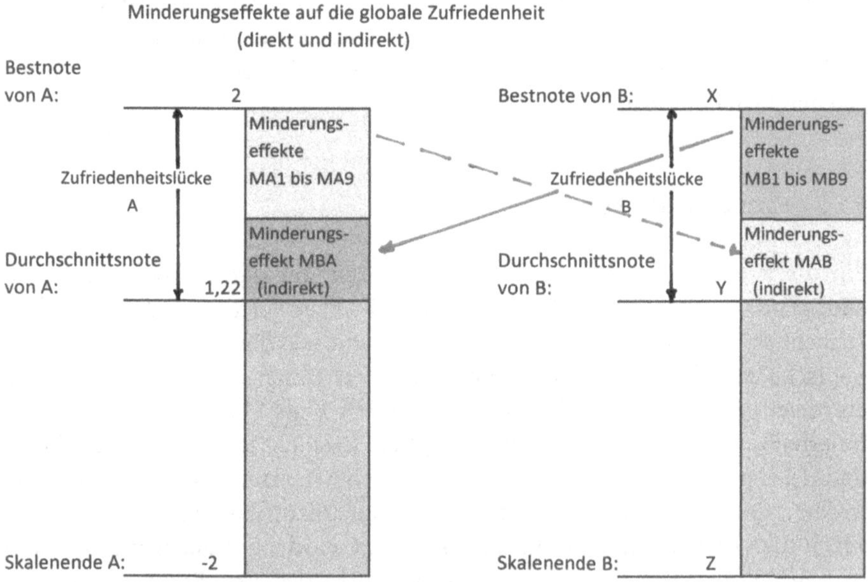

Abbildung 32: Wechselseitige Minderungseffekte zwischen A und B

Die detaillierte Befragung zu den Teilerwartungen beider Partner ermöglichte die Erfassung der direkten Minderungseffekte auf beiden Seiten. Die A-induzierten Minderungseffekte (MA1 bis MA9) konnte man den zugehörigen Teilerwartungen von A zuordnen, die sie auslösten. Dasselbe war für die B-induzierten Minderungseffekte (MB1 bis MB9) bei den Erwartungen von B möglich.

Kompensationseffekte

Im verwertbaren Material fand ich keine klaren Hinweise auf Kompensationseffekte zwischen einzelnen Teilerwartungen, wie sie in der Theorie (vgl. Kap. 2.4.3) beschrieben wurden. Beim Vergleich der Erwartungserfüllung auf beiden Seiten fiel mir allerdings das hohe Maß der Übereinstimmung bei A4 (*A erwartet, dass B bei strategischen Entscheidungen als Familienunternehmer agiert*) und B4 (*B möchte Einfluss nehmen auf genau diese Entscheidungen*) auf. Auf diesem wichtigen Feld war A rundum zufrieden, B weitgehend. Diese Entsprechung dürfte der Gesamtbeziehung von A und B besonders förderlich gewesen sein. B konnte hier das wesentliche Unterscheidungsmerkmal zu C, nämlich die Unternehmereigenschaft, zum Nutzen von A in die Beiratsarbeit einbringen. Es war gut vorstellbar, dass durch das beiderseitige Zufriedenheitsgefühl, das bei wichtigen Erwartungen durch affektive Begeisterung verstärkt wurde, eine gewisse Kompensationsbereitschaft entstand, die Enttäuschungen an anderer Stelle mindern konnte. Vermutlich wurden durch diese positive Stimmung Enttäuschungen auf der Sachebene kognitiv noch leichter verarbeitet. Ärger auf der Beziehungsebene wurde vermutlich als weniger ernst betrachtet oder bereitwilliger gedeckelt. B war eher bereit, A entgegenzukommen bzw. über Defizite hinwegzusehen. Verletzungen auf der Systemgesetzebene können allerdings auch durch die besondere Zufriedenheit bei A4/B4 auf die Dauer nicht kompensiert werden.

Zusammenfassend halte ich fest, dass die Zufriedenheit von A im Sinne der zweiten Forschungsfrage im mittleren, gehobenen Bereich lag. Wo keine Bestnote vergeben wurde, setzte sich die Zufriedenheitslücke zusammen aus

- den Minderungseffekten, die durch nicht verarbeitete Enttäuschungen bei den Erwartungen A1 bis A9 verbleiben; diese differieren untereinander sehr stark
- einem unspezifischen Minderungseffekt MBA, der indirekt im Sinne einer Gegenverletzung durch die Unzufriedenheit von B ausgelöst wurde.

Im individuellen Fall war es außerdem nicht unerheblich, welchem MM A und B jeweils angehören. Die gegebene Konstellation hatte Auswirkungen auf das Maß der Zufriedenheit bzw. Enttäuschung auf beiden Seiten. Es mag Fälle geben, in denen bei der Auswahl von B seine Zugehörigkeit zu einem bestimmten MM bereits bewusst oder unbewusst eine Rolle spielte. In diesen Fällen einer mehr oder weniger gezielten Besetzung ist anzunehmen, dass A die mentale Prägung von B von vornherein zielführend in Hinblick auf die eigenen Erwartungen erschien. In anderen Fällen wurde bei der Auswahl vermutlich nicht auf diesen Aspekt geachtet, und heute wird die Zusammenarbeit im Beirat eben durch die Spezifika der gegebenen Konstellation geprägt. Inwieweit die jeweilige Prägung von B den Erwartungen von A entgegenkam, ist dann mitbestimmend für den

Zufriedenheitsgrad seiner Erwartungen. Um die Unterschiede sichtbar zu machen, habe ich in Abbildung 33 die Konstellationen dargestellt, die in den 19 von mir betrachteten Gremien vorlagen. Basis für die Einschätzung, welche Kombination von A und B gut bzw. weniger gut funktioniert, war die jeweilige Beurteilung der globalen Zufriedenheit durch A (siehe Kap. 4.5.1), die entsprechend farbig unterlegt ist.

Zwischen A und B waren folgende Kombinationen möglich und kamen vor:

A = B	A und B gehören demselben MM an (z. B. PL+PL)
A > B	A steht auf einer höheren Komplexitätsstufe als B (z. B. AE+OF)
A >> B	A steht auf einer deutlich höheren Komplexitätsstufe als B (AE+PL)
A < B	A steht auf einer niedrigeren Komplexitätsstufe als B (z. B. PL+OF)
A << B	A steht auf einer deutlich niedrigeren Komplexitätsstufe als B (PL+AE)

An dieser Stelle erinnere ich daran, dass die hier gewählte Differenzierung der durch A (intern) und B (extern) repräsentierten MM mittels der mathematischen Zeichen <, > und = keine Wertigkeit ausdrückt. Es geht ausschließlich um eine neutrale Kennzeichnung, inwieweit sich die Komplexitätsgrade in den Unternehmen der Partner A und B unterscheiden.

Abbildung 33: Beiratskonstellationen der Studienteilnehmer

	AE+PL (A>>B)	AE+OF (A>B)	AE+AE (A=B)
AE	1 Fall: A voll zufrieden Merkmale: B agiert eher als unterstützender Unternehmer, begrenztes Konfliktpotenzial, kein Zugewinn für Governance	2 Fälle: A voll zufrieden 1 Fall: A teilweise zufrieden 1 Fall: A unzufrieden Merkmale: B bringt unternehm. Spirit, ggf. auch Unterstützung für A, aber wenig für die Governance	1 Fall: A voll zufrieden 1 Fall: A teilweise zufrieden Merkmale: mental auf Augenhöhe, geringes Konfliktpotenzial, Persönlichkeit entscheidend
	OF+PL (A>B)	**OF+OF (A=B)**	**OF+AE (A<B)**
OF	1 Fall: A teilweise zufrieden Merkmale: mentale Nähe, da beide operativ; A kann nur bedingt mit Unterstützung rechnen, kein Zugewinn für Governance	2 Fälle: A voll zufrieden 2 Fälle: A teilweise zufrieden 1 Fall: A unzufrieden Merkmale: große mentale Nähe, Persönlichkeit entscheidend	2 Fälle: A voll zufrieden Merkmale: Zugewinn für Governance, A schätzt dieses Wissen, Konfliktrisiko begrenzt

((Fortsetzung))

	PL+PL (A=B)	PL+OF (A<B)	PL+AE (A<<B)
PL	1 Fall: A teilweise zufrieden 1 Fall: A unzufrieden Merkmale: große mentale Nähe, aber Konfliktpotenzial (zwei Macher), wenig Governance	1 Fall: A teilweise zufrieden Merkmale: Zugewinn für Governance, A schätzt dieses Wissen, Risiko bei Einflussnahme, B muss dafür sensibel sein	1 Fall: A teilweise zufrieden Merkmale: Wissen/Erfahrung in Governancefragen kann bei B zu Überheblichkeit führen, B muss dafür sensibel sein
	PL	OF	AE

Eine Idealkombination von A (intern) und B (extern) hinsichtlich optimaler Zufriedenheit ließ sich aus dieser Auswahl nicht ableiten. Folgende Schlussfolgerungen konnte ich jedoch ziehen:

- Die (volle oder teilweise) Zufriedenheit der Unternehmergruppe des MM AE erstreckte sich über alle mentalen Modelle bei B. Dies könnte darauf hindeuten, dass bei der Auswahl von B auch auf dessen MM geachtet wurde, um bestimmte Vorteile zu erzielen. Da AE i. d. R. das breiteste Wissen der drei MM in Fragen der Komplexitätsbewältigung repräsentierte, war das Konfliktrisiko mit den auf diesem Feld weniger erfahrenen B-Unternehmern limitiert.
- Die Beiräte der Unternehmergruppe OF arbeiteten insgesamt recht gut zusammen, ebenfalls über alle drei Fälle. Allerdings fand sich dort einer der Fälle von Unzufriedenheit und späterer Trennung. Die OF-Gruppe wies eine breite Streuung auf: Sie enthielt Unternehmen, die gerade erst die patriarchale Phase PL verlassen hatten, und andere, die bereits am Übergang zu AE standen.
- Die Zusammenarbeit der Beiräte in der Unternehmergruppe PL bekam über alle MM nur mittlere bis schlechte Noten. Das Konfliktrisiko durch die möglicherweise seitens A gefühlte »Überlegenheit« von B (vor allem bei Governance-Themen) war nicht zu unterschätzen. Auf jeden Fall war dort seitens B Fingerspitzengefühl im Umgang mit dem sehr operativ geprägten A erforderlich.
- Mentale »Gleichstellung« (A = B) war nicht immer von Vorteil. Schließlich fanden sich dort zwei Fälle von Unzufriedenheit mit anschließender Trennung (bei PL und OF). Wegen der operativen Prägung der Partner (»Macher«) ist wohl das Konfliktrisiko bei PL besonders hoch. Der persönliche Fit zwischen A und B scheint noch wichtiger als in den anderen Kombinationen.
- Die geringere Komplexität bei A (A < B, A << B) hatte insbesondere den Vorteil des Erfahrungs- und Wissensgewinns bei den klassischen Themen des Familienunternehmers, wie etwa den anstehenden Generationswechsel. Das

Funktionieren dieser Konstellation erfordert allerdings einen entsprechenden Umgang von B mit seiner Position, da A Akzeptanz für seine Führungsrolle erwartet (A1).

- Der »Vorsprung« von A (A > B, A >> B) war hierarchisch unproblematisch, da A quasi in doppelter Hinsicht die Nase vorn hatte: berufender Unternehmer A plus Erfahrung im Umgang mit höherer Komplexität. Zu hinterfragen blieb allerdings der Nutzen hinsichtlich des Wissens- bzw. Erfahrungsgewinns, wenn man einmal von der reinen Fach- oder Branchenexpertise absieht, die allerdings auch ein Nicht-Familienunternehmer bieten könnte. Auch sollte A sich selbstkritisch fragen, ob man diesen B nicht deswegen in den Beirat holte, um primär einen Unterstützer zu haben, der eher keine kritischen Fragen zur künftigen Governance-Entwicklung stellt.

Teil III Zusammenfassung und Weiterführung

5. Schlussbetrachtung

Im Verlauf der Studie bestätigte sich meine bereits im theoretischen Teil geäußerte Vermutung: Antworten auf den ersten Teil der Forschungsfrage waren aus den Befragungsergebnissen gut abzuleiten, zumal ein Teil der Erwartungen in der Literatur bereits berührt wurde – allerdings ohne Differenzierung von Wichtigkeiten und Konfliktrisiken. Als deutlich schwieriger erwies sich der zweite Teil der Forschungsfrage nach der Zufriedenheit von A (intern) mit B (extern), zumal die direkte Befragung mit der globalen Zufriedenheit nur begrenzte Informationen lieferte. Grundsätzlich hatte A mit der Berufung von B in den Beirat eine wichtige Besetzungsentscheidung zu treffen, die Erfolg und Nutzen des Beirats beeinflusste. In den von mir ausgewählten Gremien trug der Beirat große Verantwortung für die Zukunftssicherung des jeweiligen Familienunternehmens. Aus diesen Gründen war es mir wichtig, zusätzlich zur Analyse und Gewichtung der Erwartungen mehr Licht in die Zusammenhänge zu bringen, die letztlich den Erfolg dieser so häufig anzutreffenden Besetzung bestimmen. Meine berufliche Vergangenheit eröffnete mir zudem die Chance, durch meinen Zugang zum traditionell zurückhaltenden Personenkreis der Familienunternehmer Erkenntnisse aus erster Hand zu erlangen und zu verarbeiten.

In der folgenden Schlussbetrachtung fasse ich die Ergebnisse der Studie zusammen und kommentiere sie in Zusammenhang mit allen gewonnenen Erkenntnissen. Dabei orientiere ich mich an den beiden Forschungsfragen: Kapitel 5.1 behandelt die Erwartungen und Kapitel 5.2 die Zufriedenheit. In den jeweiligen Zusammenhängen werden auch die wesentlichen Einflussfaktoren beleuchtet. In Kapitel 5.3 gehe ich dann auf lohnende Felder möglicher Anschlussforschung und die Limitationen der vorliegenden Untersuchung ein.

5.1 Erwartungen

Dieser Thematik war die erste Forschungsfrage aus Kapitel 1.2 gewidmet, die an dieser Stelle noch einmal wiederholt sei:

Welche Erwartungen verknüpfen die Eigentümer (A, intern) mit der Berufung familienfremder Familienunternehmer (B, extern) in ihren Beirat?

Es sind folgende Erwartungen, in jeder Erwartungsgruppe geordnet nach ihrer allgemeinen Wichtigkeit (aW), d. h. zunächst ohne Berücksichtigung der Mentalitätsunterschiede, die als MM weiter unten kommentiert werden.

Erwartungsgruppe Respekt
A erwartet von B Respekt für seine Person, seine Familie und sein Unternehmen.
a) A erwartet, dass B die Führungsrolle von A respektiert, Kritik, falls erforderlich, nur in moderater Form äußert und – im Beirat – keinen offenen Dissens entstehen lässt.
b) A erwartet von B, dass er Interesse, Engagement und Zeiteinsatz für seine Beiratstätigkeit zeigt.
c) A erwartet Respekt für den Wertekodex der Inhaberfamilie.

Erwartungsgruppe Kompetenz
A erwartet, dass B eine Reihe definierter Kompetenzen für seine Beiratsrolle mitbringt.
a) A erwartet, dass B bei strategischen Entscheidungen im Beirat als Familienunternehmer denkt, argumentiert und handelt.
b) A erwartet, dass B einen fachlichen Beitrag leistet und sein Netzwerk für das Unternehmen von A einsetzt.
c) A erwartet von B, dass er aktive Lernbereitschaft zur Einarbeitung in die spezifischen Themen des Unternehmens zeigt und sich dadurch in die Lage versetzt, eine am Bedarf von A orientierte Beratung im Beirat zu bieten.

Erwartungsgruppe Unterstützung
A erwartet von B Unterstützung in verschiedener Form.
a) A erwartet, dass B seine Position stärkt, indem er bei Beiratsdiskussionen möglichst für ihn Stellung bezieht.
b) A erwartet, dass B sich einbringt, wenn es gilt, Führungsdefizite zu kompensieren. Dazu zählt neben der klassischen Unterstützung bei der Nachfolgefrage auch die Hilfe in Übergangs- oder Krisensituationen.

c) A erwartet, dass B sich in der Pflege der Familienbeziehung engagiert, d. h. für informative ggf. moderierende Gespräche innerhalb der Eigentümerfamilie A zur Verfügung steht.

Diese Erwartungen unterschieden sich voneinander in der Wichtigkeit, die ihr die befragten Familienunternehmer beimaßen. In jeder Erwartungsgruppe ragte eine Erwartung als besonders wichtig heraus:
- In der Erwartungsgruppe Respekt war es die Anerkennung der Führungsrolle, die A in seiner Eigenschaft als (Mit-)Eigentümer des Unternehmens auch von B erwartet. Sie wurde abgeleitet vom ultimativen Entscheidungsrecht, das A für sein Eigentum beansprucht – auch wenn der möglicherweise abweichende Rat von einem »Unternehmerkollegen« kommt.
- In der Erwartungsgruppe Kompetenz war es die Bereitschaft und Fähigkeit von B, insbesondere bei den strategisch wichtigen Entscheidungen des Familienunternehmens Denken und Fühlen des Familienunternehmers einzubringen, was von den anderen externen Mitgliedern (C) des Gremiums, die keine Familienunternehmer sind, nicht ohne weiteres erwartet werden kann.
- In der Erwartungsgruppe Unterstützung war es ganz allgemein die Stärkung der Position des Eigentümers A in all seinen denkbaren Rollen.

Enttäuschung der Erwartungen führte zu konkret geäußerten Störgefühlen bei A. Da deren Umfang insbesondere für die spätere Betrachtung der Zufriedenheit von Belang war, führe ich die intensivsten Störgefühle nachfolgend noch einmal auf:
- In der Erwartungsgruppe Respekt ist hier zu erwähnen: dominantes Auftreten, Ausüben von Druck und offener Dissens seitens B.
- In der Erwartungsgruppe Kompetenz sind es unzureichende Beratung durch mangelnde Lernbereitschaft und als Folge Defizite beim Verständnis für A. Bei dieser Erwartung wurden die meisten Störgefühle überhaupt geäußert. Insbesondere wurden die unkritische Übertragung von Rezepten aus dem Unternehmen von B und das Setzen von falschen Themenschwerpunkten beklagt.
- In der Erwartungsgruppe Unterstützung wurde allgemein die zuvor erwähnte Stärkung vermisst.

In Hinblick auf die komplexe Zufriedenheitsthematik beschäftigte ich mich in der gesamten Untersuchung auch mit den **Erwartungen von B**, auch wenn diese nicht der primäre Forschungsgegenstand waren. Die Ergebnisse fasse ich nachfolgend analog zu A in derselben Anordnung zusammen:

Erwartungsgruppe Respekt

B erwartet von A Respekt für seine Person und seine kulturelle Prägung.

a) B erwartet, dass er als Berater Respekt erfährt und mit seiner Tätigkeit Wirkung bei A erzielt.

b) B erwartet, dass A Verständnis aufbringt für die eigene Interessenlage von B, darunter den Wunsch, seinen Horizont durch die Beiratstätigkeit zu erweitern.

c) B erwartet eine weitgehende Übereinstimmung der Wertvorstellungen und Kultur.

Erwartungsgruppe Kompetenz

B erwartet von A die Gelegenheit, seine Kompetenz in die Beiratsarbeit einzubringen.

a) B möchte gehört werden und Einfluss nehmen, wenn Entscheidungen anstehen, die für das Familienunternehmen von A strategisch wichtig sind.

b) B erwartet von A Feedback zu dem Beitrag, den er zur Arbeit im Beiratsgremium leistet.

c) B erwartet in die Informationsströme zu wichtigen Themen regelmäßig und automatisch eingebunden werden.

Erwartungsgruppe Governance

B erwartet von A die Einhaltung professioneller Governance-Regeln und Respekt für die Unabhängigkeit von B als Beiratsmitglied.

a) B erwartet von A, dass er die Trennung von Unternehmerfreundschaft und Beiratsfunktion bei B respektiert.

b) B erwartet von A, dass er eine qualifizierte Besetzung von Management und Beirat sicherstellt.

c) B erwartet professionelle Gremienarbeit und Governance im Umgang mit allen Themen, die den Beirat berühren.

Die stärksten Störgefühle von B seien hier auch erwähnt:

- In der ersten Erwartungsgruppe wurde am häufigsten beklagt, dass B eben keinen Respekt als Berater erfährt und nicht den Eindruck hat, Wirkung mit seiner Beiratsarbeit zu erzielen.
- In der Erwartungsgruppe Kompetenz traten seitens B nur geringe Störgefühle auf.
- Es folgten in der Erwartungsgruppe Governance der von B als unangenehm empfundene Druck zur freundschaftlichen Positionierung im Sinne von A und generell der Mangel an professioneller Gremienarbeit und Governance.

Beim Vergleich der Erwartungsgruppen von A und B wurde deutlich, dass es bei den beiden ersten Gruppen (Respekt und Kompetenz) inhaltliche Parallelen gab. Diese waren grundsätzlich hilfreich für die Verständigung der Partner, schlossen jedoch Konflikte nicht aus, wie insbesondere die Problematik der Lernbereitschaft und Prioritätensetzung zeigte. Geradezu gegensätzlich waren die beiden letzten Erwartungsgruppen: Der Erwartung nach Unterstützung bei A stand die Erwartung professioneller Governance bei B gegenüber. Während sich B also hier – wie C – dem Anspruch der Unabhängigkeit und Professionalität verpflichtet fühlte, sah A in B einen potenziellen Unterstützer, vermutlich mehr als in jedem C. Damit bekam die Rolle von B eine besondere Brisanz, die wohl kaum vermeidbar ist. Nicht wenige Familienunternehmer kannten sowohl die A-Rolle (intern) als auch die B-Rolle (extern). Im Kreis der Teilnehmer waren vier Unternehmer mit aktuellen Erfahrungen in dieser Doppelrolle. Sie wurden separat in beiden Funktionen interviewt. Dabei stellte sich heraus, dass sich ihre Haltung je nach Rolle in die eine (pro Unterstützung in der A-Rolle) oder andere Richtung (pro Governance in der B-Rolle) neigte. Sie modifizierten also ohne erkennbare Probleme ihre Erwartungen und ihr Verhalten mit dem Wechsel in die jeweils andere Rolle.

Die Untersuchung hat bestätigt, dass die Wichtigkeit der einzelnen Erwartungen stark dadurch beeinflusst wurde, welchem Mentalen Modell A (intern) und B (extern) angehörten. Die diesbezügliche Theorie von Gimeno (2010) wurde damit eindrucksvoll bestätigt. Die oben erwähnte allgemeine Wichtigkeit (aW) stellte das Durchschnittsergebnis aller Teilnehmer der Befragung dar. Mit Einbeziehung der MM in die Überlegungen ergaben sich mit der relativen Wichtigkeit (rW) erhebliche Abweichungen von aW. Hier beschränke ich mich auf die Betrachtung der besonders wichtigen Erwartungen. Zusammenfassend halte ich für die drei MM – differenziert nach A und B – fest:

Patriarchale Logik (PL)

In der A-Rolle gab es nur eine Erwartung, die für PL wichtiger ist als für die Gesamtgruppe: die Stärkung der eigenen Position. Bei beiden anderen MM war diese Erwartung unterdurchschnittlich ausgeprägt. Diese Differenzierung ließ erkennen, dass diese Erwartung primär durch PL auf ihr Gesamtniveau gehoben wurde. Diese Spreizung der Werte einer im Gesamtbild wichtigen Erwartung war im Durchschnittswert nicht erkennbar. In der B-Rolle war der Wunsch nach Horizonterweiterung und die Erwartung der Einflussnahme bei wichtigen Entscheidungen sehr ausgeprägt. Die Governance-Ansprüche lagen unter denen der anderen MM.

Operative Familie (OF)
Bei diesem MM waren in der A-Rolle die Erwartungen nach *Respekt für die eigene Führungsrolle* und die aktive *Mitwirkung von B bei strategischen Entscheidungen* wichtiger als der Durchschnittswert. In der B-Rolle ragten die *Übereinstimmung bei den Wertvorstellungen* und die Erwartung *professioneller Besetzungen* heraus.

Aktive Eigentümer (AE)
Für diese Personengruppe waren in der A-Rolle zum einen respektbezogene Erwartungen wie *Engagement seitens B* und Übereinstimmung bei den *Wertepositionen* überdurchschnittlich wichtig. Dasselbe galt für die Unterstützungspositionen *Ausgleich von Führungsdefiziten* und *Pflege der Familienbeziehung*, jedoch nicht für die Stärkung der eigenen Person. Darin zeigte sich indirekt die Wertschätzung von AE für professionelle Governance, ohne dass diese Erwartung durch A überhaupt ausgesprochen wurde. Dieser Wunsch zeigte sich noch deutlicher in der B-Rolle mit überdurchschnittlichen Werten in allen *Governance-Erwartungen.* Sehr wichtig waren außerdem die *Respekterwartung als Berater und der Wunsch der Einflussnahme.*

In Summe ließ sich im Vergleich der drei MM schlussfolgern, dass im Veränderungsprozess von PL zu AE die *Unterstützungserwartung* abnimmt, während die Erwartung *professioneller Governance* zunimmt. In der B-Rolle waren bei allen MM relativ gesehen die Präferenzen in Richtung Governance erhöht.

Im nächsten Kapitel fasse ich die Erkenntnisse zur zweiten Forschungsfrage (Zufriedenheit) zusammen.

5.2 Zufriedenheit

Die Zufriedenheit von A mit B war Inhalt der zweiten Forschungsfrage, die wiederum in zwei Teile zerfiel:

Wie groß ist die globale Zufriedenheit der Eigentümer mit dieser Berufung und welche Auswirkungen haben die Enttäuschungen einzelner Erwartungen auf diese Zufriedenheit?

Die *globale Zufriedenheit* wurde durch direkte und zirkuläre Befragung von A und B erfasst. Genannt wurden Noten zwischen -1 und $+2$ (Bestnote). Die Bestnote, die volle Zufriedenheit signalisierte, wurde in einem guten Drittel der Fälle vergeben. In etwa 50 Prozent der Fälle wurden reduzierte Bewertungen zwischen 0 und 2 abgegeben, in denen nur teilweise Zufriedenheit zum Ausdruck kam. In den restlichen Fällen lagen die Noten im negativen Bereich. Die

Zusammenarbeit von A und B wurde in all diesen Fällen nicht fortgesetzt. Der arithmetische Mittelwert aller Noten lag bei 1,22.

Nur in 30 Prozent der Fälle stimmten die Bewertungen von A (intern) und die Vermutung von B (extern) bezüglich der Zufriedenheit überein. Überschätzungen und Unterschätzungen hielten sich etwa die Waage. Es bestand also eine erhebliche Unsicherheit bei B, wie sein Beitrag in der Beiratsrolle durch A gesehen wurde. Maßgeblich dafür verantwortlich waren die generelle Kommunikationsverknappung zwischen A und B zu beziehungsrelevanten Themen und das überwiegend fehlende Feedback im Laufe der Zusammenarbeit. Bezog man die MM in die Betrachtung ein, zeigte sich auch hier ein differenziertes Bild: PL war generell am wenigsten zufrieden, was sich sowohl in der niedrigsten Durchschnittsnote als auch im Fehlen der Bestnote ausdrückte. Bei AE erreichte B den höchsten Durchschnittswert und erhielt in 60 Prozent der Fälle die Bestnote. OF bewegte sich dazwischen und vergab die Bestnote immerhin schon in 50 Prozent der Fälle. Ganz offenkundig stieg die Zufriedenheit von A mit der Komplexität in Familie und Unternehmen an. Das Risiko des Scheiterns blieb dennoch bestehen: Die beobachteten Trennungsfälle kamen in allen MM vor. Zusammenfassend war festzustellen, dass im Durchschnitt knapp zwei Drittel der Besetzungen unterhalb der vollen Zufriedenheit blieben.

Woran dies lag und warum dieser Zustand oft lange toleriert wurde, zeigte sich in den Ergebnissen zum zweiten Teil dieser Forschungsfrage, die den *Auswirkungen von Erwartungsenttäuschungen,* wie etwa Preyer (2012) sie beschreibt, gewidmet war. Die in den Interviews beschriebenen Störgefühle markierten als Momentaufnahme das Maß der Enttäuschung, das durch die teilweise Nichterfüllung einzelner Erwartungen bis dato entstanden war. In diese Wahrnehmung sind eingeflossen:

- das durch Kommunikationsverknappung (vgl. Wimmer, 2005) und Konsensfiktion (vgl. Hahn, 1983) geprägte Verhalten beider Partner. Es steigerte das Enttäuschungsrisiko, da eine Abklärung der Erwartungen und Feedback weitgehend fehlten.
- das von Erwartungs-Erwartungen (vgl. von Schlippe, 2014) abhängige Verhalten von B. Diese Erwartungs-Erwartungen deckten sich nur zum Teil mit den Erwartungen von A. Wo sie passten, erhöhten sie das Verständnis und minderten das Risiko der Enttäuschung. Andere wichen jedoch ab oder fehlten komplett (z. B. die Lernerwartung), was Enttäuschungen nach sich zog.
- die Folgen der Verletzungen des wechselseitigen psychologischen Kontrakts (vgl. von Schlippe, 2014), der wegen der fehlenden Abklärung wichtiger Erwartungen negativ auf die Beziehung einwirkte.

Enttäuschungen (Abweichung der Realität von der Erwartung) konnten jederzeit bei allen Erwartungen auftreten. Entscheidend dafür, ob und ggf. wie stark sie die Zufriedenheit beeinträchtigten, war die Frage, wie der Betroffene auf die Enttäuschung reagierte: Im Falle kognitiver Reaktion (vgl. Luhmann, 1984) verschwand die Enttäuschung weitgehend, im Falle normativer Reaktion blieb sie zumindest teilweise bestehen. Die nicht verarbeiteten Enttäuschungen führten zu einer Minderung der Zufriedenheit von A, die sich im Delta zwischen der Bestnote und der tatsächlich vergebenen Note ausdrückte. Das gesamte Delta setzte sich zusammen aus:

- den direkt wirkenden Minderungseffekten, die bei der Enttäuschung von Teilerwartungen auf Seiten A entstanden (A-induzierte Minderungseffekte). Diese Effekte waren klar identifizierbar und unterschieden sich in ihrer Intensität (siehe unten)
- einem indirekt wirkenden, unspezifischen Minderungseffekt, der durch die Unzufriedenheit von B ausgelöst wurde. B verhielt sich dann weniger kooperativ und erfüllte – als bewusste oder unbewusste Gegenverletzung – Erwartungen von A nicht im gewünschten Maß.

Bei **A** entstand die **höchste Zufriedenheit** (geringste Enttäuschung) bei den folgenden drei Erwartungen:

- A erwartet, dass B bei strategischen Entscheidungen im Beirat als Familienunternehmer denkt, argumentiert und handelt
- A erwartet, dass B sich einbringt, wenn es gilt, Führungsdefizite zu kompensieren; dazu zählt neben der klassischen Unterstützung bei der Nachfolgefrage auch die Hilfe in Übergangs- oder Krisensituationen
- A erwartet, dass B sich in der Pflege der Familienbeziehung engagiert, d. h. für informative und ggf. moderierende Gespräche innerhalb der Eigentümerfamilie A zur Verfügung steht.

Interessanterweise waren diese drei Erwartungen genau mit den Eigenschaften verbunden, die B am deutlichsten von den anderen externen Mitgliedern des Beirats (C) unterscheiden – es sind die typischen Merkmale und Themen eines Familienunternehmers.

Die **größten Enttäuschungen für A** waren aus folgenden Gründen zu beobachten:

- Das Fehlen aktiver Lernbereitschaft bei B zur Einarbeitung in die spezifischen Themen des Unternehmens. In diesen Fällen gelang es B nicht, eine am Bedarf von A orientierte Beratung im Beirat zu bieten.
- Fehlender Respekt für seine Führungsrolle und unsensibler Umgang mit kritischen Themen
- Fehlender Respekt für den Wertekodex der Familie

Der gemeinsame Nenner dieser Enttäuschungen war fehlender Respekt für die Rolle des Eigentümers und seine Beziehung zum Unternehmen.

Die Familienunternehmer **B** fühlten sich **besonders wohl** durch die weitgehende Erfüllung der folgenden Erwartungen:
- die Möglichkeit, auf die strategischen Entscheidungen von A als externer Familienunternehmer Einfluss nehmen zu können
- Wahrung des Eigeninteresses und Erweiterung des Horizonts als Gegenwert für den Beiratseinsatz
- Einbindung in die Informationsströme und Feedback zum eigenen Beitrag

In diesen Erwartungen spiegelten sich Wertschätzung und Anerkennung für die Person von B generell sowie seine spezifische Rolle als Familienunternehmer wider.

B hatte hat primär mit folgenden **Enttäuschungen** bzw. Störgefühlen zu kämpfen, die das Verhältnis zu A belasteten und vermutlich Gegenverletzungen auslösten:
- B fühlte sich unwohl, wenn A die Trennung zwischen Unternehmerfreundschaft und Beiratsrolle bei B nicht respektierte.
- B war besonders empfindlich, wenn er als Berater nicht umfassenden Respekt erfuhr und keine ausreichende Wirkung erzielte.
- B beklagte unprofessionelle Governance und Gremienarbeit generell.

Bei diesen Erwartungen standen professionelle Governance und Respekt vor der Beiratsrolle von B im Vordergrund.

Über den Faktor der relativen Wichtigkeit führte die Differenzierung nach den MM zu spürbaren Auf- oder Abwertungen einzelner Erwartungen. Diese Unterschiede möchte ich in einer Gesamtbetrachtung der drei MM charakterisieren.

Patriarchale Logik (PL)

PL wollte in der A-Rolle alle wesentlichen Steuerungsmechanismen selbst im Griff behalten und stand der Einflussnahme von Dritten reserviert gegenüber. Die Wahrung der Interessen des Familienunternehmens wurde als das ureigene Aktionsfeld betrachtet, auf dem PL – nach eigenem Selbstverständnis – nur schwer übertroffen werden kann. Dies wurde auch daran erkennbar, dass PL mit seinem B durchweg weniger zufrieden war als die anderen MM: Die Bestnote wurde in keinem Fall vergeben. Ein wichtiger Grund dürfte außerdem die Enttäuschung im Bereich der Stärkung gewesen sein, denn vor allem bei dieser Erwartung herrschte oft Unzufriedenheit. Nahezu alle restlichen Erwartungen waren für PL weniger bedeutsam als für die anderen MM, worin auch eine generell etwas distanziertere Haltung zur Rolle des gesamten Beirats sichtbar wurde. PL pflegte am wenigsten direkte Kommunikation mit B zu den Erwartungen und Störgefühlen, d. h. die Verknappung war dort am stärksten ausgeprägt. Feedback an B wurde nur selten gegeben. In der B-Rolle sah sich PL mit seiner Nähe zum Tagesgeschäft (im eigenen Unternehmen) offenkundig als besonders wertvollen Ratgeber für A. Als externer Beirat entdeckte allerdings auch PL die Vorzüge professioneller Governance-Standards, mit denen er in der A-Rolle eher haderte.

Operative Familie (OF)

OF ist das Mentale Modell zwischen PL und AE, das sehr vielfältige und unterschiedliche Ausprägungen aufwies. Manche Unternehmen hatten das patriarchale Modell gerade erst verlassen, während andere vor dem Übergang zu AE standen. Die Vertreter von OF stellten zwar die größte Gruppe der Interviewten, brachten sich aber nur unterdurchschnittlich häufig mit Kommentaren ein. Die Ausschläge fielen insgesamt nach beiden Richtungen schwächer aus und waren teilweise nicht so konsistent wie bei den beiden anderen MM. Daher waren für OF aus dem vorhandenen Material nur begrenzt Erkenntnisse abzuleiten. Am ehesten fiel auf, dass der Wunsch nach Respekt für die Führungsrolle besonders ausgeprägt war. Dies könnte damit zu tun gehabt haben, dass OF als Mitglied einer mehrköpfigen Gesellschaftergruppe unter Beobachtung oder gar Aufsicht anderer Familienmitglieder steht und nicht durch B kompromittiert werden mochte. OF zeigte sich deutlich stärker angetan von Bs Input als die Vertreter von PL, was sich z. B. in der besseren Benotung zeigte.

Aktive Eigentümer (AE)

Ihnen waren die Probleme und Risiken eines Familienunternehmens in der fortgeschrittenen Generationenfolge stärker bewusst als den anderen Modellen. Daher waren sie offener für echte Stärkung durch Rat von außen und besonders interessiert an einer kontinuierlichen Verbesserung der langfristigen Risikovorsorge und Optimierung der Governance. Die Empfindlichkeit gegen Einflussnahme und abweichende Meinung anderer war weniger ausgeprägt als bei den beiden anderen Modellen, in denen A noch Mitglied des Managements war. Engagement und Zeiteinsatz seitens B waren ihnen am wichtigsten von allen MM.

In der B-Rolle hingen ihre grundsätzliche Bereitschaft zur Mitwirkung und ihr Engagement besonders davon ab, dass das Unternehmen von A professionell aufgestellt war in Führung und Aufsicht (Beirat). Respekt für ihre Beraterkompetenz fanden AE besonders wichtig – möglicherweise, weil sie aus den größten in der Untersuchung vertretenen Unternehmen mit entsprechend ausgeprägter Governance kamen.

Ich wollte an dieser Stelle nicht versäumen zu erwähnen, dass die Zuordnung der MM zu einem bestimmten Unternehmen nicht immer eindeutig war. Wie schon bei der Beschreibung von OF anklang, gibt es Misch- und Übergangsformen, etwa wenn bei einem Unternehmen, das ansonsten alle AE-Kriterien erfüllt, doch noch – oder wieder – ein Familienmitglied im operativen Management wirkt. Dies änderte jedoch nichts daran, dass nach meiner Beobachtung die MM bei der Beantwortung der Forschungsfragen dieser Studie außerordentlich erhellend waren, da sie einen differenzierten Blick auf die Gesamtgruppe der Teilnehmer ermöglichten.

Qualität und Stabilität der Zusammenarbeit von A und B

Bei allen Beiratskonstellationen, für die A die Bestnote vergab (acht von 19 Fällen) arbeiteten die Partner A und B trotz vereinzelter Störgefühle stabil und gut zusammen. Aber auch in den acht Fällen mit geminderter Zufriedenheit waren keine Absichten erkennbar, die Verbindung zu hinterfragen oder gar zu beenden. Dafür sehe ich folgende Gründe, die beide mit der besonderen Prägung des Familienunternehmers zu tun haben:

- Die herausragende Quelle der Zufriedenheit für A, die bei allen MM sichtbar wurde, war die Verfügbarkeit eines externen Partners B im Beirat, der als Familienunternehmer verstand, wie man selbst »tickt«. B brachte dieses Denken in die wesentlichen Entscheidungsprozesse ein und positionierte sich entsprechend – vorausgesetzt, er sah sich damit nicht zu unangemessener Parteinahme gezwungen. Wie die Kommentare der Interviewpartner zeigten, konnte der Input von B zu Entscheidungen führen, die in einem reinen C-Gremium möglicherweise so nicht gefallen wären.
  Je nach Sachlage konnte der Einfluss von B dabei den unternehmerischen Mut oder die unternehmerische Vorsicht stärken. Ebenso waren wertebedingte Abweichungen z. B. bei sozialen Fragen zu beobachten. Die Beziehung der beiden Partner wurde inhaltlich und emotional getragen durch die gute Erfüllung gerade der familientypischen Erwartungen. Es ist zu vermuten, dass diese wiederkehrenden Momente echter Begeisterung durch das gleichgerichtete Handeln von A und B Enttäuschungen an anderer Stelle in den Hintergrund treten ließen bzw. ihre Verdrängung erleichterten. Die drohende Eskalationsspirale von Verletzung und Gegenverletzung wurde aufgehalten oder drehte sich langsamer.
- Das Verhältnis von A und B, die ja separaten Familienunternehmen entstammten, zeigte gewisse Parallelen zu Mitgliedern derselben Unternehmerfamilie (Kommunikationsverknappung, Wimmer 2005) und selbst zu Ehepaaren (Konsensfiktion, Hahn 1983). Vor diesem Hintergrund entstand eine enorme Hürde für kritische Gespräche oder gar eine Trennung, deren Konsequenzen A besonders fürchtete. Wenn Abklärungen am Beginn nicht stattgefunden hatten, erfolgten sie auch später nicht mehr. Man blieb einfach

zusammen und machte das Beste aus der einmal eingegangenen Verbindung, auch wenn sie – objektiv betrachtet – nicht optimal funktionierte.

Die größten Risiken für die Beziehung resultierten aus Verletzungen der auf der Systemgesetzebene (Bischop, 2010) angesiedelten Erwartungen wie Zugehörigkeit, Respekt und Wertschätzung. Beispiele waren das Fehlen bedarfsgerechter Beratung, Dominanz ebenso wie Ausschluss, aber auch kulturelle Dissonanzen. Bisher enttäuschungsfreie oder pragmatisch angepasste Erwartungen konnten allerdings durch sich verändernde Umstände in die problematischeren Ebenen (Beziehungs-, Systemgesetzebene) »aufsteigen« und bleibende Enttäuschung auslösen. Die Empirie zeigte, dass es auf beiden Seiten Schmerzgrenzen in dieser Partnerschaft gab, deren Überschreitung dann doch zu Konsequenzen führte. Ein Unterschied zu den oben erwähnten familialen Konstellationen zeigte sich nun darin, dass eine Trennung leichter möglich war, da A und B unabhängiger voneinander waren als Familienmitglieder oder gar Ehepaare. Allerdings erfolgte die Trennung in den von mir beobachteten Fällen nie rasch, sondern erst nach unterschiedlich langen Phasen des Zweifels und der Prüfung.

Selbst am Ende der Zusammenarbeit war offene Kommunikation über dessen Ursachen die Ausnahme. Man scheute die Aufkündigung der Konsensfiktion selbst noch im Auseinandergehen. Wenn möglich wartete A unverfängliche Anlässe zur Beendigung der Zusammenarbeit ab, wie das Ende der Amtszeit oder das Erreichen der Altersgrenze. Die drei genannten Trennungsfälle verteilten sich auf alle drei MM. Die primär enttäuschten Erwartungen betrafen *Stärkung der Position* (in einem PL-Beirat), *Lernbereitschaft und bedarfsgerechte Beratung* (in einem OF-Beirat) und *kulturelle Unverträglichkeit* (in einem AE-Beirat).

Unterschiede von B und C

Nach meiner Beobachtung waren die meisten Beiräte so besetzt, dass es Kategorie C (extern, kein Familienunternehmer) immer gab, B (extern, aber Familienunternehmer) jedoch nicht. Nur sehr vereinzelt sind mir Gremien begegnet, in denen als Externe nur Vertreter der Kategorie B vertreten waren. Meine Arbeit beschäftigte sich überwiegend mit Gremien, in denen ein B neben einem oder mehreren Vertretern der Kategorie C auftrat. Vor diesem Hintergrund erschien es mir interessant, aus meiner Untersuchung die wesentlichen Unterschiede zwischen B und C abzuleiten. Da die Erwartungen an C nicht vertiefter Gegenstand dieser Studie waren, erlaubte ich mir, zur Einschätzung auch auf Erfahrungswerte aus meiner Beratungstätigkeit zurückzugreifen. Abbildung 34 zeigt den Vergleich entlang der Erwartungen an B:

Abbildung 34: Vergleich der Erwartungen von A an B und an C

	Erwartungen von A an B	Erwartungen von A an C (relativ zu B)
	Erwartungsgruppe Respekt	
A1	Führungsrolle bei A, moderate Kritik, kein offener Dissens	ähnlich
A2	Interesse, Engagement und Zeiteinsatz für den Beirat	ähnlich
A3	Respekt für den Wertekodex der Familie	geringer
	Erwartungsgruppe Kompetenz	
A4	Denkt bei strategischen Entscheidungen als Familienunternehmer	geringer
A5	Fachlicher Beitrag und Netzwerk	höher
A6	Lernbereitschaft und bedarfsgerechte Beratung	ähnlich
	Erwartungsgruppe Unterstützung	
A7	Position von A stärken	geringer
A8	Ausgleich von Führungsdefiziten	geringer
A9	Pflege der Familienbeziehung	geringer

Auch dieser Vergleich zeigt, dass die größten Unterschiede bei den familientypischen Erwartungen bestanden. Damit erscheint die Rolle von B emotional intensiver und vielleicht auch erfüllender (durch den strategischen Dialog zwischen den Familienunternehmern), gleichzeitig aber auch schwieriger als die von C – hauptsächlich durch den möglichen Konflikt zwischen Unterstützung und Unabhängigkeit. Vergleichen wir die Beziehung von A und B mit der von A und C, sind weitere Unterschiede zu vermuten. So dürfte die Kommunikation der Erwartungen mit C insgesamt leichter fallen, weil die Sachthemen im Vordergrund stehen. Sowohl der Auswahlprozess als auch die spätere Beziehung sind stärker durch geschäftliche Nüchternheit geprägt. Sie ähnelt damit stärker einer Leistungsbeziehung, in der im Übrigen auch die Vergütungsfrage eine größere Rolle spielt als bei B. Analog werden Trennungen von C konsequenter vollzogen. Verbindungen mit B dürften hingegen schneller geschlossen und langsamer gelöst werden. Ergänzende Betrachtungen zu den spezifischen Merkmalen von B (Stärken und Grenzen) stelle ich in Kapitel 6 (praktische Empfehlungen) an.

In Summe zeigte sich das Tandem von A und B unter mehreren Aspekten als mental bedingte Sonderbeziehung, auch wenn dies die meisten Interviewpartner (C ausgenommen) so nicht benennen wollten. Das Wirken des externen Familienunternehmers B erwies sich in den meisten Fällen als geschätztes Element der Beiratstätigkeit. Es trug zur langfristigen Existenzsicherung und zur Verbesserung der Governance bei. Die in der Studie geschilderten Risiken und

Grenzen dieser Rolle sollten jedoch nicht außer Acht gelassen werden. Wie durch Forschung und Fachliteratur vielfach bestätigt gehören i. d. R. zu einem guten Kompetenz-Mix im Gremium auf der Seite der Externen qualifizierte C-Mitglieder, die nach den spezifischen Anforderungen des Unternehmens ausgewählt wurden.

5.3 Anschlussforschung und Limitationen

Die Studie validierte den Einfluss der Mentalen Modelle PL, OF und AE auf die Erwartungen der beteiligten Personen. Die auf einer gemischten Auswahlgruppe fußende Untersuchung ließ nur eine begrenzte Betrachtung der einzelnen Modelle zu – insbesondere PL war nur mit vier Unternehmen vertreten. Gerade in dieser Phase werden jedoch entscheidende Weichenstellungen für die Entwicklung der künftigen Governance des Unternehmens vorgenommen. Eine Möglichkeit der Anschlussforschung wäre daher die vertiefte Betrachtung der Erwartungen dieses, aber auch der anderen MM durch jeweils von Beginn an auf sie zugeschnittene Forschungskonzepte. Weitere Ansatzpunkte zur Anschlussforschung bieten sich bei allen Merkmalen, bei denen ich in Kapitel 3.3 Begrenzungen mit dem Ziel der Komplexitätsreduzierung vornahm – von der Variablen »Unternehmen« bis hin zur Variablen »Expertengruppe«. Die Auswahl hängt letztlich vom Interesse des jeweiligen Forschers und seinen Zielsetzungen ab. Interessant erschiene mir z. B. die Frage, inwieweit die Erwartungen von A und B durch den Umstand verändert werden, dass B im Beirat die Rolle des Vorsitzenden einnimmt. Dasselbe gilt für den hier nicht näher beleuchteten Charakter des Beirats, der eine Vielzahl unterschiedlicher Ausprägungen – z. B. stark oder schwach – annehmen kann. Reizvoll fände ich auch eine Untersuchung der Frage, ob sich das in Deutschland so verbreitete Modell des externen Familienunternehmers als Beiratsmitglied auch in anderen Ländern mit unterschiedlichen Jurisdiktionen wiederfindet.

6. Praktischer Nutzen der Studie

Die Expertengespräche generierten zahlreiche Erkenntnisse, die nicht in direktem Zusammenhang mit den Forschungsfragen standen, aber dennoch praktischen Wert entfalten können. Insbesondere ist hier das generische Rollenprofil des externen Familienunternehmers zu nennen: Was kann er besonders gut leisten und wo bestehen Grenzen? Diesem Thema wurde Kapitel 6.1 gewidmet.

In den Kapiteln 6.2 und 6.3 versetzte ich mich jeweils in die Situation der beiden interagierenden Personen A (intern) und B (extern). Ziel war es, ihnen auf der Basis der Erkenntnisse dieser Studie Empfehlungen zu geben, die in der Zusammenarbeit die Zufriedenheitswerte verbessern und Konfliktrisiken vermindern können:

- Die Szenarien für A können dabei sein, eine Erst- oder Neubesetzung für eine B-Vakanz im Beirat zu planen oder eine bestehende Zusammenarbeit zu optimieren.
- Die Szenarien für B sind der mögliche Eintritt in einen Beirat und ebenfalls dic Optimierung einer bestehenden Beiratstätigkeit.
- Für A und B gibt es gleichermaßen die Option, eine bestehende Zusammenarbeit zu beenden.

6.1 Vorzüge und Grenzen des Profils B in einem Beirat

Der Familienunternehmer B gehörte im Beirat zur Gruppe der von außen berufenen, also externen Mitglieder. Zusätzlich kennzeichnete B jedoch ein Merkmal, das er mit dem Familienunternehmer A gemeinsam hat und das ihn von den Vertretern der Kategorie C unterschied: Beide waren Gesellschafter eines Familienunternehmens. Aus dieser zusätzlichen Qualität von B resultierte eine Reihe besonderer Stärken, die von den Familienunternehmern A besonders geschätzt wurden und häufig den Anlass zur Berufung in den Beirat gaben. Daneben gab es aber auch Schwächen, die auch bedacht werden sollten. Ich möchte nicht unerwähnt lassen, dass die Textbeiträge insbesondere zu den Grenzen von B überproportional häufig von den Interviewpartnern C kamen. Bei den Mentalen Modellen stammten die meisten Kommentare zu diesen Grenzen von AE. OF war seltener vertreten und PL überhaupt nicht. Hier zeigten sich Unterschiede beim kritisch-distanzierten Blick auf die eigene Rolle.

Vorzüge

Die herausragende Stärke von B ist eben genau seine Eigenschaft als Familienunternehmer. Diese versetzt ihn in die Lage, wie A die Beiratsthemen aus dem Blickwinkel des Familienunternehmers zu bewerten. Dabei fließen die wesentlichen Faktoren ein, die auch in der Studie bereits anklangen, wie z. B.:

- Kenntnis der Rollenkomplexität des Familienunternehmers (siehe Drei-Kreis-Modell in Kap. 2.1.2)
- Verständnis für die Brisanz und Vielschichtigkeit der Nachfolgeproblematik
- Verständnis für das Bedürfnis nach Wahrung der Unabhängigkeit – etwa durch Vermeidung zu hoher Risiken
- der unternehmerische Mut zu unkonventionellen Entscheidungen
- das Denken in Generationen und nicht in kurzfristigen Zyklen
- die emotionale Bindung an das eigene Unternehmen

Genau diese Stärke bzw. ihr Einsatz im Beiratsgeschehen bestimmte eine der wichtigsten Erwartungen von A an B. Hinzu kam, dass diese Erwartung bei A den höchsten Zufriedenheitsgrad aller Erwartungen aufwies. Bei dieser Thematik entsprachen die Erwartungen von A und von B einander in nahezu optimaler Weise.

Grenzen

Im Sinne einer Optimierung der Beiratsarbeit sollten die Beteiligten sich jedoch auch der Grenzen bewusst sein, die dem Profil des Familienunternehmers gesetzt sind:

- Insbesondere in der patriarchalen Phase zeichnen sich viele Familienunternehmer durch intuitive Qualitäten aus – vieles geschieht »aus dem Bauch heraus«. Diese Form der strategischen Arbeit erinnert an die von Nagel und Wimmer (2009, S. 27) beschriebenen Spielarten der Strategieentwicklung, zu denen in folgender Tabelle auch die *intuitiven Entscheidungen* zählen:

Abbildung 35: Spielarten der Strategieentwicklung (aus Nagel/Wimmer 2009)

Wo und durch wen findet Strategieentwicklung statt?	Formen der Strategiefindung	
	implizit	*explizit*
außerhalb der Organisation als Vorgabe für den Managementprozess	intuitive Entscheidungen	expertenorientierte Ansätze
als Leistung innerhalb des Systems, insbesondere innerhalb des Managementprozesses	inkrementale oder evolutionäre Strategien	periodische Strategiereflexion als gemeinschaftliche Führungsleistung

Sie sind nicht immer in der Lage, die Gründe für ihren eigenen Erfolg präzise zu analysieren und dann auch verständlich zu kommunizieren. Diese Fähigkeit zur Abstraktion und Beratung wird jedoch in einer Beiratstätigkeit gebraucht.

- Bisweilen stößt man bei Familienunternehmern auf ein Selbstbild, das weniger reflektiert ist als bei angestellten Führungskräften in der Wirtschaft, die sich in Jahrzehnten über einen mehrstufigen Karriereweg in ihre Spitzenverantwortung hocharbeiten mussten. Eigentumsbedingt vorgezeichnete Entwicklungswege und fehlende Auswahlprozesse haben bei manchen Familienunternehmern dazu geführt, dass sich Eigenschaften wie z. B. Anpassungsfähigkeit und Hinterfragen der eigenen Person schwächer entwickelten als bei angestellten Managern. Außerdem bekommen Familienunternehmer – wie auch diese Studie zeigte – in ihrem geschäftlichen Umfeld selten ehrliches Feedback, das ihnen eine Überprüfung des Selbstbilds erleichtern würde. Diese Umstände können sich nachteilig auf ihre Mitarbeit in Beiräten auswirken.
- Familienunternehmer lernen im Laufe ihrer beruflichen Entwicklung häufig nur ein Unternehmen richtig kennen – nämlich ihr eigenes. Sie verfügen daher – im Vergleich zum angestellten Top-Manager – oft nur über ein begrenztes Erfahrungsspektrum zu Geschäftsmodellen und erprobten Lösungsansätzen. In Zusammenhang mit der seitens A vermissten Lernbereitschaft kann sich dadurch bei B die Neigung verstärken, die zu Hause gefundenen Lösungen auch als empfehlenswert für A zu betrachten.
- Familienunternehmer haben seltener Erfahrung mit Großunternehmen und ihren Strukturen. Nach einer Statistik der »Frankfurter Allgemeine Zeitung« (2016) erwirtschafteten weniger als 20 Familienunternehmen in Deutschland Umsätze oberhalb von 10 Milliarden Euro. Darunter waren sechs Handelsunternehmen. Gerade große Familienunternehmen des produzierenden Sektors tun sich daher schwer, Kandidaten für das B-Profil zu finden, die aus gleich großen oder noch größeren Unternehmen kommen und entsprechendes Wissen mitbringen.

Es folgen praktische Empfehlungen für die Zusammenarbeit der beiden Familienunternehmer im Beirat.

6.2 Empfehlungen für den Familienunternehmer A

Ich teile die Empfehlungen ein in die Abschnitte
- vor der Berufung in den Beirat
- während der Zusammenarbeit im Beirat
- allgemeine Ratschläge an A

Vor der Berufung von B in den Beirat
Den verbessernden Maßnahmen in dieser Phase kommt große Bedeutung zu, da eine spätere Korrektur von Versäumnissen kaum mehr möglich erscheint. Die Gründe dafür liegen in der besonderen Beziehung zwischen A und B, die insbesondere das Ansprechen kritischer Themen erschwert. Diese Problematik besteht bei B in höherem Maße als bei den C-Mitgliedern des Beirats, zu denen eher ein geschäftsmäßiges Verhältnis besteht, das Korrekturen der Zusammenarbeit erleichtert.

Zum Finden und Gewinnen von B stützten sich die Familienunternehmer A meiner Interviewrunde in
- 55 % der Fälle ausschließlich auf ihre eigenen persönlichen Kontakte (Methode I)
- 30 % der Fälle auf das Netzwerk der anderen Beiratsmitglieder, familienintern wie extern (Methode II, kann auch mit I kombiniert werden)
- 15 % der Fälle auf eine breite Recherche im Markt, vorwiegend mit Unterstützung eines Personalberaters (Methode III, Vorschläge von A und aus dem Beirat fließen in das Verfahren ein)

Damit bestätigte sich – bezogen auf alle Beiratsmitglieder – eine aktuelle Beobachtung von Achenbach und Gottschalk (2016, S. 27):

> »*Nach wie vor ist bei diesen Besetzungen oft der Zufall im Spiel. Man bedient sich in familiären, persönlichen oder anderen Netzwerken – ohne eine exakte Vorstellung von den Qualifikationen des einzelnen Beiratsmitglieds und des Gremiums als Ganzem zu haben.*«

Abbildung 36 zeigt die wesentlichen Vor- und Nachteile der oben aufgeführten drei Besetzungsmethoden:

Abbildung 36: Vergleich der Besetzungsmethoden für Beiratsmitglieder (inkl. B)

Eigene Kontakte von A (55 %) Methode I		Kontakte des Beirats (30 %) Methode II		Breite Recherche mit Berater (15 %) Methode III	
Vorteile	**Nachteile**	**Vorteile**	**Nachteile**	**Vorteile**	**Nachteile**
A kennt B meistens bereits persönlich Vertrauensbasis oder positives Bauchgefühl vorhanden Ansprache durch A signalisiert Wertschätzung Chance auf raschen Besetzungserfolg Geringe Kosten	Vergleichsmöglichkeit fehlt Profilerarbeitung eher selten Risiko unzureichender Abklärung der Erwartungen Ablehnung durch B kann emotionalen Schaden auf beiden Seiten auslösen Risiko suboptimaler Lösung	Nutzung des breiteren Netzwerks im Beirat Bessere Vergleichsmöglichkeiten als bei Methode I Profildefinition eher gegeben als bei Methode I A kann sich auf die Empfehlung eines ihm vertrauten Personenkreises stützen Anspracherisiko geringer, da Rückzugsmöglichkeit für B Geringe Kosten	Person B für A eher fremd Mehr Auswahl, aber kein vollständiger Marktüberblick Prozess länger als bei Methode I Risiko suboptimaler Lösung reduziert, aber weiter vorhanden	Profildefinition als Basis für die Suche, Diskussion der Erwartungen Volle Transparenz des Marktes mit breiter Vergleichsmöglichkeit Sequentielle und diskrete Ansprache eröffnet B Rückzugsmöglichkeit Beste Prognose durch Marktausschöpfung und Kommunikation der Erwartungen	Person B ist für A meistens fremd, emotionale Hürde Vertrauensaufbau in Vorgesprächen erforderlich Bisweilen verlängerte Prozessdauer im Vergleich zu den anderen Methoden Beraterkosten

Die Erfolgschancen der Besetzung steigen, wenn folgende Aspekte berücksichtigt werden:

- Erarbeitung eines Profils für B, bevor mit der Ansprache begonnen wird. Dieser Schritt diszipliniert A dazu, sich konkrete Gedanken darüber zu machen, welche Merkmale und Eigenschaften die gewünschte Person B haben soll. Zum Anforderungsprofil sollte neben den üblichen Kategorien das zu den Zielen der Besetzung am besten passende Mentale Modell gehören. Bewertungen der möglichen Kombinationen zwischen A und B sind in Abbildung 33 (Beiratszusammensetzung) Seite 180 zu finden.
- Schriftliche Formulierung der eigenen persönlichen Erwartungen. Als Orientierung kann Kapitel 5.1 (Antwort auf die Forschungsfrage der Erwartungen) dienen, wobei die individuelle Zusammenstellung natürlich davon abweichen kann. Bei der Setzung der Prioritäten kann die Berücksichtigung des eigenen MM hilfreich sein (siehe Abb. 18 bis 20, S. 106).
- Wie diese Studie zeigte, hängt die spätere Zufriedenheit nicht unwesentlich von der Kommunikation und Abklärung der gegenseitigen Erwartungen im Vorfeld ab. Insofern sollten die dazu erforderlichen Gespräche zwar behutsam, aber ehrlich und umfangreich geführt werden. Ein Rückzug von den Gesprächen ist auch in dieser Phase sicher nicht einfach, aber später ist er kaum noch möglich.
- Es ist hilfreich für das gegenseitige Verständnis, eine Vorstellung von den Erwartungen von B zu haben (vgl. Kap 5.1). Dasselbe gilt auch dort für die relativen Wichtigkeiten des MM, das ein möglicher Partner B repräsentiert (siehe Abb. 23 bis 25, S. 130/131). Werden – wie in vielen Fällen zu erwarten – von B Erwartungen nur begrenzt geäußert, ist es eine Option für A, sie vorsichtig anzusprechen, um mehr Klarheit zu erlangen.
- Rollenvielfalt (im Sinne des Drei-Kreis-Modells) auf Seiten A kann die Aufgabe von B im Beirat erschweren. Dessen sollte sich der primär im oder mit dem Beirat agierende A bewusst sein. Proaktive Aufklärung über die unterschiedlichen Rollen und gegebenenfalls auch Erwartungen kann Problemen vorbeugen.

Während der Zusammenarbeit im Beirat

In dieser Phase bleibt Kommunikation im Sinne von Feedback das wichtigste Instrument, um Missverständnisse oder Fehlentwicklungen zu begegnen. Wie die Untersuchung zeigte, wird es bisher nur in seltenen Fällen praktiziert. Je mehr es generell gelingt, der zuvor beschriebenen Kommunikationsverknappung mit geeigneten Mitteln, das heißt ohne Gefährdung des tragenden Wertekonsenses, entgegenzuwirken, desto besser sind die Chancen auf höhere Zufriedenheit und Beständigkeit in der Zusammenarbeit.

Allgemeine Ratschläge an A

- Die Untersuchung bestätigte die besonderen Vorzüge des Profils B im Gremium von A. Eine Vielzahl von Experten machte jedoch auch klar, dass dem Beirat auf jeden Fall auch andere externe Profile angehören sollten. Letztlich kommt es auf den richtigen Kompetenz-Mix im Gremium an, mit dem alle für das Unternehmen und die Gesellschafter wichtigen Anforderungen abgedeckt werden können und eine effiziente Beiratsarbeit sichergestellt wird.
- Es ist weiter oben deutlich geworden, dass die Sichtweise ein- und derselben Person sich ändern kann, sobald sie von der Rolle A in die Rolle B (und umgekehrt) wechselt. Insbesondere war dies sichtbar bei der Einstellung zur Bedeutung professioneller Governance. Aufgrund dieser Beobachtung möchte ich jedem A empfehlen, trotz des damit verbundenen Aufwands externe Beiratstätigkeiten ernsthaft zu prüfen, um die Erfahrung der B-Rolle persönlich zu machen. Der Vergleich der veränderten Blickwinkel dürfte das Verständnis für die B-Rolle grundsätzlich fördern und damit der Vermeidung von Missverständnissen in der A-Rolle dienen. Außerdem erweitert A sein Erfahrungsspektrum um weitere Unternehmen und wirkt dem Defizit entgegen, nur das eigene Unternehmen zu kennen.

Es folgen Empfehlungen für den Familienunternehmer B.

6.3 Empfehlungen für den Familienunternehmer B

Hier teile ich die Empfehlungen ein in die Abschnitte

- vor der Annahme eines Beiratsangebots
- während der Zusammenarbeit im Beirat

Vor der Annahme eines Beiratsangebots

Da Erwartungen im Mittelpunkt dieser Studie stehen, möchte ich vorrangig auf diese eingehen und nicht auf die restlichen Fragen, die man üblicherweise in Zusammenhang mit der Prüfung eines Beschäftigungsangebots, zu denen eine Beiratsfunktion im weiteren Sinne zählt, zu klären hat. Im Vordergrund stehen dabei folgende Themen:

- Abklärung der Erwartungen von A. Hier ist die Rede von der Person oder den Personen, die B bezüglich der Mandatsübernahme ansprechen bzw. die Verhandlungen führen. B sollte sich der Tatsache bewusst sein, dass die Erwartungen in den Vorgesprächen möglicherweise nicht besonders präzise formuliert werden. Ich empfehle B daher, bei Bedarf in angemessener Form nachzufragen und sich dabei der allgemeinen und MM-spezifischen Erwartungen bewusst zu sein, die diese Studie für A herausgearbeitet hat (vgl. Abb. 18 bis 20, S. 106).

- Herstellung von Transparenz für die Rollenverteilung innerhalb der gesamten Gesellschaftergruppe A, insbesondere in den Phasen OF und AE. In einem gewissen Sinne können die Gespräche zwischen A und B vor der Übernahme einer Beiratsposition mit der Auftragsklärung vor der Übernahme eines Beratungsmandats verglichen werden. Von Schlippe und Schweitzer (2010, S. 18) sprechen von einem »*Auftragsgeflecht, in das man sich hineinbegibt. Je größer und je formaler eine Organisation, desto anspruchsvoller und bedeutsamer wird eine sorgfältige Klärung des Beratungsauftrages: Wer – will was – von wem – wann in welchem Umfang – zu welchem Ziel?*« Um diese Erwartungen zu verstehen und sich als B vernünftig positionieren zu können, ist auch hier angemessene Kommunikation hilfreich, um spätere Enttäuschungen zu vermeiden.
- Die Berücksichtigung des eigenen MM in Zusammenwirken mit dem MM von A, analog zur Empfehlung für A.
- Bewusstmachung der eigenen Erwartungen im Zusammenhang mit der Annahme des Beiratsangebots. Diese stehen für A verständlicherweise nicht im Vordergrund und werden vermutlich kaum thematisiert. Umso wichtiger ist es für B, sie selbst zu kennen, wobei die in dieser Studie erarbeitete Auflistung (vgl. Abb. 23 bis 25, S. 130/131) zur Orientierung dienen kann.

Während der Zusammenarbeit im Beirat

Analog zu A (intern) lautet hier die Empfehlung für B (extern), passende Gesprächsgelegenheiten zu schaffen, bei denen im Sinne eines Feedbacks über die gegenseitige Zufriedenheit gesprochen werden kann, wenn diese Anlässe von A nicht oder nicht in ausreichendem Umfang herbeigeführt werden. Diese Aktivität ist vor allem dann angeraten, wenn B Störgefühle bei wichtigen Erwartungen empfindet. Die hohe, beiderseitige Hemmschwelle bei der Thematisierung dieser sensiblen Fragen kann ansonsten zu einer Erosion der Zusammenarbeit im Beirat führen.

Literaturverzeichnis

Achenbach, C. et al. (2009). *Professionalisierung der Arbeit von Beiräten in Familienunternehmen.* In Der Aufsichtsrat, Heft 04/2009, S. 50–62

Achenbach, C. (2010). *Der Beirat für Familienunternehmen.* Bonn: Edition Familienunternehmen der INTES Akademie

Achenbach, C., Gottschalk, F. (2012, Hrsg.) *Der Beirat im Mittelstand – Erfahrungsberichte aus der Praxis.* Düsseldorf: Fachverlag der Verlagsgruppe Handelsblatt GmbH

Achenbach, C., Gottschalk, F. (2013). *Beiräte und Aufsichtsräte im Mittelstand – Ergebnisse einer Unternehmerbefragung.* In Der Aufsichtsrat Heft 12/2013

Achenbach, C., Gottschalk, F. (Hrsg.,2016). *Beirat und Aufsichtsrat – Praxisberichte aus dem Mittelstand.* S. 23ff. Düsseldorf: Handelsblatt Fachmedien GmbH

Ameln, F. v. (2004). *Konstruktivismus – Die Grundlagen systemischer Therapie und Bildungsarbeit.* S. 138ff. Tübingen: A. Francke Verlag

Antons, K. (2009). *Die dunkle Seite von Gruppen.* In Alles über Gruppen – Theorie, Anwendung Praxis. Edding C., Schattenhofer K. (2009, Hrsg.). Weinheim: Beltz Verlag

Astrachan, J.H. et al. (2006). *Generic Models for Family Business Boards of Directors.* In Handbook of Research on Family Business, Poutziouris, P. (2006). Cheltenham: Edward Elgar Publishing Ltd.

Bahr, A. (2003). *Vertrauen in Wirtschaftsprüfer – Konzeptioneller Bezugsrahmen für eine realwissenschaftliche Theorie der Erwartungslücke.* Wiesbaden: Deutscher Universitätsverlag

Bammens, Y. et al. (2008). *Boards of Directors in Family Firms: a generational Perspective.* In Small Business Economics, August 2008, Volume 31, Issue 2, S. 163–180

Bammens, Y. et al. (2011). *Boards of Directors in Family Businesses: a Literature Review and Research Agenda.* In International Journal of Management Reviews, Volume 13, Issue 2, S. 134–152

Bartels, P., May,P., Rau, S. (Hrsg. 2013) *Der Beirat in Familienunternehmen* Düsseldorf: PricewaterhouseCoopers Aktiengesellschaft

Baus, K. (2003). *Die Familienstrategie – Wie Familien ihr Unternehmen über Generationen sichern* Wiesbaden: Dr. Th. Gabler Verlag

Becker, W.et al. (2010). *Beiräte und Aufsichtsräte in mittelständischen Unternehmen.* Deloitte Mittelstandsinstitut an der Universität Bamberg

Becker, W. et al. (2010). *Beiräte im Mittelstand – Ergebnis einer Unternehmensbefragung.* In Der Aufsichtsrat, Heft 11, 2010, S. 154–155

Behrens, R. (2010). *Niklas Luhmann und die Systemtheorie; Kommunikation als Operation sozialer Systeme.* Rezension am Seminar für Soziologische Theorie. Universität Oldenburg, Institut für Sozialwissenschaften

Berghaus, M. (2011). *Luhmann leicht gemacht.* Köln, Weimar, Wien: Böhlau-Verlag

Beye, D. (2013). *Transparenz und Vertrauen in der Beratung: Die Bedeutung von Transparenz für das Vertrauen der Klienten in wissensintensive Beratungsleistungen im Marketing.* Hamburg: Bachelor+Master Publishing

Biddle, B.J. (1979). *Expectations, Identities and Behaviors.* New York: Academic Press

Bieding, T.H., Schweinsberg, K. (2015). *Board Diversity in den größten deutschen Familienunternehmen.* In FuS Familienunternehmen und Stiftungen, Heft 01/15, S. 25–29

Bischop, D. (2010). *Coachen und Führen mit System.* Kiel: Verlag Ludwig

Bischop, D. (2016). *Systemische Mediation.* Kiel: Verlag Ludwig

Blumentritt, T. (2006). *The Relationship between Boards and Planning in Family Businesses.* In Family Business Review, Ausgabe 3/2006, S. 65–72

Borth, B.-O. (2013). *Beschwerdezufriedenheit und Kundenloyalität im Dienstleistungsbereich: Kausalanalysen unter Berücksichtigung moderierender Effekte.* Berlin: Springer-Verlag

Breyer-Mayländer, T. (2015). *Führung braucht Klarheit.* München: Carl-Hanser-Verlag

Brockhaus Enzyklopädie (1993). 19. Auflage, 22. Band Tep – Ur, Mannheim: Verlag F.A. Brockhaus

Brose, T. (2006). *Der Beirat im Familienunternehmen.* S.23. Bremen: CT Salzwasser-Verlag

Bundesministerium der Justiz und für Verbraucherschutz (2017). *Kreditwesengesetz.* Zu finden unter www.gesetze-im–internet.de, Zugriff vom 25.7.17

Campden FB (2011). *The Top 100 Family Businesses in North America.* Ausgabe vom 15. Juni 2011. New York: Campden Wealth Publishing

Clausen, G. (2009). *Führung, das sensible Zusammenspiel.* In Alles über Gruppen: Theorie, Anwendung Praxis. Edding C., Schattenhofer K. (2009, Hrsg.). Weinheim: Beltz Verlag

Cloppenburg J. (2012, S. 106). *Agieren wie eine Kapitalgesellschaft mit dem Beirat als »Aufsichtsrat«.* In Der Beirat im Mittelstand. Achenbach C., Gottschalk, F. (2012, Hrsg.). Düsseldorf: Fachverlag der Verlagsgruppe Handelsblatt GmbH

Collin, S.-O., Ahlberg, J. (2012). *Blood in the Boardroom: Family Relationships influencing the functions of the Board.* In Journal of Family Business Strategy, Volume 3, Issue 4, S. 207–219

Commerzbank AG (2017). *Geschäftsbericht 2016.* Zu finden unter www.commerzbank.de. Zugriff vom 25.7.17

Corbetta, G., Salvato., C. (2004). *The Board of Directors in Family Firms: one Size fits All?* In Family Business Review, Volume 17, Issue 2, S. 119–134

Dabos, G.E., Rousseau D.M. (2004). *Mutuality and Reciprocity in the Psychological Contracts of Employees and Employers.* In Journal of Applied Psychology, 2004, Vol.89, No 1, S. 52–72

Dahrendorf, R. (2010). *Homo Sociologicus.* 17. Auflage. Wiesbaden: VS Verlag für Sozialwissenschaften

Daum, J., Speed, E. (2015). *Nachhaltig wirksame Boards brauchen langfristiges Denken.* In Corporate Governance, Schoppen, W. (Hrsg.), S. 278–285. Frankfurt: Campus Verlag

Debus, M. (2010). *Evaluation des Aufsichtsrats: Theoretische Grundlagen und emprische Befunde.* Wiesbaden: Gabler Verlag

Deutschland, Statistisches Bundesamt, 6.6.1961, Band 16, S. 28

Esselborn-Krumbiegel, H. (2008). *Von der Idee zum Text – Eine Anleitung zum wissenschaftlichen Schreiben.* Paderborn: Verlag Ferdinand Schöningh

Edding, C., Schattenhofer K. (Hrsg.,2009). *Handbuch – Alles über Gruppen. Theorie, Anwendung, Praxis.* S. 115. Weinheim: Beltz Verlag

Eglau, H.O. (2001). *Erbe, Macht & Liebe – Unternehmerfamilien zwischen Interessen und Emotionen.* S. 182 ff. Düsseldorf: Dodos Verlag

Fabis, F.G. (2007). *Gesellschafterkonflikte in Familienunternehmen.* S. 103. Berlin: Logos Verlag

Fehr,B. u. Russell, J.A.(1984). *Concept of emotion viewed from a prototype perspective.* In Journal of Experimental Psychology, General Ausgabe 113, S. 464–486

Flick, U. (2004). *Qualitative Sozialforschung – Eine Einführung.* Reinbek bei Hamburg: rowohlts Enzyklopädie

Frankfurter Allgemeine Zeitung (2017). *Die großen deutschen Familienunternehmen.* 59. Folge, Ausgabe vom 5.7.17, S. H6. Frankfurt: FAZ-Verlag

Freysoldt, T.-A. (2013). *Beirat in der Krise. Der Einfluss von wirtschaftlichen Krisen auf Aufsichtsgremien in Familienunternehmen.* S. 66–67. Göttingen: V&R unipress

Ganßmann, H. (2007). *Doppelte Kontingenz und wirtschaftliches Handeln.* In Märkte als soziale Strukturen. Beckert et al. (2007, Hrsg., S. 63–78). Frankfurt: Campus Verlag

Gaugler, E. (2005). *Unternehmensbeiräte in der mittelständischen Wirtschaft.* In Der Aufsichtsrat, Heft 04/2005. S. 3–4

Gemkow, S. (2015). *Unternehmenskultur lässt sich nicht durch Corporate Governance verordnen.* In Corporate Governance, Schoppen W. (Hrsg.). S. 92–100. Frankfurt: Campus-Verlag

Gersick, K. et al. (1997). *Generation to generation. Life cycles of the family business.* Boston, MA: Harvard Business Press

Gessner, P., Karkowski, B. (2005). *Die Strippenzieher. Deutschlands verschwiegene Unternehmerfamilien und ihre Netzwerke.* In Finance Magazin, Ausgabe Juli/August 2005; S. 14–20

Gessner, P. (2016). *Nur die Besten.* In WIR – Das Magazin für Unternehmerfamilien, Ausgabe 2/2016, S. 18–21

Gimeno, A., et al. (2010). *Familienunternehmen führen – Komplexität managen.* Göttingen: Verlag Vandenhoeck & Ruprecht

Gläser, J., Laudel, G. (2010). *Experteninterviews und qualitative Inhaltsanalyse.* Wiesbaden: VS Verlag für Sozialwissenschaften

Grundei, J./Graumann, M. (2011). *Was behindert offene Diskussionen im Aufsichtsrat?* In Der Aufsichtsrat, Ausgabe 06/2011. S. 86–88

Hahn, A. (1983). *Konsensfiktionen in kleinen Gruppen*, Kölner Zeitschrift für Soziologie und Sozialpsychologie, Sonderheft 25, S. 210–232

Hamker, A. (2012). *Interview zu Governance in Familienunternehmen.* In Ernst & Young Quartely, August 2012, S. 17

Henderson, D.et al. (2009). LMX differentiation: *A multilevel review and examination of its antecedents and outcomes.* In The Leadership Quarterly, Vol. 20, Issue 4, S. 517–534)

Hennerkes, B.-H. (1998). *Familienunternehmen sichern und optimieren.* S. 166. Frankfurt/Main: Campus Verlag

Hennerkes, B.-H. (2004). *Die Familie und ihr Unternehmen.* S. 272. Frankfurt: Campus Verlag

Hentschel, B. (2000). *Multiattributive Messung der Dienstleistungsqualität.* In Dienstleistungsqualität, M. Bruhn et al. (Hrsg.) S. 291–320

Hilb, M. et al. (2009). *Wirksame Führung und Aufsicht in Familienunternehmen.* S. 45. Bern: Haupt Verlag

Huber, H. (2004). *Der Beirat.* Köln: Verlag O. Schmidt

Iliou, C. (2010). *Corporate Governance und mittelständische Familienunternehmen – Ein nur scheinbarer Widerspruch.* S.70 ff. Lohmar: Josef Eul Verlag

Institut für Mittelstandsforschung (2012) Frühjahrsbefragung von 2012, Kapitel 6, Bonn: IfM

Intes-Akademie (2016), Kommission *Governance Kodex für Familienunternehmen,* Zugriff vom 18.7.16 www.kodex-fuer-familienunternehmen.de/images/downloads

Janis, I.L. (1972). *Victims of Groupthink.* Boston: Houghton-Mifflin

Jeschke, D. (2015). *Aufgabenauswahl.* In Der Beirat im Familienunternehmen von May,Bartels (Hrsg.), S. 18–20. Köln: Bundesanzeiger Verlag

Jeuschede, G. (2000). *Zusammensetzung, Anforderungen, Auswahl und Gewinnung von Beiräten und Aufsichtsräten.* In Festschrift Hennerkes von Jeschke, D. et al. (Hrsg.) Planung, Finanzierung und Kontrolle in Familienunternehmen. S. 277 ff. München: Verlag C.H. Beck

Johansen, B., Schoar, A. (2006). *The Role of Family in Family Firms.* In The Journal of Economic Perspectives, Volume 20, Number 2, spring 2006, S. 73–96

Klein, S. (2000). *Familienunternehmen. Theoretische und empirische Grundlagen.* Wiesbaden: Verlag Dr. Th. Gabler

Koeberle-Schmid, A. (2008). *Family Business Governance, Aufsichtsgremium und Familienrepräsentanz,* Wiesbaden: Verlag Dr. Th. Gabler

Koeberle-Schmid, A., Lorz, R. (2010). *Professionelle Beiräte in Familienunternehmen.* In Der Aufsichtsrat, Heft 09/2010, S. 127–129

Koeberle-Schmid, A. et al. (2010, Hrsg.) *Family Business Governance – Erfolgreiche Führung von Familienunternehmen.* Berlin: Erich Schmidt Verlag

Koeberle-Schmid, A. et al. (2011). *Der Beirat als Garant guter Governance im Familienunternehmen.* In Betriebsberater, Heft 15/2011, S. 899–906

Koeberle-Schmid, A et. al. (2012). *Der Nachfolge-Beirat im Familienunternehmen.* In FuS Zeitschrift für Familienunternehmen und Stiftungen. Heft 4/12, S. 135–141

Koeberle-Schmid, A., Caspersz, D. (2013). *Family Governance Bodies. A conceptual Typology.* In Handbook of Research on Family Business, Smyrnios, K. et al. (2013). Cheltenham: Edward Elgar Publishing Ltd.

Koeberle-Schmid, A. (2015). *Der Beirat. Wie ein kritischer Begleiter den Erfolg von Familienunternehmen sichert und steigert.* Frankfurt: Frankfurter Societäts-Medien GmbH

Kolbeck, C., Bauer T. (2011). *»Family Governance« in deutschen Familienunternehmen: Führung durch Tradition und klare Spielregeln.* In Gesellschafterkompetenz, Equa-Stiftung (Hrsg.). S. 90–101

Kormann, H. (2008). *Beiräte in der Verantwortung.* Berlin: Springer-Verlag

Kormann, H. (2008b). *Unvereinbarkeit von Aufsicht und Rat – Unterschiede zwischen Börsen- und Familiengesellschaften.* In Der Aufsichtsrat, Heft 11/2008, S. 157–159

Kormann, H. (2013). *20 Regeln – Aufgaben eines Beirats.* In Die Beratungspraxis, Ausgabe 20.10.2013, Kapitel 1.3

Kormann, H. (2014). *Die Arbeit der Beiräte in Familienunternehmen.* Berlin: Springer-Verlag

Kuck, D. (2006). *Aufsichtsräte und Beiräte in Deutschland.* S. 139. Wiesbaden: Verlag Dr. Th. Gabler

Kuck, D. (2007). *Gestiegene Anforderungen an Beiratsmitglieder.* In Der Aufsichtsrat, Heft 06, S. 86–88

Kuckartz, U. (2010). *Einführung in die computergestützte Analyse qualitativer Daten.* Wiesbaden: VS Verlag für Sozialwissenschaften

Kuckartz, U. (2012). *Qualitative Inhaltsanalyse, Methoden, Praxis, Computerunterstützung.* Weinheim: Beltz Juventa Verlag

Lambrecht, J., Lievens, J. (2008). *Pruning the Family Tree: an unexplored Path to Family Business Continuity and Family Harmony.* In Family Business Review, Volume 21, Issue 4, S. 295–313

Lane, S., Astrachan, J. (2006). *Guidelines for Family Business Boards of Directors.* In Family Business Review, Volume 19, Issue 2, S. 147–167

Lange, K.W. (2009). *Der Beirat als Element der Corporate Governance in Familienunternehmen.* In Beiträge zur Theorie des Familienunternehmens, Schlippe, A.v. et al.(Hrsg.). S.262. Lohmar: Josef Eul Verlag

Lange, K.W., Leible, S. (Hrsg. 2010). *Governance in Familienunternehmen.* S. 144. Jena: JWV Jenaer Wissenschaftliche Verlagsgesellschaft

Lee, S.H. et al. (2008). *The Role of the Board and its Interaction with the Successor's human Capital in the Asian Family Enterprise.* In Multinational Business Review, Volume 16, Issue 2, S. 65–88

Lehmann-Tolkmitt, A. (2008). *Die wichtigsten Regeln für den Beirat im Familienunternehmen.* In Das INTES-Handbuch für Familienunternehmen, May, P. (Hrsg.) S. 352. Bonn: INTES Verlag

Lester, R., Canella, A. Jr. (2006). *Interorganizational Familiness: How Family Firms Use Interlocking Directorates to build Community-Level Social Capital.* In Entrepreneurship Theory and Practice, Volume 30, Issue 6, S. 755–775

Lewin, K. (1963) *Feldtheorie in den Sozialwissenschaften.* In Graumann, C.-F. (Hrsg), Werkausgabe, Band 4. Stuttgart. Clett-Cotta

Lohaus, D. (2009). *Leistungsbeurteilung.* Göttingen: Hogrefe-Verlag

Ludwig, H. (2001). Die Sach- und Beziehungsebene in der Kommunikation zwischen Frauen und Männern – Problemanalyse, Hintergründe und Lösungen. Universität Bielefeld. Grin Wissensarchive

Luhmann, N. (1984). *Soziale Systeme, Grundriss einer allgemeinen Theorie.* Frankfurt am Main

Luhmann, N. (2008). *Rechtssoziologie.* 4. Auflage. Wiesbaden: VS Verlag für Sozialwissenschaften

Mach, A. et al. (2010). *Der Beirat im Familienunternehmen.* Handout für Forum für Familienunternehmer im Palais Montgelas, München im Oktober 2010. S. 5

Mahlert, A. (2015). *Effizienzprüfung – eine Frage der Unternehmenskultur.* In Corporate Governance, Schoppen W. (Hrsg.), S. 122–129. Frankfurt: Campus-Verlag

May, P., Sieger, G. (1999). *Der Beirat im Familienunternehmen zwischen Beratung, Kontrolle, Personalfindung.* In May, P. et al. (Hrsg.), Familienunternehmen heute – Jahrbuch, S. 113ff. Bonn: Intes Verlag

May, P. (2012). *Erfolgsmodell Familienunternehmen – Das Strategie-Buch.* S.177–205. Bonn: Intes-Verlag

May, P., Bartels, P. (Hrsg. 2015). *Der Beirat im Familienunternehmen.* Köln: Bundesanzeiger Verlag

May, P., Lehmann-Tolkmitt, A. (2006). *Der Beirat in Familienunternehmen* in Good Governance in Familienunternehmen, Hrsg. P.May, Obermaier O.W., S.112. Bonn: Intes Akademie

Mayring, P., Gläser-Zikuda (Hrsg. 2008). *Die Praxis der qualitativen Inhaltsanalyse.* Weinheim: Beltz-Verlag

Meffert, H. u. Schwetje, T. (1999). *Bedeutung von Mitarbeiterinteraktion und Mitarbeiterzufriedenheit für die Kundenzufriedenheit im Handel.* In Planung und Analyse, Ausgabe 26, S. 44–49

Menkes, J. (2005). *Executive Intelligence – What all Great Leaders have.* New York City: HarperCollins Publishers

Miller, A.C. (2003). *Erwartungsbildung ökonomischer Akteure.* Wiesbaden: Deutscher Universitätsverlag/GWV Fachverlage GmbH

Mittelsten Scheid, J. (2012). *Familienunternehmen wandeln sich – und mit ihnen die Beiräte.* In Der Beirat im Mittelstand. Achenbach C., Gottschalk, F. (2012, Hrsg.). Düsseldorf: Fachverlag der Verlagsgruppe Handelsblatt GmbH

Mohr, M. (2014). *Zur Suche und Besetzung von Aufsichtsgremien in Familienunternehmen.* In Festschrift Mark K. Binz, Hrsg. Dauner-Lieb, B. et al. S. 486. München: Verlag C.H. Beck

Mueller, R. (1988). *Differential Directorship: Special Sensitivities and Roles for Serving the Family Business Board.* In Family Business Review, vol. 1,3, September 1988, S. 239–247

Müller, W. (2003). *Gerechtigkeitstheoretische Konzeption der Kundenzufriedenheit.* In Applied Marketing (Hrsg. U. Kamenz), S. 47–74. Berlin: Springer-Verlag

Nagel, R. und Wimmer, R. (2009). *Systemische Strategieentwicklung – Modelle und Instrumente für Berater und Entscheider.* Stuttgart: Schäffer-Poeschel Verlag

Nash, J.M. (1988). *Boards of privately held Companies: their Responsibilities and Structure.* In Family Business Review, Volume 1, Issue 3, S. 263–269

Noodt, A. (2006). *Haftungsrisiken für mittelständische Beiräte.* In Der Aufsichtsrat, Heft 01/2006, S. 5–6

Obermaier, O. (2004). *Kontrollierte Macht und wertorientierte Unternehmensführung.* Studie SpencerStuart Deutschland

Obermaier, O.W. (2011). *Der Beirat als Schlüsselinstrument langfristigen Unternehmenserfolgs.* In Gesellschafterkompetenz. Equa-Stiftung (Hrsg.) S. 261–269. Bonn: Unternehmer-Medien GmbH

Obermaier, O. (2012). *Training Familienunternehmen*, Frankfurt: Präsentationsunterlage SpencerStuart Deutschland

Oesterheld, N. (2002). *Beirat in Familienunternehmen.* Frankfurt: Verlag Haag + Herchen

Österreich (1894). *Das soziale Elend und die besitzenden Klassen.* Wien: Erste Wiener Volksbuchhandlung, S.162

Oliver, R.L. (2010). *A behavioural Perspective on the Consumer.* S. 52. London: Routledge, Taylor & Francis Group

Papesch, M. (2010). *Corporate Governance in Familienunternehmen.* Wiesbaden: Springer Fachmedien

Parsons, T., Shils E. (1951). *Toward a General Theory of Action.* Harvard University Press

Paul, H. (2013). *Die Zeiten des Abnickgremiums in den Familienunternehmen sind vorbei.* Artikel in Frankfurter Allgemeine Zeitung, Ausgabe vom 21.12.2013, S. 18. Bezug auf Studie von PWC/WHU/Intes

Pendergast, J. et al. (2011). *Building a successful Family Business Board.* S.80ff. New York City: Palgrave McMillan

Peters, S. (2012). *Gut beraten durch die Promotion- Best Practice für Promovierende.* Wiesbaden: Gabler Verlag

Preyer, G. (2012). *Rolle, Status, Erwartungen und soziale Gruppe.* Wiesbaden: Springer Fachmedien

Probst, A., Theisen, M. (2013). *Aufsichtsrat in Familienunternehmen – eine andere Liga?* In Der Aufsichtsrat, Heft 11/2013, S. 162–164

Raeder, S., Grote G. (2012). *Der psychologische Vertrag – Analyse und Gestaltung der Beschäftigungsbeziehung.* Bern: Hogrefe Verlag

Redlefsen, M., Witt, P. (2010). *Gesellschafterversammlung und Gesellschafterausstieg – Zum Umgang mit Fahnenflucht.* In Koeberle-Schmid, A. et al. (Hrsg.) Family Business Governance, S.240. Berlin: Verlag Erich Schmidt

Regierungskommission der Bundesregierung (2017). *Deutscher Corporate Governance Kodex.* Fassung vom 7.2.17. Zu finden unter www.dcgk.de

Reiß, H. (2010). *Beiräte im Mittelstand.* Studie des Deloitte Mittelstandsprogramms, 6/ 2010, S.16

Rieder, G. (2015) *Die Beiratsmitglieder.* In May, Bartels (2015, Hrsg.) In Der Beirat im Familienunternehmen. S. 108–111. Köln: Bundesanzeiger Verlag GmbH

Rieger, E. et al. (2003). *Firmenbeiräte mittelständischer Unternehmen.* Mannheim: Verlag Forschungsstelle für Betriebswirtschaft und Sozialpraxis (Universität Mannheim)

Robinson, S.L., Rousseau, D.M. (1994). *Violating the psychological contract: not the exception but the norm.* In Journal of organizational behavior, Issue 15, S. 245–259

Rousseau, D.M. (1989). *Psychological and implied Contracts in Organizations.* In Employee Responsibilities and Rights Journal, Volume 2, Issue 2, S. 121–139

Rousseau, D.M., McLean Parks, J.M. (1993). *The Contracts of Individuals and Organizations.* In Cummings, L., Staw, B. (Hrsg.): Research in Organizational Behavior. S. 1–43. Greenwich: JAI Press

Rüsen, T., Schlippe, A.v., Gimeno, A. (2012). *Strukturelles Risiko und mentale Modelle in Familie und Unternehmen von Familienunternehmen.* In FuS Familienunternehmen und Stiftungen, Ausgabe 3/2012, S. 92–98

Ruter, R. (2009). *Aufgaben und Auswahl von Beiratsmitgliedern in Familienunternehmen.* In Management ZCG 5/09, S. 209–214

Ruter, R., Thümmel, R. (2009). *Beiräte in mittelständischen Familienunternehmen.* Stuttgart: Richard Boorberg Verlag

Ruter, R. (2010). *Rechte und Pflichten einer verantwortungsvollen Beiratstätigkeit.* In Management ZCG, Heft 1/10. S. 5–9

Sattler, A. et al. (2004). *Der GmbH-Beirat, Gründung-Organisation-Haftung.* S. 43. Bonn: VSRW-Verlag

Schattenhofer, K. (2009). *Was ist eine Gruppe? Verschiedene Sichtweisen und Unterscheidungen.* In Alles über Gruppen – Theorie, Anwendung Praxis. Edding C., Schattenhofer K. (2009, Hrsg.). Weinheim: Beltz Verlag

Schein, E.H. (2010). *Organizational Culture and Leadership.* S.25, S.197. San Francisco: John Wiley & Sons

Scherer, S. et al. (2005). *Familienunternehmen.* S. 231 ff. Frankfurt a.M.: Verlag Recht und Wirtschaft GmbH

Schindler, N. (2008, S. 61). *Die Rolle der Markenpersönlichkeit für die kommunikative Führung der Marke. Eine Analyse aus systemtheoretischer Perspektive.* Wiesbaden: VS Verlag für Sozialwissenschaften

Schlippe, A. v., Schweitzer, J. (2010). *Systemische Interventionen* Göttingen: Verlag Vandenhoeck & Ruprecht

Schlippe, A. v., Schweitzer, J. (2012). *Lehrbuch der systemischen Therapie und Beratung I. S.* 117. Göttingen: Verlag Vandenhoeck & Ruprecht

Schlippe, A.v. (2013). *Kein ›Mensch-ärgere-dich-nicht‹-Spiel: Ein kritischer Blick auf das ›Drei-Kreise-Modell‹ zum Verständnis von Familienunternehmen.* In Professionalisierung als Passion. Thomas Schumacher (2013, Hrsg.). S. 143–152. Heidelberg: Carl Auer Verlag

Schlippe, A. v. (2014). *Das kommt in den besten Familien vor... Systemische Konfliktbearbeitung in Familien und Familienunternehmen.* Stuttgart: Concadora Verlag

Schlippe, A. v., Hülsbeck, M. (2016). *Psychologische Kontrakte in Familienunternehmen – Funktion und Wirkungsweise verstehen.* In FuS Familienunternehmen und Stiftungen, Ausgabe 04/2016, S. 125–130

Schlippe, A.v. et al. (2017). *Die beiden Seiten der Unternehmerfamilie.* Göttingen: Verlag Vandenhoeck & Ruprecht

Schneider, N., Viebahn, M. (2005). *Beiräte in mittelständischen Unternehmen – noch die Ausnahme.* In Der Aufsichtsrat, Heft 04/2005, S. 5–6

Schreiter, M.O. (2015). *Erfahrungsbericht eines Familienunternehmers mit seinem Beirat.* In Der Beirat im Familienunternehmen, May/Bartels (Hrsg.), Köln: Bundesanzeiger Verlag

Schulz von Thun, F. (2006). *Miteinander Reden 1. Störungen und Klärungen. Allgemeine Psychologie der Kommunikation.* Reinbek: Rowohlt Taschenbuch Verlag

Schwartz, M., Barnes, L. (1991). *Outside Boards and Family Businesses: another Look.* In Family Business Review, Volume 4, Issue 3, S. 269–285

Schweinsberg, K., Laschet, C. (2013). *Die wichtigsten Aufsichtsräte in Deutschland.* S. 185. Köln: Bundesanzeiger Verlag

Seel, N. (1991). *Weltwissen und mentale Modelle.* Göttingen: Hogrefe Verlag

Seele, H. (2016). *Die Wirkung von enttäuschten Mitarbeitererwartungen an Personalführung.* Wiesbaden: Springer Fachmedien

Siemers, L. (2015). *Beratung der Gesellschafter.* In Der Beirat im Familienunternehmen von May,Bartels (2015, Hrsg.) S. 23–29. Köln: Bundesanzeiger Verlag

Simon, F.B., Wimmer R., Groth, T. (2005) *Mehr-Generationen-Familienunternehmen, Erfolgsgeheimnisse von Oetker, Merck, Haniel u.a.* Heidelberg: Carl-Auer-Systeme Verlag

Simon, F.B., Rech-Simon, C. (2012). *Zirkuläres Fragen – Systemische Therapie in Fallbeispielen.* Heidelberg: Carl-Auer-Systeme Verlag

SpencerStuart (2006), *Governance Lexicon 2007, A Directors Guide to Corporate Governance around the World* Zu beziehen über permissions@spencerstuart.com

Steiger, T. et al. (2013). *Führung der eigenen Person.* In Handbuch Angewandte Psychologie für Führungskräfte – Führungskompetenz und Führungswissen. Steiger T., Lippmann E. (Hrsg.) Berlin: Springer-Verlag

Strick, S. (Hrsg.2008). *Die Psyche des Patriarchen.* Frankfurt: FAZ-Verlag

Strike, V. (2012). *Advising the family firm – reviewing the Past to build the Future.* In Family Business Review, Volume 25, Issue 2, S. 159–175

Tagiuri, R., Davis, J.A. (1996). *Bivalent attributes of the family firm.* Family Business review, Volume 9, Issue 2, S. 199–208

Tannen, D. (1994). *Das hab‹ ich nicht gesagt!* Kommunikationsprobleme im Alltag. München: Wilhelm Goldmann Verlag

Theisen, M.R. (2010). *Beratung durch familienfremde Kompetenzträger.* In Koeberle-Schmid, A. et al. (Hrsg.) Family Business Governance, S. 100. Berlin: Verlag Erich Schmidt

Thümmel, R. (2015). *Aufsichtsgremien in Familiengesellschaften: Die Mischung macht's!* In Der Aufsichtsrat, Heft 02/2015, S. 18–20

Tödtmann, C., Engeser, M. (2012). *Wie Mittelständler von externen Beiräten profitieren.* www.zeit.de/karriere/beruf/2012-03/beiraete-mittelstand-experten. Zugriff 13.4.2012

Trunk, T. (2016, Hrsg.) *Das Lesebuch zu Watzlawick – man kann nicht nicht kommunizieren.* Bern: Hogrefe Verlag

Van den Berg, C. (2005). *Beirat in Familienunternehmen – geglückte Symbiose.* In Der Aufsichtsrat, Ausgabe 04/2005, S. 02

Voordeckers, W. et al. (2007). *Board Composition in small and medium-sized Family Firms.* In Journal of small Business Management, Volume 45, Issue 1, S. 137–156

Vetter, E. (2015) *Der Aufsichtsrat im Wandel zwischen Markterwartungen und gesetzlichen Anforderungen.* In Corporate Governance, Schoppen, W. (Hrsg.), S. 263–276. Frankfurt: Campus Verlag

Ward, J.L. (1988). *The active Board with outside Directors and the Family Firm.* In Family Business Review, Volume 1, Issue 3, S. 223–229

Ward, J.L., Handy, J.L. (1988). *A Survey of Board Practices.* In Family Business Review, Volume 1, Issue 3, S. 289–308

Watzka, K. (2009). *Groupthink in Aufsichtsräten.* In Der Aufsichtsrat, Ausgabe 7–8/2009, S. 106

Watzlawick, P. et al. (2000). Menschliche Kommunikation – Formen, Störungen, Paradoxien. Neubearbeitung des englischsprachigen Originals von 1967. Bern: Verlag Hans Huber

Wiedemann, A. (2009). *Der Beirat im Familienunternehmen.* In Heft 12 der Schriftenreihe des Kirsten Baus Instituts für Familienstrategie, S. 50. Stuttgart

Wiedemann, A., Kögel, R. (2008). *Beirat und Aufsichtsrat im Familienunternehmen.* S. 116. München: Verlag C.H. Beck

WIFU Wittener Institut für Familienunternehmen www.wifu.de/forschung/definitionen/ Zugriff 8.2.17

Wieselhuber, N., Thum, G. (2009). *Performance-Coach statt Kuschelclub.* In Der Aufsichtsrat, Ausgabe 9/2009, S. 124–126

Wimmer, R. et.al. (2005). *Familienunternehmen – Auslaufmodell oder Erfolgstyp.* S. 228 ff. Wiesbaden: Verlag Dr. Th. Gabler

Winter, S. (2005). *Mitarbeiterzufriedenheit und Kundenzufriedenheit: eine mehrebenenanalytische Untersuchung der Zusammenhänge auf Basis multidimensionaler Zufriedenheitsmessung.* Dissertation Universität Mannheim

Woywode, Michael et.al. (2011). *Der Beirat im deutschen Mittelstand – Ein empirischer Vergleich zwischen mittelständischen Familienunternehmen und Nicht-Familienunternehmen.* In Betriebswirtschaft in Forschung und Praxis (BFuP) 63 (2011) Heft 6, S. 628–637

Anhang

Verzeichnis der teilnehmenden Firmen

apetito Aktiengesellschaft	48432 Rheine
Gebr. Becker GmbH	42279 Wuppertal
Boehringer AG	55218 Ingelheim
Claas KGaA	33416 Harsewinkel
Dachser Group	87439 Kempten
Döhler Group	64295 Darmstadt
Gelco GmbH	45889 Gelsenkirchen
Goldbeck GmbH	33649 Bielefeld
Hilti AG	9494 Schaan/Liechtenstein
Hoyer GmbH	20537 Hamburg
Kirchhoff Gruppe	58638 Iserlohn
Leopold Kostal GmbH	58513 Lüdenscheid
Messer Group	65812 Bad Soden
Peiker GmbH	61381 Bad Friedrichsdorf
Peri GmbH	89264 Weißenhorn
Ravensburger AG	88214 Ravensburg
Uzin Utz AG	89079 Ulm
Wilh. Werhahn KG	41460 Neuss

Interviewleitfäden

Familienunternehmer als familienfremde Beiräte
Wechselseitige Betrachtung eines verbreiteten Beiratsprofils in Familienunternehmen

Interviewleitfaden zur Durchführung von Experteninterviews
(Vorabversendung oder Übergabe im Interview)

Interviewpartner (IP):

Familienunternehmer (A),
in dessen Beirat der familienfremde Familienunternehmer (B) tätig ist/war. Im Interview wird statt B der Name der konkreten Person verwendet.

Leitfragen

1. **Allgemeine Fragen zu A und seinem Umfeld**
   1.1 Individueller Hintergrund
   - Stellung im Unternehmen (Gesellschafter, CEO, Beiratsfunktion etc.)
   - Höhe der Beteiligung
   - Stellung im eigenen Beirat (Mitglied, Vorsitz, Ehrenvorsitz, Gast)
   - Externe Beiratsmandate, darunter in Familienunternehmen (Doppelrolle A+B)
   - Lebens- und Berufserfahrung

   1.2 Das Unternehmen
   - *Branche, Umsatz, Beschäftigte*
   - *Generationenphase, Gesellschafterstruktur*
   - *Herausforderungen (kurz-, mittel-, langfristig)*
2. **Spezifische Fragen zum Beirat**
   2.1 Rollendefinition (Satzung und Geschäftsordnung)

- *Beides kurz beschreiben lassen. Einsicht möglich?*
- *Rein beratend oder mit Aufsichts- bzw. Kontrollfunktion?*
- *Nimmt das Gremium Einfluss auf die GL in strategischen Fragen?*
- *Anzahl der Treffen, Teilnehmer der Sitzungen (GL, Gäste) etc.*

2.2 Zusammensetzung des Beirats

- *Wer ist der Vorsitzende?*
- *Im Gremium vertretene Kompetenzen/Erfahrungen (andere Mitglieder)*

2.3 Historie

- *Wann und durch wen wurde der Beirat eingerichtet?*
- *Hat sich der Charakter des Gremiums im Laufe der Zeit verändert?*
- *Wann kam zum ersten Mal ein B ins Gremium?*
- *Gab es dazu seinerzeit einen Anlass?*

3. Spezifische Fragen zur Interaktion von A und B

3.1 Rekrutierungsprozess von B (Vorphase bis Berufung)

- *Vorteile eines (familienfremden) Familienunternehmers im eigenen Beirat*
- *Gibt es auch Nachteile?*
- *Detaillierte Beschreibung des Berufungsprozesses*
  - Anlass und Begründung für diese Besetzung
  - Wurde ein Profil festgelegt?
  - Gab es einen Suchprozess mit Vergleich mehrerer Kandidaten?
  - Wenn nicht: War der Kandidat (m/w) bereits längere Zeit bekannt?
  - Ansprache und Interviewführung
  - Auswahlentscheidung und Vorbereitung von B
- *Welche Vorstellungen hat B bezüglich Ihrer Erwartungen an ihn?*
- *Haben Sie diese Erwartungen gegenüber B klar geäußert?*
- *Was ist Ihnen besonders wichtig in Ihrem persönlichen Verhältnis zu B?*
- *Welche Situation mit B würden Sie zu vermeiden suchen?*

3.2 In der Beiratssitzung

- *Wie läuft eine normale Beiratssitzung ab?*
- *Welche Rolle spielen Sie?*
- *Welche Rolle spielt B?*
- *Wie entstehen Entscheidungen (Abstimmung, Konsens)?*
- *Gab es Blockaden und wie wurden diese ggf. aufgelöst?*
- *Wie würde B die Interaktion mit Ihnen beschreiben?*
- *Was glauben Sie, wie die anderen Beiratsmitglieder den Verlauf kontroverser Sitzungen beschreiben würden?*
- *Gab es außerturnusmäßige Beiratssitzungen? Wenn ja, warum, und wie verliefen sie?*
- *Waren Sie von B einmal richtig begeistert (einen konkreten Fall beschreiben)?*

- *Waren Sie von B einmal richtig enttäuscht (einen konkreten Fall beschreiben)?*
- *Wie zufrieden sind Sie mit B (Skalierung +2/+1/0/-1/-2)?*
- *Wie würde B diese Frage beantworten (die Einschätzung von B bezüglich Ihrer Zufriedenheit mit ihm)?*
- *Können Sie sich ein Verhalten von B vorstellen, das Sie zum Anlass einer Trennung nehmen könnten?*
- *Was glauben Sie, wie das Management den Beitrag von B bewertet?*

3.3 Außerhalb von Beiratssitzungen
- *Gibt es diese Kontakte und wenn ja, bei welchen Anlässen?*
- *Geben Sie B im persönlichen Gespräch Feedback zu Ihren besonderen Erfahrungen (positive wie negative)?*
- *Gibt es Kontakte zu oder Feedback an andere Beiratsmitglieder (C)?*

4. Abschlussfragen

4.1 Haben wir etwas vergessen zu fragen, was aus Ihrer Sicht wichtig für dieses Thema ist?
4.2 Feedback des IP: Haben Sie Interesse an den Ergebnissen dieser Studie?
4.3 Können Sie ggf. Kontakte zu weiteren IP herstellen (A, B)?

Interviewpartner (IP):

Familienunternehmer (B),
der im Beirat eines anderen Familienunternehmers (A) tätig ist oder war. Liegt die Rolle in der Vergangenheit, sind die folgenden Fragen entsprechend zu verstehen.

Im Interview wird statt A der Name der konkreten Person verwendet.

Leitfragen

5. Allgemeine Fragen zu B und seinem Umfeld

5.1 Individueller Hintergrund
- Stellung in seinem Unternehmen
- Stellung als Gesellschafter
- Stellung im eigenen Beirat (sofern vorhanden)
- Familienfremde Familienunternehmer in seinem Beirat (Doppelrolle A+B)
- A-B-C-Konstellation gegeben
- Lebens- und Berufserfahrung

5.2 Daten und Situation des eigenen Unternehmens (von B)
- Branche, Umsatz, Beschäftigte

- Generationenphase, Gesellschafterstruktur
- Aktuelle Herausforderungen

6. **Spezifische Fragen zur Interaktion von B und A** (zirkuläre Fragen kursiv)

6.1 Rekrutierungsprozess/Grundsätzliches
- Besondere Vorteile eines (familienfremden) Familienunternehmers im Beirat eines anderen Familienunternehmens
- Gibt es auch Nachteile?
- Detaillierte Beschreibung des Berufungsprozesses (Ansprache und Interviewführung, Referenzen, Vorbereitung/Berufung etc.)
- Gab es frühere Kontakte zu A oder seinem Unternehmen?
- Nach der ersten Ansprache: Welche Überlegungen gingen Ihnen durch den Kopf?
- Was sprach aus Ihrer Sicht für die Annahme, was dagegen?
- Welche Motive veranlassten Sie letztlich zur Annahme?
- *Was glauben Sie bezüglich der von A an Sie gerichteten Erwartungen im Zusammenhang mit dieser Rolle?*
- Wurden diese Erwartungen von A Ihnen gegenüber klar geäußert?
- Welche Erwartungen haben Sie an A?
- Haben Sie diese gegenüber A klar geäußert?
- Was ist Ihnen besonders wichtig in Ihrem persönlichen Verhältnis zu A?
- Welche Situation mit A würden Sie zu vermeiden suchen?

6.2 In der Beiratssitzung
- Wie läuft eine normale Beiratssitzung ab?
- Welche Rolle spielen Sie?
- Welche Rolle spielt A?
- Wie entstehen Entscheidungen (Abstimmung, Konsens)?
- Gab es Blockaden und wie wurden diese ggf. aufgelöst?
- *Wie würde A die Interaktion mit Ihnen beschreiben?*
- *Was glauben Sie, wie die anderen Beiratsmitglieder die Interaktion zwischen Ihnen und A beschreiben würden?*
- *Was glauben Sie, wie die anderen Beiratsmitglieder den Verlauf kontroverser Sitzungen beschreiben würden?*
- Gab es außerturnusmäßige Beiratssitzungen? Wenn ja, warum, und wie verliefen sie?
- Können Sie sich an eine Situation erinnern, in der Sie den Eindruck hatten, dass Sie für A einmal besonders nützlich waren (konkreten Fall beschreiben)?
- Gibt es umgekehrt einen Fall, in dem Sie den Eindruck hatten, dass Sie ihn enttäuschten (konkreten Fall beschreiben)?

- *Was glauben Sie, wie zufrieden A mit Ihnen ist (Skalierung +2/+1/0/-1/-2)?*
- Welches Verhalten von A oder welche Situation könnte Sie zum Rückzug aus dem Beirat veranlassen?
- *Was glauben Sie, wie das (Fremd-) Management Ihren Beitrag im Gremium bewertet?*

6.3 Außerhalb von Beiratssitzungen
- Gibt es diese Kontakte und wenn ja, bei welchen Anlässen
- Bekommen Sie von A im persönlichen Gespräch Feedback zur Wahrnehmung Ihrer Beiratsfunktion (positiv wie negativ) oder suchen Sie selbst das Gespräch darüber?

7. Abschlussfragen
- Haben wir etwas vergessen zu fragen, was aus Ihrer Sicht wichtig für dieses Thema ist?
- Feedback des IP: Haben Sie Interesse an den Ergebnissen dieser Studie?
- Falls Doppelrolle A+B gegeben (Frage 1.1): Bereit zum separaten Interview über die A Rolle in seinem Gremium inkl. Einbeziehung von B+C?
- Können Sie ggf. Kontakte zu weiteren Interviewpartnern herstellen (Gremien mit A-B-C- Konstellation)?

Interviewpartner (IP):

Mitglied (C)
des Beirats, das A und B im Beiratsgeschehen beobachtet. Grundsätzlich können auch mehrere Gesellschafter (Rolle A) oder »Fremdunternehmer« (Rolle B) im Gremium vertreten sein. Sind die betrachteten Personen nicht mehr Mitglied des Gremiums, sind die Fragen aus der Vergangenheitserfahrung heraus zu beantworten.

C ist familienfremd, unabhängig und kein Familienunternehmer.

Leitfragen

8. Allgemeine Fragen zu C
- Stellung im Beirat
- Seit wann Mitglied?
- Berufliche Hauptfunktion
- Weitere externe Aufsichtsmandate außer bei A
- Lebens- und Berufserfahrung

9. Fragen zur Interaktion von A und B und zum Beiratsgeschehen (zirkuläre Fragen kursiv)

- Hatten Sie Einfluss auf den Rekrutierungsprozess von B? (Vorphase bis Berufung)
- Worin sehen Sie die besonderen Vorteile des familienfremden Familienunternehmers im Gremium
- Gibt es auch Nachteile?
- *Was glauben Sie, was A von B erwartet?*
- Wie läuft die Sitzung ab?
- Welche Rolle spielen Sie?
- Welche Rolle spielt A?
- Welche Rolle spielt B?
- Ist das Verhalten von B durch die Rolle »Familienunternehmer« (FU) oder durch die Rolle »unabhängiger Aufsichtsführender« (AF) geprägt? (Skalierung: näher beim FU/ausgeglichen/näher beim AF)
- Wie entstehen Entscheidungen (Abstimmung, Konsens)?
- Gab es kontroverse Sitzungen und wie sind diese verlaufen?
- Wie würden Sie die Interaktion zwischen A und B beschreiben?
- Wie häufig (prozentual) nehmen A und B kontroverse Positionen ein und wie werden diese aufgelöst?
- *Was glauben Sie, worin A den besonderen Nutzen von B im Gremium sieht?*
- *Was glauben Sie, wie A (konkrete Aussage liegt vor) und B (Einschätzung liegt vor) jeweils die Zufriedenheit von A mit B bewerteten? (Skalierung +2/+1/0/-1/-2 verwenden)*
- Gab es eine Situation, in der A nach Ihrer Einschätzung von B richtig begeistert war (einen konkreten Fall beschreiben)?
- Gab es umgekehrt eine Situation, in der A von B nach Ihrer Einschätzung richtig enttäuscht war (einen konkreten Fall beschreiben)?
- Haben Sie Kontakte zu A außerhalb der Sitzungen?
- Bekommen Sie Feedback von A zur Wahrnehmung Ihrer Rolle im Gremium?

10. Abschlussfragen

- Haben wir etwas vergessen zu fragen, was aus Ihrer Sicht wichtig für dieses Thema ist?
- Feedback des IP: Haben Sie Interesse an den Ergebnissen der Studie?
- Kennen Sie andere Gremien mit einer A-B-C-Konstellation?

TYPOLOGISIERUNG VON BEIRÄTEN/AUFSICHTSRÄTEN
(ZUTREFFENDES ANKREUZEN)

UNTERNEHMEN: **NAME GREMIUM:**
GESPRÄCHSPARTNER: **DATUM:**

Rechtliche Verankerung

❑ schuldrechtlich ❑ organschaftlich ❑ gesetzlich

Größe des Gremiums

❑ < 5 ❑ 5 bis 7 ❑ > 7

Anzahl Sitzungen

❑ 3 bis 5 ❑ > 5 ❑ < 3

Formale Kriterien

❑ Definierte Amtszeit ❑ Altersgrenze ❑ Stimmrecht

Existiert seit wann?

❑ > 5 Jahre ❑ 2 bis 5 Jahre ❑ < 2 Jahre

Vergütung/Jahr

❑ < € 15.000 ❑ € 15.000-25.000 ❑ > € 25.000

Autorität

❑ nur Beratung ❑ Aufsicht und Kontrolle ❑ Strategie

Indikationen für A+K

❑ Personalkompetenz ❑ Zustimmung Geschäfte ❑ Umsatzplanung/Budgetierung

Rolle des Eigners

❑ Mitglied ❑ Vorsitz ❑ keine (nur Gesellschafter)

Anteil/Rolle Familienexterne

❑ Mehrheit ❑ Minderheit/Patt ❑ Vorsitz

Kompetenzmix

❑ Fremdmanager/Manager ❑ Dienstleister (RA,WP,Bank) ❑ Berater, Hochschule

Sonstiges (Text)

....

....

....

Kategoriensystem

- **Interaktion zwischen A (intern) und B (extern)**
  - Such- und Auswahlprozess
    - *Persönliche Beziehungen von A*
    - *Netzwerk des gesamten Beirats*
    - *Breite Marktausschöpfung/Personalberater*
  - Kommunikation zwischen A und B
    - *Trennung/Unzufriedenheit*
    - *Feedback von A an B*
      - *Indirektes Feedback*
      - *Kein Feedback*
      - *Feedback*
    - *Abklärung der Erwartungen*
      - *Indirekte Thematisierung (z. B. Generationswechsel)*
      - *Keine Abklärung der Erwartungen von A*
      - *Keine Abklärung der Erwartungen von B*
      - *Respekt für A*
      - *Kompetenz mitbringen*
      - *Unterstützung für A*
      - *Respekt für B*
      - *Kompetenz einbringen*
      - *Governance einhalten*
  - Beiratsarbeit
    - *Umgang mit kontroversen Sichtweisen*
    - *Kontakte außerhalb der Sitzung*
  - Zufriedenheit von A mit B
    - *Uneingeschränkt positiv*
    - *Teilweise zufriedenstellend*
    - *Nicht ausreichend und weniger*

- **Zusatzaspekte**
  - Charakter des Gremiums
    - *Fakultativer Beirat*
      - *Kontrollierend/entscheidend*
      - *Nur beratend*
    - *Gesetzlich (AG, große GmbH)*
  - Stärken, Schwächen von B
    - *Kompetenz als Familienunternehmer*
    - *Bindung an langfristige Werte*
    - *Ausgleich von Gesellschafterinteressen*
    - *Fach- bzw. Branchenkenntnis*
    - *Gremienerfahrung*
    - *Management- und Krisenerfahrung*
    - *Begrenzte Kenntnis Großunternehmen und Governance*
    - *Unreflektiertes Selbstbild*
    - *Erfahrung in nur einem Unternehmen*
  - Typologien von B
    - *Dominator*
    - *Ja-Sager*
    - *Ehrlicher Berater*
    - *Missionar*
    - *Coach*
- **Erwartungen und Störgefühle von A (intern)**
  - Respekt für Person und Familie
    - *Respekt für (handelnde) Gesellschafter*
    - *Engagement und Zeiteinsatz für die Beiratsrolle*
    - *Respekt für Wertekodex der Eignerfamilie*
  - Störgefühle
    - *B agiert dominant und übt Druck aus*
    - *B hat divergierende Wertvorstellungen und Kultur*
    - *B zeigt Des-, Eigen- oder Fremdinteresse*
  - B soll Kompetenz mitbringen
    - *Richtet seine Beratung an den Anforderungen aus*
    - *Leistet fachlichen Beitrag (Branche, Funktion)*
    - *Zeigt die Denkweise des Familienunternehmers bei strategischen Entscheidungen*
  - Störgefühle
    - *Unqualifizierte und unzureichende Beiträge*
    - *Reduziert sich auf Expertenrolle, zu wenig Familienunternehmer*
    - *Ist branchenfern*
  - Unterstützung für A

- *Position von A stärken (Stimmverstärker)*
- *Ausgleich von Defiziten bei A (diverse Anlässe)*
- *Pflege der Familienbeziehung*
- Störgefühle
  - *A vermisst Unterstützung durch B*
  - *B leistet keine Unterstützung beim Ausgleich von Defiziten*
  - *B hat kein Interesse an der Familienbeziehung*
- **Erwartungen und Störgefühle von B (extern)**
  - Respekt für die Person
    - *B erfährt Respekt als kritischer und glaubwürdiger Berater*
    - *B möchte seinen Horizont erweitern*
    - *Übereinstimmung der Wertvorstellungen und Kultur*
  - Störgefühle
    - *Wird nicht respektiert als Berater*
    - *Findet kein Verständnis für seine Horizonterweiterung*
    - *Keine Übereinstimmung der Wertvorstellungen*
  - B möchte Kompetenz einbringen
    - *Einfluss auf fundamentale Entscheidungen des FU*
    - *Eingebunden sein in die Informationsströme*
    - *Erwartet Feedback zu seinem Beitrag*
  - Störgefühle
    - *Nicht gefragt werden bei Themen des Familienunternehmens*
    - *Fehlendes Feedback*
    - *Nicht eingebunden in die Informationsströme*
  - Einhaltung der Governance
    - *Trennung von Unternehmerfreundschaft und Beiratsrolle*
    - *Professionelle Governance und Gremienarbeit*
    - *Adäquate Besetzung von Management und Beirat*
  - Störgefühle
    - *Druck zur Positionierung (gegen Gesellschafter und/oder Management)*
    - *Inadäquate Besetzung von Management oder Beirat*
    - *Unprofessionelle Governance/Gremienarbeit*

Sachregister

Die WIFU-Schriftenreihe

Herausgegeben von Tom A. Rüsen, Marcel Hülsbeck und Arist von Schlippe

Seit Mitte 2009 gibt das Wittener Institut für Familienunternehmen (WIFU) eine eigene Schriftenreihe zum Thema Familienunternehmen heraus. Seitdem sind insgesamt 25 umfassende, aber dennoch praxisnahe Bücher erschienen.

Das WIFU beschäftigt sich seit mehr als 20 Jahren mit diesem Thema und hat hierzu bereits zahllose Bücher und Zeitschriftenbeiträge herausgegeben. Da diese Unternehmensform ebenso spannend wie komplex ist, nimmt der Umfang der hierzu herausgegebenen Veröffentlichungen immer mehr zu. Die Schriftenreihe soll es ermöglichen, einzelne Themenkomplexe in dem erforderlichen und angemessenen Umfang zu veröffentlichen.

Das Wittener Institut für Familienunternehmen (WIFU) der Wirtschaftsfakultät der Universität Witten/Herdecke ist in Deutschland der Pionier und Wegweiser akademischer Forschung und Lehre zu den Besonderheiten von Familienunternehmen. Drei Forschungs- und Lehrbereiche – Betriebswirtschaftslehre, Psychologie/Soziologie und Rechtswissenschaften – bilden das wissenschaftliche Spiegelbild der Gestalt von Familienunternehmen. Dadurch hat sich das WIFU eine einzigartige Expertise im Bereich Familienunternehmen erarbeitet. Seit 2004 ermöglichen die Institutsträger, ein exklusiver Kreis von 75 Familienunternehmen, dass das WIFU auf Augenhöhe als Institut *von* Familienunternehmen *für* Familienunternehmen agieren kann. Mit derzeit 18 Professoren leistet das WIFU einen signifikanten Beitrag zur generationenübergreifenden Zukunftsfähigkeit von Familienunternehmen.

Das Leiten und Führen von Familienunternehmen stellt eine komplexe und mitunter auch paradoxe Herausforderung dar. Das Studienangebot der Universität Witten/Herdecke leistet hier wichtige Unterstützung: Im Bachelorstudiengang »Business Economics« sowie im Masterstudiengang »Management« kann der Schwerpunkt »Family Business« gewählt werden. Der besondere Fokus liegt dabei auf dem operativen und strategischen Management von Familienunternehmen. So ist es dem WIFU möglich, seine Expertise an potenzielle Nachfolger, Fach- und Führungskräfte sowie Berater in Familienunternehmen weiterzugeben. Außerdem organisiert das WIFU in Zusammenarbeit mit dem Zentrum für Fort- und Weiterbildung der Universität Witten/Herdecke regelmäßig Workshops und Seminare für Gesellschafter, Nachfolger und Mitglieder aus Familienunternehmen.

Zuletzt erschienene Bände dieser Reihe:

WIFU

Band 25: Xing Ke
Succession and the Transfer of Social Capital in Chinese Family Businesses
Understanding Guanxi as a Resource – Cases, Examples
and Firm Owners in Their Own Words
2018, 247 Seiten, gebunden, ISBN 978-3-8471-0892-4

Band 24: Thomas Treiber
Pfade in die Krise
Der Einfluss des Faktors Familie auf die Genese und Dynamik
strategischer Pfadabhängigkeit in Familienunternehmen
2018, 456 Seiten, gebunden, ISBN 978-3-8471-0835-1

Band 23: Janina Fee Schroeder
Relationship Conflicts in Changing Business Families in India and Germany
Origins, Fields, and Coping Strategies
2018, 323 Seiten, gebunden, ISBN 978-3-8471-0787-3

Bei Fragen zur Produktsicherheit wenden Sie sich bitte an:
If you have any questions regarding product safety, please contact:

Brill Deutschland GmbH
Robert-Bosch-Breite 10
37079 Göttingen
info@v-r.de